资　助

国家海洋局政策法规和规划司

中国海洋大学"985工程"海洋发展人文社会科学研究基地建设经费
教育部人文社会科学重点研究基地中国海洋大学海洋发展研究院

渤海管理立法研究

渤海管理法调整范围的立法方案选择

Legislative Options of Bohai Management Law on Regulating Scope

徐祥民　申进忠　等著

人民出版社

序

　　关于为渤海管理立法的讨论已持续了相当长的时间。受这种讨论的影响，更是受渤海管理实践中提出的种种问题的影响，国家海洋局一直支持学界开展关于渤海立法的研究。如果说渤海作为中国唯一的内海，中华民族的母亲海，需要我们着意加以保护，为此我们需要为保护渤海立法；如果说环渤海区经济社会发展给渤海环境带来了巨大的压力，近年来还有不断加大的趋势，为防止这种压力变成对渤海灾难性的危害，我们必须为渤海立法。中国最大的海上油气田——蓬莱19—3海上油气田B平台和C平台于2011年6月4日和6月17日先后发生的漏油事故，以及此前发生的其他类似事故已经告诉我们，保护母亲海、防止母亲海在经济和社会发展必然带来的压力下发生灾难性的损害已经刻不容缓。在这次突如其来的严重海洋溢油事故面前，在可以预见的重大的海洋渔业和其他作业损失和不可估量的海洋生态损害已经和即将发生的关头，我们能做的，除了积极采取补救措施，防止损害的扩大，给受损害的人们以安慰和帮助之外，就是做亡羊补牢的努力。

　　亡羊补牢是明智之举，然而，头痛医头、脚痛医脚却不符合中国传统智慧中的"综合施治"。我们的母亲海遭受的和将要遭受的侵扰、破坏、打击绝不仅仅是溢油污染。环境保护部发布的《中国环境质量公报》，国家海洋局发布的《中国海洋环境质量公报》，国家海洋局北海分局发布的《渤海海洋环境公报》，山东、河北、天津、辽宁等省市发布的《海洋环境质量公报》等提供的信息告诉我们，渤海的水质、渤海的渔业等生物资源、渤海及其周边湿地的生态以及与自然形态有关的渤海其他服务功能，都遭受到了不同程度的不利影响，或面临着巨大的威胁。这些都需要我们一并采取措施，对我们的渤海"综合施治"。

　　徐祥民教授主持的渤海区域立法研究团队新近完成的《渤海管理法调整范围的立法方案选择》为我们提供了对渤海的诊断结论和"综合施治"的方案。该书从渤海管理的事务范围、渤海管理的空间范围两个维度深入探讨了渤海管理法应当调整的范围,为给拟议中的渤海立法设定调整范围做了具有基础支撑作用的也是极富说服力的研究工作。相信他们的研究成果会对其他关心渤海立法的人们进一步思考提供"空间"支持,会对国家的渤海立法提供设计依据。

蓬莱19—3海上油气田溢油这样令人震惊的"亡羊"事件,可以说损失惨重。不管是仅就防治溢油污染而言,还是就渔业资源保护、生态保护、自然形态保护等渤海管理事务而言,在今天我们只能采取亡羊补牢的明智之举,已经无法再做"未雨绸缪"的圣贤。

仅以此数句为本书之序,冀望我们的母亲海——渤海健康。

王殿昌

2011 年 10 月 1 日

目　录

中篇　渤海保护的空间范围

下篇　渤海立法方案选择

引　言

渤海是中华民族的母亲海。渤海的浸润给从古到今的中国人提供了丰富的物产、宜人的气候。渤海与黄河、海河、辽河血脉相连，与齐鲁大地、燕赵山川相拥相抱，为一代又一代的中华儿女提供了宜陆宜海、宜耕宜渔、宜农宜工、宜近贾宜远贸的便利和可选择性。渤海是源远流长的中国文化之源，渤海为灿烂的中国文明的蓬勃发展鼓帆扬波。

我们爱自己的母亲海，但是我们却自觉不自觉地伤害了她。由于我们并非出于深思熟虑的行为的影响，渤海受到了巨大的打击，其中包括：(1)严重的海水和海洋底质污染；(2)可再生资源衰减，某些资源甚至已经枯竭；(3)海岸侵蚀、海岸线缩短和平直化、海岛地形地貌破坏等自然形态的不利变化；(4)滨海湿地等生境改变甚至丧失、生物入侵等生态破坏。

我们曾注意到渤海所遭受的某些伤害，曾为给渤海疗伤采取了诸如实施"渤海碧海行动计划"、"渤海环保规划"之类的行动，也曾为应对各海域普遍出现的海洋污染等制定了诸如《海洋环境保护法》及其配套条例等法律法规，那么，这些已经采取的"行动"、已经和正在实施的"计划"是否已经帮助受伤的渤海痊愈，是否能够帮助渤海痊愈呢？我国还制定实施过其他许多可以在渤海管理中适用的法律法规，这些法律法规是否有效地发挥了帮助渤海减少病痛，使渤海变得更加健康、更加可爱的作用呢？热爱渤海的人们应该思考这些问题，思考怎样让我们的母亲海永葆青春。

我们知道，我们的母亲海因为娇媚所以易受污染之害，❶因为渔业等资源的

---

❶ 早已有学者总结渤海的环境特点：其一，渤海海域面积小，但却有众多河流注入，而这些流经经济和社会发展比较繁荣地区的河流必然给渤海带来大量污染物质。（参见孙湘平编著：《中国近海区域海洋》，海洋出版社2006年版，第1～2页）其二，渤海海域面积小且呈葫芦形，与外海水体交换速度缓慢。（参见刘元旭：《陆源污染已成渤海不堪承受的最大"毒瘤"》，载《经济参考报》2007年8月10日）其三，渤海是浅海。（参见孙湘平编著：《中国近海区域海洋》，海洋出版社2006年版，第1～2页）承受环境压力的能力弱。其实，渤海的这些特点原本都不是缺点，也不是弱点。因为她内涵丰富，所以才易受打击；因为她娇媚，所以才显得脆弱。

丰富才养育了众多的儿女,以至于原本丰富的资源早已无法满足过多的口腹之欲。这些无疑都是渤海遇到的也是我们应该认真加以处理的严重问题。那么,渤海所遭遇的和所面临的伤害和打击仅仅就是这些吗?为了实现渤海的健康,为了让渤海永葆青春,我们仅仅需要在这些方面有所作为吗?如果不知道渤海管理究竟有哪些事务,我们便无法为管理好渤海、保护好渤海设计出恰当的办法。

渤海是与黄海相连的海,是被山东、河北、天津、辽宁三省一市包围着的海洋,也是黄河、海河、辽河三大流域,七个水系,45 条河流以及汇入这些河流的100 余条内陆河流的入海口,在经济全球化的背景下她又承载着全球各地的船舰往来。对这样被今天的人们涂抹了现代色彩的渤海,我们应该怎样保护,应该从哪些方面采取保护措施?监管海底管道的铺设,防范行驶在渤海湾、莱州湾、辽东湾内的船舶弃置垃圾、排放压舱水,在海底投放人工鱼礁,对全海域实施实时环境监测,等等,无疑都是保护渤海的办法。但是,仅仅这样做,就能确保渤海无恙吗?如果不是这样,我们又应该从哪里对渤海进行瞭望,在哪里建设维护渤海的"炮台"?以什么样的安排与在渤海里实施保护行动的力量形成"犄角之势"呢?

我们显然不能安于曾经给予渤海的特别关爱,不能满足于就海洋管理所作出的所有政策、法律安排也同样关照了渤海,因为这一切都没有让渤海停止痛苦的抽泣,更没有让渤海重新焕发青春的活力。

我们希望全面了解渤海管理事务,全面了解渤海需要我们疗治的伤痛;我们希望找到管好渤海的措施,并了解这些措施需要在多大地域范围内实施;我们更希望找到全面关照渤海管理并在恰当地域范围内执行渤海管理法的设计方案。

上篇　渤海保护的事务范围

第一章 渤海污染防治

《2008 年渤海海洋环境公报》和《2009 年渤海海洋环境公报》让各级政府与广大公众全面了解了渤海海洋环境状况、面临的主要环境问题与压力，意识到渤海环境治理已到了刻不容缓的程度。从渤海海洋环境现状以及未来环渤海经济圈的发展趋势来看，渤海海域面临的最大威胁就是海洋环境污染，其已成为造成其他海洋生态损害的主要根源。《渤海环境保护总体规划（2008—2020）》中就指出："渤海是我国沿海诸多海域中生态环境最为脆弱的海域，由人类活动导致的污染和破坏问题最为突出。"既然污染是渤海海洋环境的主要问题，而且渤海还将面临更大的污染压力，那么渤海污染防治就成为渤海保护的首要事务之一。

第一节 渤海自然环境

渤海是一个典型的半封闭海，大部分海域水深较浅，沿岸入海河流较多，水文特征、海底沉积物等自然环境也有其特殊性，渤海的自然因素决定了渤海自身的环境容量有限且易于受到来自陆地污染的影响。

一、渤海是典型的半封闭海
渤海是一个深入中国大陆的浅海，系三面为陆地包围的半封闭海，其北、西、南三面被辽宁、河北、天津、山东所包围，仅东面有渤海海峡与黄海相连。渤海与黄海的界线，一般以辽东半岛西南端的老铁山岬经庙岛群岛至山东半岛北部的蓬莱角连线为界。渤海形似一个葫芦状，南北长约 480 千米，东西最宽约 300 千米。面积约为 7.7 万平方千米。渤海包括五部分：一是辽东湾，位于渤海北部，面积为 3.6 万平方千米。二是渤海湾，位于渤海西部，面积约 1.75 万平方千米。三是莱州湾，位于渤海南部，面积为 6 966 平方千米。四是渤海中央区，为渤主体部分。五是渤海海峡区,指辽东半岛西南端、经庙岛群岛至山东半岛北岸西端蓬莱之间的海域,长约 115 千米,最窄处宽约 100 千米。❶ 由于出口窄、内径大,海水交换持续时间长,自净能力差。专家估计,渤海海水交换一次大约需 16 年,环境容量有限。渤海通过黄海水团与外海水体进行交换,这是影响渤海海洋环境的主要动力。水体交换速度缓慢是环境污染的一个重要的自然因素。❷

二、渤海的自然环境特征

渤海平均水深 18 米,最大水深 85 米。大部分海域水深较浅,水深小于 30 米的海域占总面积的 95% 左右,❸10 米以下的海域占总面积的 26%,沿岸区水深均在 10 米以内,辽河口、海河口附近水深约 5 米,黄河口最浅处水深不足 0.5 米。❹

渤海海水水文特征受大陆气候和河流淡水注入影响明显。冬季,表层水温为 -1—2℃,自中央向四周递减;夏季,沿岸浅水区及表层急速增温,达 26—28℃,中央略低为 24—26℃。表层盐度年平均值为 29‰—30‰,河口区较低。渤海大部分海域属不规则半日潮,海峡附近为正规半日潮,秦皇岛港为全日潮。中部潮差 1.5 米,岸边一般 2—3 米,辽东湾、渤海湾顶端可达 4 米。潮流一般小于 2 节,海峡及辽东湾北部可达 5 节左右。渤海为风暴潮多发区。海浪冬季以西、北浪向为主,夏季以偏南浪向占优势,全年平均波高 0.5—1.0 米,冬季较大。海流有大洋系统寒暖流和海区内沿岸流两种,构成两个环流。南部终年为逆时针环流,北部随季风变更,冬季成顺时针流,夏季成逆时针流。渤海潮流较强而海流较弱,一般海流速度只相当于最大潮流的十分之一左右。就平均状况而言,大洋暖流的平均流速仅有 0.1 节,沿岸流经黄海南下可达北纬 30°附近。❺

渤海的盐度年平均值为 30.3‰,为我国四大海区盐度最低的水域。冬季,受黄海水团影响,呈东高西低分布趋势,东边约 31.0‰,西部河口附近约 26.0‰。夏季,表层盐度降低,被黄河冲淡的海水可及海区中部,而在低盐层下

❶ 孙湘平编著:《中国近海区域海洋》,海洋出版社 2006 年版,第 1～2 页。
❷ 李海清:《特别法与渤海环境管理》,中国海洋大学博士学位论文 2006 年。
❸ 中国科学院海洋研究所海洋地质研究室编著:《渤海地质》,科学出版社 1985 年版,第 3 页。
❹ 孙湘平编著:《中国近海区域海洋》,海洋出版社 2006 年版,第 4 页。
❺ 李桂香:《关于渤海海洋能的开发和利用》,载《海洋通报》1985 年第 1 期。

10 米深水层仍是高盐水,形成盐度跃层,海河口盐度明显偏低,通常低于 24.0‰。[1]

从渤海的表层沉积物看,渤海沉积物大部分以粒级较细的软泥和砂质泥为主,总的分布趋势是近岸沉积物粒级较细,距岸较远和海区中央沉积物粒级较粗。沉积物主要有两类:一类是残留沉积物,主要分布在辽东浅滩之渤海海峡老铁山水道附近。二是现代沉积,它是渤海海底的主要沉积物,河流的输沙对其产生起着主要作用。[2]

渤海沿岸主要入海河流约 45 条,分为海河、黄河、辽河三大流域,七个水系,其中辽东半岛诸河水系、辽西沿海诸河水系、滦河水系和山东半岛诸河水系为省内或者基本上是省内水系,辽河水系、海河水系、黄河水系为跨省水系。[3] 这就使得渤海更易受到来自陆地的影响。

第二节　渤海污染状况

渤海从 20 世纪 70 年代开始受到环境污染的威胁,并且受污染的状况逐步加剧。长期以来,公众和各种媒体常常用"空海"、"死海"等词来形容渤海。这样的形容向我们说明了一个问题,那就是渤海面临着严峻的环境污染问题。渤海的污染状况到底是怎样的呢? 我们将从渤海总体污染状况、渤海污染源、渤海污染的地域分布和渤海污染严重的原因四个方面对渤海污染状况进行研究。

一、渤海总体污染状况

渤海海域一直是我国污染最为严重的海区。早在 1995 年,渤海水域受污染的面积(轻度污染+中度污染+严重污染)已超过 56%,1996 年达到 60%,1997年和 1998 年始终在 50% 以上。[4] 2001 至 2005 年污染海域总面积在 1.9—3.2万平方千米之间波动,占渤海总面积的 24~41%。[5] 以上数据表明渤海水质所

---

[1] 孙湘平等编著:《中国沿岸海洋水文气象概况》,科学出版社 1981 年版。
[2] 孙湘平编著:《中国近海区域海洋》,海洋出版社 2006 年版,第 10 页。
[3] 国家海洋局北海分局:《2008 年渤海海洋环境公报》,第一章。
[4] 国家海洋局:《渤海海洋功能区划、环境问题、保护目标及海洋生态保护优先行动》,第二章。
[5] 渤海环境保护总体规划编制组:《渤海环境保护总体规划(2008—2020 年)》,第一章。

受到的污染程度一直比较严重。此外,污染程度较重的海域面积也在逐年增加,由 2001 年的 3 380 平方千米增至 2005 年的 10 900 平方千米,增幅达 7 520 平方千米。从渤海的六大功能区来看,污染严重的区域是辽河口邻近海域、天津—黄骅海域,莱州湾及黄河口比邻海域,以及辽西—冀东海域的曹妃甸、滦河口、秦皇岛、锦州湾等近岸海域。❶

从近几年渤海海域受污染的面积可以看出,渤海海域的污染状况是比较严重的。那么渤海海域的水质状况到底如何呢? 我们先以渤海近岸海域为例。

2005 年渤海近岸海域水质以一、二类海水为主,总体较好。主要污染因子为无机氮、活性磷酸盐,局部区域受重金属等指标影响。其中,近岸海域一类海水比例为 27.7%,二类海水比例为 38.3%,三类海水比例为 14.9%,四类、劣四类海水比例分别为 6.4% 和 12.8%。2005 年渤海近岸海域环境功能区达标率为 82.0%。辽宁、河北、天津、山东功能区达标率分别为 87.3%、84.2%、59.5% 和 84.2%。从空间分布来看,四类、劣四类水质区域主要集中在渤海湾、辽东湾等,涉及沧州、天津、营口、盘锦等沿海城市近岸。❷《2008 年渤海海洋环境公报》中也指明,环渤海三省一市近岸海域夏季海水环境质量总体较差,污染海域面积较大。其中,天津近岸海域海水污染最重,其次为山东和辽宁近岸海域,河北近岸海域海水质量相对较好。《2009 年渤海海洋环境公报》的数据显示,2009 年渤海严重污染面积较 2008 年有所减少,但是近岸污染依然较重。渤海三大湾中,莱州湾海水环境污染程度较重,渤海湾次之,辽东湾相对污染程度较轻。天津近岸海域海水环境污染最重,其次为山东近岸海域,河北和辽宁近岸海域海水环境质量相对较好。

我们再通过 2005 年到 2009 年的相关数据来看渤海全海域水质状况。

2005 年渤海清洁海域面积 5.7 万平方千米,污染海域面积约 2.0 万平方千米,后者占渤海总面积的 26%。其中,较清洁、轻度污染、中度污染、严重污染海域面积分别为 0.8、0.6、0.3、0.2 万平方千米。❸ 从空间分布来看,由中部海区向近岸海域污染逐渐加重,且近岸海域污染较重区域主要集中在渤海湾、莱州湾和辽东湾近岸,主要污染物为无机氮、活性磷酸盐和石油类等。陆源污染物的大量排放和自身较弱的水交换能力是造成渤海污染的主要原因。

---

❶ 国家海洋局:《渤海海洋功能区划、环境问题、保护目标及海洋生态保护优先行动》,第二章。
❷ 国家环境保护总局、中国环境科学研究院:《渤海陆源污染物总量控制实施方案》,第二章。
❸ 国家环境保护总局、中国环境科学研究院:《渤海陆源污染物总量控制实施方案》,第二章。

《2006 年中国海洋环境质量公报》的数据显示,未达到清洁海域水质标准的面积约 2.0 万平方千米,占渤海总面积的 26%,与 2005 年持平。其中,严重污染、中度污染、轻度污染和较清洁海域面积分别约为 0.3、0.2、0.7 和 0.8 万平方千米,严重污染和轻度污染海域面积均比 2005 年增加约 0.1 万平方千米。严重污染海域主要集中在辽东湾近岸、渤海湾和莱州湾,主要污染物为无机氮、活性磷酸盐和石油类等。

《2007 年中国海洋环境质量公报》指出 2007 年渤海海域污染依然严重,未达到清洁海域水质标准的面积约 2.4 万平方千米,约占渤海总面积的 31%,比 2006 年增加约 0.4 万平方千米。严重污染、中度污染、轻度污染和较清洁海域面积分别约为 0.6、0.5、0.6 和 0.7 万平方千米,严重污染和中度污染海域面积比 2006 年各增加约 0.3 万平方千米。严重污染海域主要集中在辽东湾近岸、渤海湾、黄河口和莱州湾,主要污染物为无机氮、活性磷酸盐和石油类。

《2008 年中国海洋环境质量公报》的数据显示:2008 年较清洁海域面积 7 560 平方千米,比 2007 年增加 300 平方千米。污染海域面积 13 810 平方千米,约占渤海总面积的 18%,比 2007 年减少 3 230 平方千米。严重污染海域主要集中在辽东湾、渤海湾和莱州湾近岸。主要污染物为无机氮、活性磷酸盐和石油类。《2008 年渤海海洋环境公报》指出渤海中部海域环境良好,近岸海域污染较重。海水中主要污染物是无机氮、活性磷酸盐和石油类。渤海夏季海水质量状况较好,秋季较差。近岸海域部分贝类体内污染物残留量出现不同程度的超标现象。

2010 年,国家海洋局北海分局发布了《2009 年渤海海洋环境公报》,这是北海分局经国家海洋局批准第二次向社会发布。公报指出 2009 年渤海严重污染海域面积较 2008 年有所减少,但未达到清洁海域水质标准的海域面积依然较大,有 1/4 以上的海域海水受到不同程度的污染。

通过对渤海受污染面积、近岸海域和全海域水质状况的考察,我们可以发现渤海总体污染状况为:

第一,近几年渤海近岸海域水质总体改善明显,呈现趋好态势。其中一、二类海水比例上升明显,三类水质比例变化不大,保持基本稳定,四类和劣四类水质比例下降幅度较大。❶

---

❶ 国家环境保护总局、中国环境科学研究院:《渤海陆源污染物总量控制实施方案》,第二章。

第二,"十五"期间,渤海受污染海域总面积在 1.9—3.2 万平方千米之间波动,占渤海总面积的 24%—41%。❶ 从国家海洋局历年发布的海洋公报以及 2008、2009 年渤海环境质量公报中不难看出,轻度污染以上海域面积自 2002 年以来呈逐步扩大趋势,2007 年达到最高峰,2008、2009 年逐年下降,但未达到清洁海域面积依然较大。

第三,严重污染海域主要集中在辽东湾、渤海湾和莱州湾近岸,其中莱州湾污染程度最为严重,其次为渤海湾、辽东湾,而污染最严重的是这三个海湾湾顶部的"湾中湾"。其主要原因是,这些"湾中湾"是陆源污染物的主要纳污区,而"湾中湾"是水交换的死角,污染物交换不出去,导致污染物长期累积。局部地区如渤海湾天津市附近海域、山东省黄河以西附近海域及辽宁省大辽河、大凌河附近海域污染较严重,水质分布显示出沿岸点负荷持续排放特征,明确反映出陆域污染物排放影响。❷

二、渤海污染源

渤海污染的现状可谓是非常严重,究其来源大致有两个,即陆源污染和海上污染。以下我们将分别分析渤海的这两个污染源。

(一)渤海陆源污染

《中华人民共和国防治陆源污染物污染损害海洋环境管理条例》第 2 条规定:"本条例所称陆地污染源(简称陆源),是指从陆地向海域排放污染物,造成或者可能造成海洋环境污染损害的场所、设施等。陆源污染物是指前款陆源排放的污染物。"渤海的环境保护问题,其 80% 的污染物质不是来自海洋本身和海洋上的人类活动行为,而是来自陆域污染、海岸工程建设、径流和大气漂移等陆域活动,仅从海洋本身考虑将不能解决渤海的全部环境保护问题。❸ 2006 年 10 月 18 日,《人民日报》刊登了题为"十年后渤海可能成'死'海"一文。文章指出,"渤海依然是我国海洋生态环境破坏最为严重的海区,工业废水、生活污水、工业和生活垃圾、农药、化肥等陆源污染物大量超标超量排放入海,成为当前渤海环境状况恶化未能得到遏制的根本原因"。以"陆源污染已成为渤海不堪承受

❶ 渤海环境保护总体规划编制组:《渤海环境保护总体规划(2008—2020 年)》,第二章。
❷ 国家环境保护总局,中国环境科学研究院:《渤海陆源污染物总量控制实施方案》,第二章。
❸ 滕祖文:《渤海环境保护的问题与对策》,载《海洋管理》2005 年第 4 期。

的最大'毒瘤'"❶、"陆源污染:海洋不能承受之重(渤海篇)"❷为标题的媒体报道从记者的调查采访、数据分析等多角度,详细向人们展现了陆源污染是造成渤海海洋环境污染的主要原因。

环渤海地区工业发达,人口稠密,每年几十亿吨的工业、生活、市政污水和上百亿立方米的河流径流将上百万吨的污染物排入渤海,近岸海域环境承受巨大的陆源排污压力。渤海陆源污染物中 COD(化学需氧量)排放量主要来自于工业和城镇生活污水,总磷、总氮主要来自于农业面源污染。❸ 也就是说,生活用水、工业废水和农业面源污染是三大陆源污染源。沿海地区排放的工业和生活污水将大量污染物携带入海,给近岸海域,尤其是排污口邻近海域环境造成巨大压力。❹ 入海江河流域和沿海的农田、果园等每年施用的各种农药、化肥、植物生长素等陆源污染物流失严重。这些污染物往往由地面径流和河流携带入海,使入海河口和近岸海域环境受到威胁。多数陆源排污口的长期超标大量排放,导致我国河口、海湾和湿地等典型生态系统健康状况每况愈下,环境恶化的趋势加剧,主要河口、海湾和滨海湿地生态系统均处于不健康或亚健康状态。❺

不同陆源污染物排放入海的主要途径各不相同:COD 的主要入海途径为河流和排污河口,其入海量占 COD 入海总量的 70% 以上;氨氮主要通过河流排放入海,约占氨氮入海总量的 84%;磷酸盐的主要入海途径为工业排污口,约占磷酸盐入海总量的 87%;油类污染物的排放入海相对分散,其中排污河和工业排污口以及主要河流的排放入海量占油类入海总量的 89%。❻ 可见,陆源污染物入海的途径主要有两种:入海排污口超标排放和主要河流污染物入海。

我们先从近几年监测数据看一下渤海入海排污口超标排放的情况。

通过排污口入海是陆域污染物污染海洋环境的一个重要途径。据《2008 年渤海海洋环境公报》的数据,渤海陆源入海排污口超标排放情况依然严重,超标率为 82%。《2009 年渤海海洋环境公报》显示,2009 年渤海沿岸 75% 的监测排污口存在超标排放现象,在重点监测的排污口中,73% 的排污口邻近海域水质不

❶ 《陆源污染已成为渤海不堪承受的最大"毒瘤"》,载《经济参考报》2007 年 8 月 10 日,第 4 版。
❷ 晓懂:《陆源污染:海洋不能承受之重(渤海篇)》,载《时代潮》2004 年第 19 期。
❸ 渤海环境保护总体规划编制组:《渤海环境保护总体规划(2008—2020 年)》,第一章。
❹ 国家海洋局北海分局:《2008 年渤海海洋环境公报》,第五章。
❺ 周波、温建平:《渤海污染现状与治理对策研究》,载《中国环境管理干部学院学报》2006 年第 4 期。
❻ 国家海洋局:《渤海海洋功能区划、环境问题、保护目标及海洋生态保护优先行动》,第二章。

能满足海洋功能区要求。在一篇题为"渤海已非'蓝色粮仓'"的新闻报道中显示：渤海中80%以上的陆源入海排污口超标排放，监测人员经常看到的是酱油色泛着阵阵恶臭的污水源源不断地排向海中。渤海是自净能力比较低的半封闭内海，即使是达标排放，如果不从总量上加以控制，照样会对渤海造成严重污染，更何况是超标排放。

2005年，环渤海地区实施监测的入海排污口112个：[1]其中，主要河流入海口9个，工业排污口37个，市政排污口23个，排污河29条，其他排污口14个，分别占监测的排污口总数的8%、33%、21%、26%和12%。上述112个排污口中，设置在海水增养殖区的有61个，占总数的54%；设置在港口航运区的13个，占12%；设置在滨海旅游度假区和风景旅游区的12个，占11%；设置在保护区的7个，占6%；设置在排污区和污染治理区的9个，占8%；设置在其他海洋功能区的10个，占9%。

2005年实施监测的入海排污口年排海的污水总量约为68.4亿吨。其中，工业排污口年排海污水量约18.1亿吨，占入海污水总量的26%；市政排污口年排海污水量约11.6亿吨，占入海污水总量的17%；排污河年排海污水量（含部分径流）约34.9亿吨，占入海污水总量的51%；其他排污口年排海污水量约3.8亿吨，占入海污水总量的6%。排海的68.4亿吨污水中，主要排入海水增养殖区、污染治理区和滨海旅游度假区和风景旅游区，所占比例分别为61.5%、12.4%和11%。[2]

2008年，渤海沿岸排污口环境污染影响严重的A级排污口有11个，占监测排污口总数的12%；环境污染影响较重的B级排污口14个，占监测排污口总数的15%；C级排污口19个，占监测排污口总数的20%。设置在海洋保护区的排污口全部超标排放，设置在渔业资源利用和养护区的排污口超标排放达91%，设置在旅游区的排污口超标排放为55%，设置在其他功能区的排污口超标排放达89%。[3]

2008年，渤海陆源入海排污口主要污染物为氨氮、COD_{Cr}、石油类和磷酸盐等。其中，莱州湾主要污染源为黄河、弥河、小清河和围滩河，主要污染物为氨

---

[1] 国家海洋局：《渤海海洋功能区划、环境问题、保护目标及海洋生态保护优先行动》，第二章。
[2] 国家海洋局：《渤海海洋功能区划、环境问题、保护目标及海洋生态保护优先行动》，第二章。
[3] 国家海洋局北海分局：《2008年渤海海洋环境公报》，第五章。

氮、COD$_{Cr}$、石油类;辽东湾主要污染源为小凌河、大凌河和辽河,主要污染物为氨氮、COD$_{Cr}$和磷酸盐。[1]

我们再来看一下陆源污染物入海的另一途径,即主要河流污染物入海的情况。

根据辽河、海河和黄河流域有关数据分析计算,2005年三大流域上游污染物排放总量为 COD266.0 万吨、总氮 36.2 万吨、总磷 25 346 吨。其中,黄河流域污染占比较大,海河流域次之,辽河流域相对较少。以 COD 为例,黄河、海河和辽河流域污染物排放比例分别为 48.7%、35.6% 和 15.7%。[2]

2006 年对永定新河入海污染物进行的监测结果表明,由河流携带入海的主要污染物为化学需氧量和营养盐。其中化学需氧量污染严重,最大值出现在 2006 年 3 月份,为 1 385 毫克/升,全年监测平均浓度为 516.9 毫克/升,氨氮全年平均浓度为 5.73 毫克/升,磷酸盐全年平均浓度为 0.365 毫克/升,石油类为 0.334 毫克/升,铅、镉全年监测均未检出。其他污染物含量较低,污染程度较轻,各月变化不大。全年监测以 3 月份污染最严重,8 月份污染最轻。[3] 2007 年对永定新河入海污染物进行的监测结果表明,由河流携带入海的主要污染物为化学需氧量和营养盐。其中化学需氧量污染较重,最大值出现在 2007 年 5 月份,为 375.14 毫克/升,全年监测化学需氧量浓度变化范围为 141.9—375.14 毫克/升,磷酸盐浓度变化范围为 0.0696—0.815 毫克/升,石油类变化范围为 0.0246—10.0 毫克/升,铜、铅、锌、镉、汞、砷等重金属污染物含量较低,部分月份未检出。[4] 2008 年对永定新河入海污染物进行的监测结果表明,由河流携带入海的主要污染物为化学需氧量和营养盐。其中化学需氧量污染较重,最大值出现在 2008 年 5 月份,为 600 毫克/升。全年监测化学需氧量浓度变化范围为 5.08—600 毫克/升,氨氮浓度变化范围为 0.0279—0.217 毫克/升,磷酸盐浓度变化范围为 0.233—1.10 毫克/升,石油类变化范围为 0.0891—0.656 毫克/升,铜、铅、锌、镉、汞、砷等重金属污染物含量较低,部分月份未检出,各月变化不大。全年监测化学需氧量和磷酸盐含量以 5 月份最高,氨氮含量 10 月份最高。与

---

[1]　国家海洋局北海分局:《2008 年渤海海洋环境公报》,第五章。
[2]　舒俭民:《渤海陆源污染控制行动与成效》,载《环境保护》2006 年第 10 期。
[3]　天津市海洋局:《2006 年天津海洋环境质量公报》,第四章。
[4]　天津市海洋局:《2007 年天津海洋环境质量公报》,第四章。

2007 年监测相比,2008 年的化学需氧量最高浓度有所升高,石油烃和氨氮含量均有所降低,总体污染状况较 2007 年有所好转。❶

2008 年监测的渤海主要入海河流(黄河、小清河、大凌河、小凌河、大辽河等)入海污染物总量为 47 万吨,主要污染物为 COD_{Cr}、氨氮、磷酸盐、石油类、重金属等。其中,COD_{Cr}44 万吨,约占总量的 93%;氨氮 2.2 万吨,约占 5%;磷酸盐 0.1 万吨,约占 0.2%;油类、重金属、砷不足 0.1 万吨。❷

表 1-1　2008 年部分河流排放入海的污染物量❸　　　　(单位:吨)

河流名称	COD_{Cr}	氨氮	磷酸盐	油类	重金属	砷	合计
黄河	336 899	18 899	320	0	773	23	361 895
小清河	52 205	340	302	383	33	3	54 670
大凌河	20 800	353	13	4	0	8	21 235
小凌河	14 850	1 359	108	8	1	1	16 417
大辽河	13 700	905	373	365	71	25	15 439

在了解了渤海陆源污染物入海的途径后,我们来看渤海的主要陆源污染物有哪些。2005 年监测结果表明,环渤海地区年排放入海的污染物总量约为 233.6 万吨,入海污染物的组成以 COD 为主,年排海量达 220.0 万吨,占入海污染物总量的 94%。其他如氨氮的年排放量为 9.5 万吨,占入海污染物总量的 4.1%,磷酸盐 1.8 万吨,BOD52.1 万吨,油类 1 631 吨。❹《2009 年渤海海洋环境公报》指出渤海海水中主要污染物是无机氮、活性磷酸盐和石油类。可见,渤海的主要陆源污染物有重金属、剧毒污染物、无机氮、磷酸盐以及石油类污染物。

其一,重金属污染严重。2005 年和 2008 年对渤海海水养殖功能区的监测,均发现重金属污染现象。2005 年对渤海近岸的 11 个海水养殖功能区的监测结果表明,所有养殖功能区内的养殖生物均受到了不同程度的污染。影响养殖生物质量的主要污染物为重金属镉、铅、砷、汞、铜,其含量标准率分别为 72.7% 和

---

❶　天津市海洋局:《2008 年天津海洋环境质量公报》,第六章。
❷　国家海洋局北海分局:《2008 年渤海海洋环境公报》,第五章。
❸　国家海洋局北海分局:《2008 年渤海海洋环境公报》,第五章。
❹　国家海洋局:《渤海海洋功能区划、环境问题、保护目标及海洋生态保护优先行动》,第二章。

81.8%、36.4%、27.3%和9.1%。❶ 2008年,对渤海17个海水增养殖区进行监测:海水养殖区沉积物环境质量总体状况良好,个别养殖区沉积物中有汞、砷、铅超标现象;部分养殖区贝类生物体总汞、镉、铅和石油烃等残留水平超过二类海洋生物质量标准;养殖区沉积物总体质量良好,但个别区域仍然存在不同程度的污染现象。❷

再看一下2005年和2008年渤海重点海湾受重金属污染的情况。2005年渤海重点海湾沉积物质量监测结果显示,锦州湾沉积物污染严重,监测的油类、总汞、镉、铜、铅和砷六项指标中油类、总汞、镉和砷四项指标超出一类沉积物质量标准,其含量分别为一类沉积物标准值的4.0倍、1.1倍、2.6倍和4.0倍;辽河口沉积物的镉和砷两项指标的含量超出一类沉积物标准,其含量分别为一类标准值的1.2和1.3倍;双台子河口的砷一项指标含量超出一类沉积物标准,为标准值的2.0倍;莱州湾和烟台近岸海域沉积物受到汞的污染严重。❸ 2005年重点海湾生物质量监测结果显示,油类、总汞、镉、铜、铅和砷等被监测的指标,在渤海各大港湾的生物体中均存在一项或多项指标超出一类海洋生物质量标准的情况。其中,锦州湾的生物体受污染的情况最为严重,被监测的生物体中油类和铅的含量分别为一类海洋生物质量标准值的1.3和1.9倍,总汞和镉的含量接近或超出一类海洋生物质量标准值;渤海湾生物体中镉的含量为一类海洋生物质量标准值的1.2倍;锦州湾生物体中As的含量显著超标,为一类海洋生物质量标准值的2.2倍;莱州湾生物体中铅和镉的污染也很严重,分别为一类海洋生物质量标准值的3.0倍和3.8倍。在各项污染指标中,渤海生物体中污染最为普遍和严重的是铅和镉,局部海域生物体还存在不同程度的砷、铜和油类的污染。2005年贻贝监测结果表明,辽东半岛西部海域、辽西—冀东海域、天津—黄骅海域及莱州湾及黄河口比邻海域的局部区域海洋贝类均受到不同程度的污染,污染因子主要是汞、铅、砷、镉、铜、石油烃和滴滴涕。❹

2008年渤海各海湾受重金属污染的情况:莱州湾部分生物体内砷、镉、铅和石油类的含量偏高。生物群落结构状况较差,鱼卵仔鱼密度低。连续五年的监

---

❶　国家海洋局:《渤海海洋功能区划、环境问题、保护目标及海洋生态保护优先行动》,第二章。
❷　国家海洋局北海分局:《2008年渤海海洋环境公报》,第三章。
❸　国家海洋局:《渤海海洋功能区划、环境问题、保护目标及海洋生态保护优先行动》,第二章。
❹　国家海洋局:《渤海海洋功能区划、环境问题、保护目标及海洋生态保护优先行动》,第二章。

测结果表明,莱州湾水体富营养化程度较严重,部分生物体内总汞、砷、镉、铅和石油类等污染物残留水平偏高;锦州湾局部海域沉积物重金属和石油类含量超一类沉积物质量标准;渤海湾部分生物体内总汞、砷和镉的含量偏高。2008 年对近岸海域贝类体内污染物残留状况的监测显示,近岸海域部分贝类体内污染物残留量出现不同程度的超标现象,主要污染物有镉、总汞、粪大肠菌群、砷等,个别海域贝类体内污染物残留量超过二类海洋生物质量标准。重金属污染对渤海贝类质量影响相对较大,贝类体内镉残留量超标率最高,汞残留量超标倍数较大,部分站位超海洋生物质量二类标准,个别站位贝类受到粪大肠菌群和砷的污染。❶

其二,多年来,渤海海水中无机氮的浓度及污染面积总体增长明显。20 世纪 80—90 年代,渤海海域海水中的无机氮浓度急速提高,受无机氮污染的海域面积激增,由 1980 年的 3 930 平方千米增至 1998 年的 12 060 平方千米,增加 8 130 平方千米,年均增幅高达 11.5%。进入 21 世纪以来,渤海海水受无机氮污染的海域面积较 1998 年有所减小,但 2003 年至 2005 年,无机氮污染的海域面积持续上升,由 3 730 平方千米增至 6 360 平方千米,年均增幅达 23.5%,为 1980 年至 1998 年平均增幅的 1 倍多。❷

其三,近几年渤海受磷酸盐污染的海域面积有所回升。20 世纪 70 年代,渤海海域海水中的磷酸盐浓度尚能满足一类海水水质要求,全海区未出现磷酸盐劣于二类水质的区域。1989 年,渤海海域海水中的磷酸盐浓度增高,磷酸盐污染的海域面积达到历史最高,为 25 610 平方千米,约占渤海总面积的 33%。自 1989 年至 2003 年,渤海磷酸盐污染的海域面积显著降低,由 25 610 平方千米降至 970 平方千米,年均降幅约 7%。2004 年和 2005 年,渤海受磷酸盐污染的海域面积有所回升,由 2003 年的 970 平方千米回升至 2005 年的 7 110 平方千米,且四类和劣四类水质区面积大幅度增加。❸

其四,多种持久性和剧毒类污染物排放入海。根据《2008 年渤海海洋环境公报》的数据,连续三年对渤海沿岸 21 个陆源入海排污口开展特征污染物监测,监测项目包括我国"水中优先控制污染物"中的主要污染物以及其他典型持

❶ 国家海洋局北海分局:《2008 年渤海海洋环境公报》,第二章。
❷ 国家海洋局:《渤海海洋功能区划、环境问题、保护目标及海洋生态保护优先行动》,第二章。
❸ 国家海洋局:《渤海海洋功能区划、环境问题、保护目标及海洋生态保护优先行动》,第二章。

久性有机污染物、环境内分泌干扰物质、国际公约禁排物质及剧毒重金属等。在所监测的排污口入海污水中,苯并(a)芘的检出率为95%,超标率为19%。入海污水中多环芳烃浓度最高为4 359纳克/升。剧毒类重金属铍、铊和锑的检出率均达95%。❶ 这些持久性和剧毒类污染物中,很多已被证明具有致癌、致畸、干扰内分泌等毒害作用,通过食物链进入人体,将会危害公众的身体健康。

其五,石油类污染状况日趋严重。1989—2003年对渤海监测结果显示,渤海海域海水中的石油类浓度基本能够满足一、二类海水水质要求。但2004年和2005年的监测结果表明,渤海局部海域的石油类污染状况有所加重,三类水质区面积由2004年的1 210平方千米增加到2005年的4 910平方千米,增加3 700平方千米。石油类污染的区域主要分布在辽东湾东北部、秦皇岛近岸、北塘近岸、歧口近岸和莱州湾顶部海域。❷

(二)渤海海上污染

渤海陆源污染物占入海污染物总量的80%以上,其余的则是海上污染。渤海海上污染主要来自海水增养殖、港口航运、油气勘探开发、海上倾倒等用海活动。❸

第一,船舶及相关作业污染。在渤海海域内流动污染源有各类商船、渔船、军舰、工作船、海上钻井平台等。流动污染源向海洋排放的污染物,主要有油类及其混合物;有毒液体物质(如氨、苯、甲苯、盐酸、樟脑油、丙酮等)及混合物;生活污水;生活和生产垃圾;有害物质等。相关作业的污染源主要是拆船作业和海上采油平台及浮式储油船,比如含油洗舱水、油舱内残油,以及拆解作业中产生的废弃物质。❹

第二,倾废污染。渤海开辟了若干个处置无害自然物质的倾倒区。渤海倾倒区倾倒物主要是疏浚物,2005年倾倒区实际疏浚物倾量为16 469.8万立方米,其中渤海湾最高为14 653.3万立方米;其次是辽东湾,为1 810.5万立方米;莱州湾最低,为6.1万立方米。❺ 2001—2005年以来疏浚物倾倒量明显呈上

---

❶ 国家海洋局北海分局:《2008年渤海海洋环境公报》,第五章。
❷ 国家海洋局:《渤海海洋功能区划、环境问题、保护目标及海洋生态保护优先行动》,第二章。
❸ 国家海洋局北海分局:《2008年渤海海洋环境公报》,第五章。
❹ 殷佩海等:《渤海海域船舶及相关作业污染损害的防治》,载《交通环保》2000年第5期。
❺ 国家海洋局:《渤海海洋功能区划、环境问题、保护目标及海洋生态保护优先行动》,第二章。

升趋势,至 2005 年达到最高,年疏浚物倾倒量为 5 118.2 万立方米。2005 年以后渤海疏浚物倾倒量呈逐年下降趋势。截至 2008 年 12 月,渤海共接受疏浚物倾倒量约 33 547.7 万立方米。❶

2008 年,对渤海 9 个海洋倾倒区进行了水动力、水质、沉积物、海洋生物等环境现状监测。渤海海洋倾倒区周边海水环境、沉积物环境、生物群落状况较好,个别倾倒区由于使用时间较长,倾倒区内水深地形和底栖生物群落结构发生一定程度的改变。如锦州港临时海洋倾倒区内 25% 区域水深发生变化,黄骅港海洋倾倒区 C1 区内约 46% 区域水深发生变化,水深变浅最大值达 2.7 米。❷

近年渤海海洋倾倒物主要是建港疏浚物和港池、航道维护性疏浚物及少量骨灰。疏浚倾倒物中主要污染物是重金属砷、铬、有机碳、铅、石油类,其污染物含量基本满足《疏浚物海洋倾倒分类标准和评价程序》,属于清洁疏浚物。

第三,海洋工程污染。《中华人民共和国海洋环境保护法》(以下简称《海洋环境保护法》)中规定的海洋工程是指在海岸线以下的施工工程,如开发海底隧道、铺设海底电缆、建设人工岛屿、在海岸线以下进行的围海工程等,它不包括海岸工程。《海洋环境保护法》第六章专门就防止海洋工程建设项目对海洋的污染损害做了规定。1983 年国务院发布的《海洋石油勘探开发环境保护管理条例》对海洋石油勘探开发所涉及的海洋环境保护问题做了更具体的规定。2006 年又出台了《防治海洋工程建设项目污染损害海洋环境条例》,对防治海洋工程污染海洋环境作出了详细规定。目前渤海海洋工程主要是海洋油气田开发和围填海工程。

渤海海底油气资源比较丰富,渤海油气田主要分布在辽东湾、渤海湾及渤海中部海域。截至 2008 年 12 月,渤海共有海上油气田 20 个。❸ 海洋石油勘探开发对开发区域和周围海域的环境和自然资源可能造成污染损害,这种损害主要表现在三个方面:一是对渔业的影响,包括对海产养殖、海洋捕捞等渔业活动造成损害;二是对海上交通运输的影响,包括对航道和航运安全的不良影响;三是对其他海洋生态环境的影响,例如海洋工程建设可能对周边地区的海水水质造成污染,对沿海地区的居住、旅游业等造成不良影响。海上石油勘探开发排放的

---

❶ 国家海洋局北海分局:《2008 年渤海海洋环境公报》,第五章。
❷ 国家海洋局北海分局:《2008 年渤海海洋环境公报》,第三章。
❸ 国家海洋局北海分局:《2008 年渤海海洋环境公报》,第五章。

主要污染物是生产污水、生活污水、泥浆、钻屑、固体废弃物等。目前生产及生活污水大部分经处理后,达标排海,一部分送回陆地终端进行处理。非含油泥浆、钻屑、食品类固体废弃物经处理后排海,含油泥浆、钻屑、非食品类固体废弃物全部运回陆地进行处理。与 2005 年比较,2008 年生产污水排放量减少 9.2% ,机舱污水排放量减少 27.6% ,钻屑排海量增加约 16% ,泥浆排海量增加约 5.6% 。2008 年,对渤西油田、埕北油田、曹妃甸油田和渤中 25—1 油田等 4 个海洋油气田周边海域进行了水质、沉积物质量监测:油气田附近海域海水环境指标均符合二类海水水质标准,个别油气田建设后海水和沉积物中石油类含量有所增加,但仍符合油气田功能区海洋环境质量要求。❶ 虽然监测结果表明油气田平台周边 2 千米以外海域环境质量总体维持良好,但渤海海洋石油勘探开发产生的水基泥浆、钻屑、食品类固体废弃物的排放入海仍然会给渤海环境带来压力。

　　随着环渤海地区的规划发展,围填海等其他海洋工程的建设也给渤海环境造成污染。自新中国成立以来,渤海先后兴起了三次大规模的围填海热潮。第一次是新中国成立初期的围海发展盐业生产。第二次是 20 世纪 80 年代中后期到 90 年代中期的滩涂围垦养殖热潮,仅河北省乐亭、滦南、唐海三县围海养殖占用滩涂海域面积就超 1 000 平方千米。进入 21 世纪,由于沿海地区经济社会持续快速发展,城市化、工业化和人口集聚趋势不断加快,在此背景下,渤海兴起了以建设工业开发区、滨海旅游区、新城镇和大型基础设施为目的的第三次围填海造地热潮。比如,至 2008 年底,曹妃甸循环经济示范区围填海总面积达 109.6 平方千米,辽宁省正在实施的“五点一线”沿海经济带建设、河北省大清河盐田扩建工程、天津北大防波堤建设工程等均在实施或规划大规模的围填海工程。围填海工程产生汞、砷、镉、铅和石油类等污染物,造成滨海湿地萎缩严重,海水盐度升高,重要经济生物产卵场萎缩,渔业生物资源衰退等,是影响海洋生态系统健康的主要因素。

　　第四,海水养殖污染。《海洋环境保护法》对防治海水养殖污染的规定是第 28 条,“新建、改建、扩建海水养殖场,应当进行环境影响评价。海水养殖应当科学确定养殖密度,并应当合理投饵、施肥,正确使用药物,防止造成海洋环境的污染。”2008 年,对渤海 17 个海水增养殖区进行监测的结果显示:其中有 11.8% 的

---

❶ 国家海洋局北海分局:《2008 年渤海海洋环境公报》,第三章。

海水增养殖区海水环境质量达标(二类海水水质标准),52.9%的海水增养殖区局部达标,35.3%的海水增养殖区不达标,主要污染物为活性磷酸盐、无机氮、溶解氧和粪大肠菌群。海水养殖区沉积物环境质量总体状况良好,个别养殖区沉积物中有汞、砷、铅超标现象。部分养殖区贝类生物体总汞、镉、铅和石油烃等残留水平超过二类海洋生物质量标准。❶ 虽然相对于船舶污染、海洋工程污染和倾废污染而言,海水养殖对海洋环境造成的污染是轻微的,但是我们不能因为它的污染危害不够严重就忽视对它的防治,毕竟渤海的海洋环境承载力是如此的有限,如果不加以预防和治理,海水养殖污染也会日益严重。

第五,溢油污染。海上溢油和有毒化学品泄漏污染已经成为近海海域高危险隐患。渤海海域也同样面临着溢油污染的威胁。随着环渤海经济的快速发展及港口建设的加快,渤海各港口油类及化学品吞吐能力的持续加大,重大船舶溢油事故风险也将随之增加。对此有专家注意到,渤海有众多油田、港口和航线,溢油污染防不胜防。❷ "十五"期间渤海共发生大的溢油事故比"九五"期间增加了一倍,占同期全国海域溢油事故的46%。❸ 可见渤海海域已成为溢油灾害的多发区和重灾区。溢油对海洋生态的污染破坏十分巨大,一次海洋石油污染事故对海洋生态平衡造成的恶劣影响至少可延续3年之久。2002年,天津大沽口东部海域"塔斯曼海"轮原油泄漏事故对周围海域的水质、沉积物和海洋生物均造成了严重影响。事故前后监测分析结果显示,溢油后一周内同一海域海水溶解氧浓度值平均降低了24.6%,化学需氧量浓度值平均增高了73.7%,油类含量增加了1200%,超过二类海水标准,受溢油影响的海域面积达359.6平方千米,事故发生四个月后化学需氧量、油类浓度值仍高于历年同季数值。❹

2008年,渤海共发生12起小型油污染事件,次数较2007年有所上升,油污样品经鉴定已确定其中6起为船舶用重质燃料油。❺ 2009年,在渤海共发现4起油污染事件。❻ 海上溢油事件的日益增多已成为威胁渤海生态安全的主要原因之一。《渤海环境保护总体规划(2008—2020)》的数据显示,2012年各港口

❶ 国家海洋局北海分局:《2008年渤海海洋环境公报》,第三章。
❷ 屈维英、郁永年、尹建华:《拯救渤海》,载《瞭望新闻周刊》2001年第49期。
❸ 渤海环境保护总体规划编制组:《渤海环境保护总体规划(2008—2020年)》内容摘要。
❹ 国家海洋局:《渤海海洋功能区划、环境问题、保护目标及海洋生态保护优先行动》,第二章。
❺ 国家海洋局北海分局:《2008年渤海海洋环境公报》,第七章。
❻ 国家海洋局北海分局:《2009年渤海海洋环境公报》。

油类吞吐量预计从 2005 年的 0.275 亿吨增加达到 1.6 亿吨,2020 年各港口油类吞吐量将达到 2.1 亿吨。伴随着船舶流量的进一步加大以及石油运量的迅猛增加,船舶发生事故性溢油的风险也将进一步加大。

尽管陆源污染物是造成渤海环境问题的主要原因,但是从海洋生物多样性保护的角度看,油污的危害反而是最大的因素。国家海洋局海洋发展战略研究所有关专家介绍说,泄漏的燃油漂浮在海面上,对周边的海洋渔业、养殖业造成毁灭性的破坏,油膜凝聚以后的物质还是潜伏在海洋中的长期杀手。❶

从渤海陆源污染和海上污染的状况来看,我们可以得出以下几个方面的结论:

1. 渤海污染源 80% 来自陆域。

陆源污染的来源主要是工业、生活排污以及农业面源污染。陆源污染物主要是 COD、氨氮、活性磷酸盐以及重金属等,且排污总量居高不下。陆域大量入海污染物排入敏感的海洋类型功能区,导致自然保护区、旅游区和渔业区现状达标率较低。重点海湾沉积物污染严重,特别是汞、铅、砷、铜、石油烃和滴滴涕。❷这些陆源污染物污染渤海的途径是通过排污口和河流流向渤海。渤海海上污染主要来自溢油风险、海水增养殖、港口航运、油气勘探开发、海上倾倒等用海活动,其中最严重的就是溢油风险。

2. 陆域农村面源污染是渤海污染的来源之一,但渤海污染主要还是来源于点源污染。

从目前的相关资料来看,农业面源污染未得到有效控制。农业面源产生的氮、磷污染物等排放入海,一方面污染了海洋环境,另一方面也为赤潮的发生提供了营养物质条件。农药、化肥施用、畜禽养殖、农村生活污水和垃圾以及秸秆不合理利用等则是农业面源污染产生的主要原因。

点源污染主要来自于环渤海 13 个沿海市工业污染物排放。2009 年中国审计署发布的"渤海水污染防治审计调查结果"显示,中国环渤海地区部分地方环境保护基础设施建设投入不足,工业和生活污染还比较突出。审计署于 2008 年 3 月至 9 月对环渤海地区 2006 至 2007 年水污染防治情况进行了专项审计调查,

❶ 周波、温建平:《渤海污染现状与治理对策研究》,载《中国环境管理干部学院学报》2006 年第 4 期。
❷ 渤海环境保护总体规划编制组:《渤海环境保护总体规划(2008—2020 年)》,内容摘要。

重点调查了天津、大连、营口、盘锦、锦州、葫芦岛、唐山、秦皇岛、沧州、滨州、东营、潍坊和烟台 13 个市。审计发现:2007 年,上述 13 个市中有 7 个市的城市污水处理率低于全国 60% 的平均水平。与 2005 年相比,2007 年 13 市城镇生活污水中排放的化学需氧量(COD)增长 7%;审计调查的 51 座已运行污水处理厂中,有 18 座处理后的水质和污泥不达标;2007 年,13 市正常生产的 180 户国家重点监控废水排放企业中有 41 户废水超标排放,其中 35 户属于石油化工、造纸和印染等污染物排放大户;2007 年底,13 市的 34 个经济开发区中,有 15 个开发区未建成污水集中处理设施,全年有 4 000 万吨污水未经处理直接排放,有 358 个建设项目未按要求进行环评,727 个已竣工项目未进行"三同时"验收。❶ 从对入海河流入海污染物的监测数据❷中看 COD 总量远大于氨氮总量,而 COD 排放量主要来自于工业和城镇生活污水,总磷、总氮主要来自于农业面源污染。从以上数据可以推断出,渤海污染主要还是来源于点源污染。为此,还需完善城镇污水处理设施,加大产业结构调整力度,实施清洁生产,有效控制新增工业点源污染。

3. 工业污染对渤海的影响大于生活污染。

我们以 2005 年的数据为例,来看一下环渤海地区工业污水和工业污染物的排放情况。环渤海地区工业污水排放情况:2005 年环渤海 13 市共排放工业废水量 17.2 亿吨,其中,进入污水处理厂处理的工业废水量 4.8 亿吨,未进入污水处理厂经厂内处理或未经处理直接排放的污水量为 12.4 亿吨。2005 年,环渤海地区工业废水达标排放量为 16.1 亿吨,工业废水达标排放率平均达到88.9%,其中,以天津市最高,辽宁省略低。工业污染物排放情况:2005 年,环渤海地区工业污染物排放总量为 COD 31 万吨,氨氮 3.1 万吨。其中,经污水处理厂处理后排放的 COD 为 2.8 万吨,氨氮 0.7 万吨;未进入处理管网直接排放的COD 为 38.2 万吨,氨氮 2.4 万吨。❸

同样以 2005 年的数据为例,来看一下环渤海地区生活污水和生活污染物的

---

❶ 《审计署发布"渤海水污染防治审计调查结果"》,http://news.sohu.com/20090522/n264109693.shtml,2011 年 9 月 10 日访问。

❷ 2008 年监测的渤海主要入海河流(黄河、小清河、大凌河、小凌河、大辽河等)入海污染物总量为 47 万吨,其中,COD44 万吨,约占 93%;氨氮 2.2 万吨,约占 5%。

❸ 国家环境保护总局,中国环境科学研究院:《渤海陆源污染物总量控制实施方案》,第三章。

排放情况。环渤海地区生活污水排放情况:2005 年环渤海 13 市共排放生活污水量 12.2 亿吨,其中,进入污水处理厂处理的生活污水量 7.3 亿吨,未进入污水处理厂处理直接排放的污水量为 4.9 亿吨。❶ 生活污染物排放情况:2005 年,环渤海地区生活污染物排放总量为 COD 27.7 万吨,氨氮 3.0 万吨。其中经污水处理厂处理后排放的 COD 为 4.0 万吨,氨氮 1.0 万吨;未进入处理管网直接排放的 COD 为 23.7 万吨,氨氮 1.9 万吨。❷

综合以上,2005 年环渤海地区共排放废水 29.4 亿吨,其中工业废水占 58.5%,生活污水 41.4%;COD 排放总量为 68.8 万吨,其中工业排放占 59.7%,生活排放占 40.3%;氨氮排放总量为 6.1 万吨,其中工业排放占 50.9%,生活排放占 49.1%。根据现状数据估算,2005 年环渤海地区总氮排放量为 7.8 万吨,总磷排放量为 5 484 吨。❸

4. 渤海海域的主要污染物为 COD、活性磷酸盐、石油类污染物等。

无机氮、活性磷酸盐、石油类、铜、COD、锌等是渤海水体的主要污染物,近几年,前三者处于严重超标状态。而渤海中受到严重污染的海域主要集中在辽东湾近岸渤海湾和莱州湾。❹ 近年观测资料及研究结果均表明以上结论:1995—2000 年大连近岸渤海海域水质监测资料表明,该海域主要污染物质为石油、磷和锌;❺1997 年辽东湾营口、盘锦、锦州近岸海域水质监测结果为超二类,主要污染物为无机氯、无机磷、石油类污染物和 COD;2002 年渤海局部海域石油烃污染较为严重;❻2001 年 6 月 6 日至 10 日的环渤海湾诸河口水样分析结果表明❼,环渤海湾诸河口水污染严重,多超过地表水四类标准,主要污染物质为汞、氮和磷;2003 年渤海内 18 个站位海水水质检测结果显示,❽主要污染物质为重金属铅、铜和无机氮;而山东莱州湾近岸海域主要污染物为无机氮、硝酸盐和重

❶ 国家环境保护总局,中国环境科学研究院:《渤海陆源污染物总量控制实施方案》,第三章。
❷ 国家环境保护总局,中国环境科学研究院:《渤海陆源污染物总量控制实施方案》,第三章。
❸ 国家环境保护总局,中国环境科学研究院:《渤海陆源污染物总量控制实施方案》,第三章。
❹ 乔璐璐、刘容子、鲍献文:《经济增长下的渤海环境容量预测》,载《中国人口·环境与资源》2008 年第 2 期。
❺ 刘晶:《大连市近岸渤海海域水质现状与趋势评价》,载《环境科学研究》2001 年第 6 期。
❻ 郭全、王修林等:《渤海海区 COD 分布及对海水富营养化贡献分析》,载《海洋科学》2005 年第 9 期。
❼ 刘成、王兆印:《环渤海湾诸河口水质现状的分析》,载《环境污染与防治》2003 年第 4 期。
❽ 石雅君、崔晓建:《2003 年上半年渤海湾海水水环境质量初步分析》,载《海洋信息》2004 年第 3 期。

金属。❶

近年来,无机氮污染的海域面积持续上升,由 2003 年的 0.37 万平方千米增至 2005 年的 0.63 万平方千米。活性磷酸盐浓度变化幅度较大,1989 年至 2003 年,活性磷酸盐污染的海域面积显著降低,2004 年和 2005 年有所回升。此外,局部海域的石油类污染有所加重,主要分布在辽东湾东北部、秦皇岛近岸、北塘近岸、歧口近岸和莱州湾顶部海域。❷ 对有关部门提供的基础数据进行综合平衡和系统分析,估算出 2005 年入海 COD 总量为 150 万吨,并呈上升趋势(总氮、总磷、石油类缺少系统实测数据,未作比较)。❸

三、渤海污染的地域分布

环渤海三省一市由于其地理位置、经济发展水平以及工农业生产分布的不同,其近岸海域的污染状况也各不相同,且对渤海污染的影响程度也有所区别。

(一)辽宁近岸海域污染状况

2006 年辽宁近岸海域未达到清洁海域水质标准的面积约 5 350 平方千米,与 2005 年基本持平。严重污染海域主要分布在双台子河口至辽河口、鸭绿江口邻近海域。主要污染物为无机氮、活性磷酸盐和石油类。❹

《2007 年中国海洋环境质量公报》中指出,辽宁近岸海域未达到清洁海域水质标准的面积约 8 150 平方千米,比 2006 年增加 2 800 平方千米。其中,轻度、中度和严重污染海域面积分别比 2006 年增加 780、1 160 和 790 平方千米。严重污染海域主要分布在双台子河口至辽河口以及鸭绿江口和大连湾海域,主要污染物为无机氮、活性磷酸盐和石油类。

2008 年辽宁全省近岸海域未达到清洁海域水质标准的面积达 7 605 平方千米,比 2007 年减少 545 平方千米。其中,较清洁海域面积为 1 780 平方千米,较 2007 年减少 360 平方千米;轻度污染海域面积为 2 173 平方千米,较 2007 年增加 313 平方千米;中度污染海域面积为 1 898 平方千米,较 2007 年减少 282 平方千米;严重污染海域面积为 1 754 平方千米,较 2007 年减少 216 平方千米。

---

❶ 吕福明:《山东:"碧海行动"救渤海》,载《瞭望》2002 年第 38 期。
❷ 渤海环境保护总体规划编制组:《渤海环境保护总体规划(2008—2020 年)》,第一章。
❸ 渤海环境保护总体规划编制组:《渤海环境保护总体规划(2008—2020 年)》,第一章。
❹ 国家海洋局:《2006 年中国海洋环境质量公报》,第二章。

污染区域主要分布在双台子河口至辽河口和大连湾近岸。海水中的主要污染物为无机氮、活性磷酸盐、石油类以及部分重金属。入海排污口排海污水总量33.94亿吨,比2007年减少36.7%;71.1%的入海排污口超标排放污染物,部分排污口邻近海域环境污染严重。由大辽河、大凌河、小凌河及双台子河四条入海河流排海的主要污染物总量为7.24万吨。❶

2009年辽宁省近岸海域海水环境总体污染程度依然较高,与2008年相比,水质略有改善。污染海域仍然主要分布在双台子河口至辽河口近岸;沉积物质量总体一般,部分海域沉积物受到滴滴涕、石油类和汞的污染;重金属污染对近岸贝类质量影响相对较大。❷

以上数据,从总体来看,辽宁省近岸海域海水环境污染程度较高,污染区域集中于河口区域,而主要的污染物就是磷、氮、石油及部分重金属。

(二)天津近岸海域污染状况

2006年全海域中未达到清洁海域水质标准的面积约2870平方千米,其中:较清洁海域面积约为380平方千米,比2005年减少约500平方千米;轻度污染海域面积约为630平方千米,与2005年基本持平;中度污染海域面积约为760平方千米,与2005年基本持平;严重污染海域面积约为1100平方千米,比2005年增加约570平方千米。2006年影响天津近岸海域水环境的主要污染物质为:无机氮、活性磷酸盐和石油类。无机氮以汉沽和塘沽附近海域超标最为严重,两个海域内所有站位均超过海水水质标准的四类标准,最大值达1580微克/升,超过第四类海水水质标准2.2倍。活性磷酸盐的超标率为43%。与2005年同期相比,无机氮、活性磷酸盐等主要污染物污染程度有上升的趋势,其他指标无明显变化。❸

2007年天津市近岸海域环境状况:❹未达到清洁海域水质标准的面积约2850平方千米,严重污染海域较上年有所减少,其中较清洁海域面积约为230平方千米,比2006年减少约150平方千米;轻度污染海域面积约为650平方千米,与2006年基本持平;中度污染海域面积约为1150平方千米,比2006年增

❶ 辽宁省海洋与渔业厅:《2008年辽宁省海洋环境质量公报》,第一章。
❷ 辽宁省海洋与渔业厅:《2009年辽宁省海洋环境质量公报》,第一章。
❸ 天津市海洋局:《2006年天津市海洋环境质量公报》,第一、二章。
❹ 天津市海洋局:《2007年天津市海洋环境质量公报》,第一、二章。

加约 400 平方千米;严重污染海域面积约为 820 平方千米,比 2006 年减少 280 平方千米。2007 年对天津近岸海域水质环境造成主要影响的污染物质为:无机氮和活性磷酸盐,COD、石油类、重金属铅和溶解氧,个别站位也存在超标的现象。与 2006 年 8 月份❶同期相比,天津近岸海域无机氮、活性磷酸盐等主要污染物污染程度呈下降趋势,COD 含量略有下降,石油类含量略有上升。其他指标污染物含量无明显变化。总体污染状况略有好转。

2008 年天津近岸海域中未达到清洁海域水质标准的面积约 2650 平方千米,占天津市所辖海域的 88.3%,严重污染海域较 2007 年有所增加。近岸海域海水环境主要污染物质为无机氮和活性磷酸盐,除此以外,COD、pH、溶解氧、重金属铅也不同程度地出现了超标现象,其他监测项目均符合第一类海水水质标准。无机氮在全年 3 次监测中所有站位全部超过一类海水水质标准,大部分站位超过四类海水水质标准,以塘沽和汉沽附近海域超标最为严重,大港附近海域相对较轻;活性磷酸盐超标站位主要出现在塘沽和汉沽附近海域,大港附近海域部分站位活性磷酸盐含量超过一类但未超过二类海水水质标准,3 次监测以 10 月份污染最为严重。与 2007 年同期相比,天津近岸海域海水环境中的无机氮、活性磷酸盐等主要污染物浓度呈上升趋势,COD 和溶解氧含量变化不大,石油类含量略有下降。其他指标污染物含量无明显变化。总体来看,天津近岸海域海水环境中的主要污染物含量较 2007 年有所升高,污染状况有加重的趋势,严重污染的海域面积有所增加。❷

2009 年,天津近岸海域未达到清洁海域水质标准的面积约 2 600 平方千米。受污染海域主要为汉沽—塘沽附近海域及大沽锚地,严重污染海域面积较去年有所减少,污染状况略有减轻。主要污染物为无机氮和活性磷酸盐,其中无机氮是天津近岸海域污染的主要因素。❸

以上资料表明,天津近岸海洋未达到清洁海域水质标准的面积是小幅度减少,但是中度污染和严重污染的面积却基本是呈上升趋势的。主要污染物质为无机氮和活性磷酸盐,且污染物的浓度也是呈上升趋势的。近两年,随着污染状况的加重,化学需氧量、pH、溶解氧、重金属铅也不同程度地出现了超标现象。

---

❶ 因为 2006 年只有 8 月份数据,所以只能进行单月比较。
❷ 天津市海洋局:《2008 年天津市海洋环境质量公报》,第一、二章。
❸ 天津市海洋局:《2009 年天津市海洋环境质量公报》,第二章。

(三)河北近岸海域污染状况

2005 年河北海洋环境质量监测情况表明,❶全省海域未达到清洁海域水质标准的面积约 1 176 平方千米,比 2004 年减少了 1 444 平方千米。其中:较清洁海域面积约 793 平方千米,减少了 707 平方千米;轻度污染海域面积约 175 平方千米,减少了 215 平方千米;中度污染海域面积和严重污染海域面积分别减少了 119 平方千米和 403 平方千米。(1)秦皇岛:大部分海域为清洁海域。未达到清洁海域面积为 163 平方千米,比 2004 年减少 304 平方千米。主要污染物是活性磷酸盐、无机氮和油类。活性磷酸盐主要污染海域是山海关近岸海域、抚宁人造河至昌黎大蒲河近岸海域,油主要污染海域是秦皇岛港附近海域,无机氮主要污染海域是山海关和秦皇岛港近岸海域。(2)唐山:大部分海域为清洁海域,局部岸段海水污染物含量比常年偏高。未达到清洁海域面积 143 平方千米,比 2004 年增加 85 平方千米。主要污染物是活性磷酸盐和油类。活性磷酸盐主要污染海域是南堡、京唐港和大清河海域,油类主要污染海域是大清河和南堡近岸海域。(3)沧州:大部分海域为清洁或较清洁海域。未达到清洁海域面积约 870 平方千米,比 2004 年减少 1 225 平方千米。主要污染物是活性磷酸盐、无机氮和油类,活性磷酸盐、无机氮主要污染海域是歧口和南排河海域,油类主要污染海域是港口海域。2005 年度实施监测的陆源入海排污口共 31 个。监测结果显示,近 80% 的排污口存在超标排放现象,主要超标污染物为氨氮、COD、磷酸盐、悬浮物等。监测结果表明,漳卫新河、滦河、抚宁人造河年径流量分别为68 012 万立方米、71 300 万立方米、2 148 万立方米。携带入海的主要污染物为COD、氨氮、活性磷酸盐、石油类、重金属等。其中,排放入海的污染物总量中,COD 所占比例最大,超过 97%。由于河流携带入海的污染物总量较大,河口区环境已受到不同程度的影响。抚宁人造河受到 COD、氨氮、活性磷酸盐的污染,属劣五类地表水;滦河受到 COD 的污染,属四类地表水;漳卫新河受到 COD、氨氮的污染,属劣五类地表水。

2006 年河北近岸海域未达到清洁海域水质标准的面积约 4 000 平方千米。其中,较清洁、轻度、中度和严重污染海域面积分别约为 1 090、2 500、300 和 110平方千米。污染区域主要分布在沧州和秦皇岛近岸海域,主要污染物为石油类、

---

❶　河北省海洋局:《2005 年河北省海洋环境质量公报》,第二、三、五章。

活性磷酸盐和无机氮。❶

2007 年河北近岸海域未达到清洁海域水质标准的面积约 2 970 平方千米，比 2006 年减少 1 030 平方千米。较清洁、轻度和中度污染海域面积分别约为 1 720、820 和 430 平方千米，未出现严重污染海域。污染区域主要分布在沧州和秦皇岛近岸海域。主要污染物为活性磷酸盐和无机氮。❷

（四）山东近岸海域污染状况

2006 年山东全省近岸海域主要以清洁和较清洁海域为主，污染区域主要分布在渤海湾南部、莱州湾和胶州湾局部海域。主要污染物为无机氮、活性磷酸盐和石油类。近岸港口、黄河、小清河、漳卫新河入海口和沿海企业排污入海口等周围海域污染较重。绝大部分陆源入海排污口污水超标排海，其邻近海域环境污染较重。陆源污染突发事件和海上重大溢油污染事件还时有发生，而且有加重的趋势，特别是长岛、东营油污染事件对海洋环境保护工作形成了新的挑战，使海洋环境面临的形势仍然十分严峻。由于农业、沿海企业生产、陆源排污和沿岸海域石油勘探开发等活动的结果使近岸水质较差；因沿海海洋开发和入海河流给海洋带来的污水污物，使河流入海河口周围海域水质差，而以外海域水质较好。具体来看，渤海沿岸的滨州、东营、潍坊和烟台的水环境质量如下：滨州近岸海域主要污染物为无机氮、石油类和活性磷酸盐。无机氮局部海域超二类水质标准，部分海域石油类、活性磷酸盐和无机氮超一类水质标准，满足二类水质标准。无机氮、活性磷酸盐和石油类的平均浓度均较 2005 年有所降低。东营近岸海域符合一类水质标准，海水质量较好。活性磷酸盐和无机氮平均浓度较 2005 年有所降低。烟台近岸海域主要污染物为无机氮和活性磷酸盐。局部海域无机氮污染较重，最高浓度超四类水质标准；局部海域磷酸盐超过二类水质标准；局部海域石油类超过一类水质标准。无机氮和活性磷酸盐的平均浓度较 2005 年变化不大，石油类平均浓度较 2005 年有所降低。潍坊近岸部分海域无机氮和石油类为超二类海水水质标准，活性磷酸盐符合二类水质标准。活性磷酸盐和无机氮平均浓度较 2005 年有所降低。❸

2007 年潍坊近岸局部海域无机氮污染较重，最高浓度超三类水质标准，符

---

❶ 国家海洋局：《2006 年中国海洋环境质量公报》，第二章。
❷ 国家海洋局：《2007 年中国海洋环境质量公报》，第二章。
❸ 山东省海洋与渔业厅：《2006 年山东省海洋环境质量公报》，第二章。

合四类水质标准。活性磷酸盐和石油类平均浓度均低于 2006 年,无机氮平均浓度高于 2006 年。东营近岸海域主要污染物为无机氮、活性磷酸盐和铅。监测海域无机氮污染较重,超四类水质标准,最高浓度超四类水质标准 3.15 倍;局部海域活性磷酸盐超过四类水质标准;局部海域铅最高浓度超过一类海水质量标准。磷酸盐、无机氮和石油类平均浓度较 2006 年均有所增高。滨州近岸海域主要污染物为活性磷酸盐。部分近岸海域活性磷酸盐超一类水质标准,符合二类水质标准。活性磷酸盐平均浓度均高于 2006 年;无机氮和石油类平均浓度较 2006 年有所降低。❶ 2008 年,渤海陆源入海排污口排放超标率为 82%,其中,山东省超标率最高,达 96%。❷

2009 年,潍坊近岸海域以中度污染海域和严重污染海域为主,主要污染物为无机氮、活性磷酸盐和石油类;东营近岸海域以较清洁海域和轻度污染海域为主,部分为中度和严重污染海域,主要污染物为 COD、无机氮和石油类;滨州近岸海域以较清洁海域为主,部分为轻度污染海域,主要污染物为活性磷酸盐和无机氮。❸

从地域来看,近岸一、二类水域大致分布在大连和烟台近岸海域,四类和劣四类水域主要集中在河北沧州、天津、辽宁的营口、盘锦等沿海城市的近岸海域。❹ 这些城市有大量的工业分布,其产生的工业污染物的排放是造成渤海近岸海洋污染严重的主要原因。2008 年夏季环渤海三省一市近岸海域海水环境质量状况显示:❺环渤海三省一市近岸海域夏季海水环境质量总体较差,污染海域面积较大,其中,天津近岸海域海水污染最重,其次为山东和辽宁近岸海域,河北近岸海域海水质量相对较好。

从环渤海地区 2003—2006 年工业废水排放情况可知,山东和河北工业废水的排放量比较大,其对渤海污染产生的影响要大于天津和辽宁,并且各省市近年来工业废水均呈稳定增加态势,这从侧面说明该区域所面临的污染状况仍有可能呈进一步恶化态势。

---

❶　山东省海洋与渔业厅:《2007 年山东省海洋环境质量公报》,第二章。
❷　国家海洋局北海分局:《2008 年渤海海洋环境公报》,第五章。
❸　山东省海洋与渔业厅:《2009 年山东省海洋环境质量公报》,第二章。
❹　渤海环境保护总体规划编制组:《渤海环境保护总体规划(2008—2020 年)》,第二章。
❺　国家海洋局北海分局:《2008 年渤海海洋环境公报》,第二章。

面积百分比

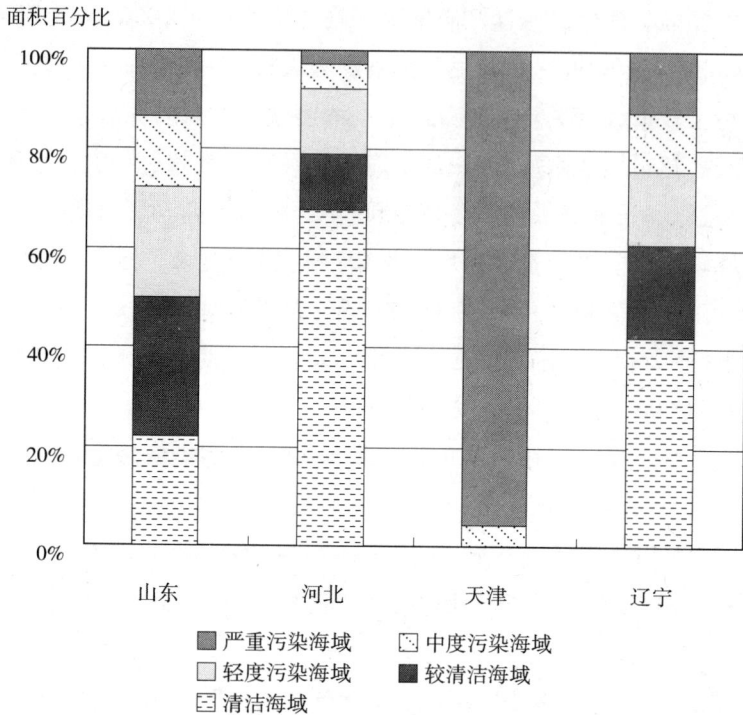

图 1-1 2008 年夏季环渤海三省一市近岸海域海水环境质量状况❶

表 1-2 环渤海地区各省市近年来废水排放情况 （单位：万吨）❷

省份	2003 年	2004 年	2005 年	2006 年
天津	21 605	22 628	23 311	23 428
河北	108 324	127 386	128 607	129 781
山东	115 933	128 706	129 507	130 248
辽宁	89 186	91 810	93 704	94 862

四、渤海污染严重的原因分析

从以上分析我们可以看到渤海污染防治已刻不容缓。"环渤海地区共有地

---

❶ 国家海洋局北海分局：《2008 年渤海海洋环境公报》，第二章。

❷ 《环渤海经济圈的环境立法问题研究》，http://www. bjelf. com/bencandy. php? fid = 46&aid = 726&page = 8 , http://www. bjelf. com/bencandy. php? fid = 46&aid = 726&page = 9 , 2011 年 9 月 12 日访问。

级城市 26 座,沿岸有大小港口近百个,黄河、小清河、海河、滦河、辽河等 40 余条河水流入渤海,年平均径流量约 792 亿立方米。此外,沿岸有 217 个排污口,不分昼夜地向渤海倾泻着污泥浊水。与此同时,大量的工业及生活污水沿地表、河口也一起涌入渤海。无奈的渤海,年收纳的污水竟高达 28 亿吨,占全国排污水总量的 32%,年收入腹内的污染物则超过 70 多万吨,占全国每年入海污染物的 48%。"❶

依据国家海洋局及其他系统的观测和探察,中国海洋检测专家发出警告:渤海的环境污染已到了临界点,如果再不采取果断措施遏止污染,渤海将在十年后变成"死海"。❷

环渤海地区是中国最大的工业密集区,区内钢铁、石油、煤炭、化学、机械、电子、建材和汽车等工业十分发达,形成了多个实力较强的产业集聚带,对国民经济的贡献巨大。然而,由于渤海是封闭海,自净能力极差,生态环境极其脆弱,极易受沿岸人类活动影响,加之历史污染欠账较多,使得污染状况日趋恶化,渤海的资源环境承载能力已接近极限。❸ 渤海所面临的严峻的海洋环境问题,与环渤海经济区的快速发展以及渤海特殊的自然地理条件之间有着密切的联系。

(一)从环渤海经济区的开发发展现状及趋势来看,渤海面临无限的污染压力。

环渤海的辽宁、河北、天津等省市是中国的老工业基地所在地,高消耗、高排放、高污染的粗放型经济增长模式,导致了大量的工业污染,是环渤海地区环境问题产生的主要原因。改革开放以来,环渤海的天津市、辽宁省、河北省和山东省成为我国经济社会高速发展的地区。环渤海经济区的建设将给国家和社会带来巨大的经济成就,但是发生在环渤海区和渤海上的频繁、大规模的人类开发利用活动,也给渤海带来了无限的污染压力。

自 2002 年《海域使用管理法》实施以来,截至 2008 年年末,环渤海三省一市海洋开发用海总面积为 753 671 公顷,其中,渔业用海 652 642 公顷,交通运输

---

❶ 辛文:《渤海会变成"空海""死海"吗》,载《新闻周报》2004 年 5 月 11 日。

❷ 《不能承受污染之重 渤海十年后将成"死海"》,载《华商晨报》2004 年 9 月 21 日,http://news.sina. com.cn/c/2004—09—21/08153723995s.shtml,2010 年 10 月 2 日访问。

❸ 《关于加快渤海环境区域立法的建议》,http://news. hainan. net/newshtml08/2009w3r10/ 492589f0. htm,2010 年 3 月 29 日访问。

用海 41 583 公顷,工矿用海 25 225 公顷,旅游娱乐用海 3 022 公顷,海底工程用海 1 385 公顷,排污倾倒用海 622 公顷,围海造地用海 17 493 公顷,特殊用海 11 229 公顷,其他用海 460 公顷。2008 年,环渤海的各类开发新增用海总面积为 103 258 公顷(包括大连市和烟台市的黄海部分),其中,渔业用海 94 756 公顷,交通运输用海 3 728 公顷,工矿用海 1 014 公顷,旅游娱乐用海 300 公顷,海底工程用海 564 公顷,围海造地用海 2 196 公顷,特殊用海 700 公顷。❶ 不可否认,渤海海洋开发用海活动会带来巨大的经济效益,但不管是填海造地,还是开工建厂等,都会造成环境污染,而这种环境污染影响必将或快或慢地传递给渤海。

进入 21 世纪,环渤海地区更是成为我国社会经济发展的热点地带,相继有天津滨海新区、河北曹妃甸循环经济示范区、辽宁沿海经济带、黄河三角洲高效生态经济区等经济开发区被纳入国家"十一五"发展规划。❷

辽宁沿海经济带在渤海滨海有三个"点",包括:长兴岛临港工业区、营口沿海产业基地、锦州湾沿海经济区。长兴岛临港工业区主要产业有船舶制造及配套产业、大型装备制造业、能源产业和化工产业。营口沿海产业基地主要产业有化工、冶金、重装备等。锦州港主要规划产业有石油化工和金属冶炼等。❸ 大型装备制造业、化工产业、冶金等产业都属于易对周围环境造成污染的产业。

河北曹妃甸循环经济示范区规划面积 310 平方千米,规划用海面积 129.7 平方千米。伴随着首钢的迁入,曹妃甸循环经济示范区开始了大规模围海造地,至 2008 年底,围填海总面积达 109.6 平方千米。曹妃甸附近大面积海域丧失海洋自然属性,曲折的自然岸线变成了平直的人工岸线,沿岸海岛变成了陆连岛。❹ 同时对渤海海洋环境产生了不可逆转的影响,比如:海域自净能力降低,造成海洋环境质量降低;海洋灾害加重;泥沙淤积,航道变窄变浅;生物多样性下降;净化空气、调节气温和气候的功能降低;海洋景观价值丧失或降低。除了围海造地本身对海洋环境产生的影响外,在围海造成的陆地上规划的钢铁、化工等产业在开发建设中也可能加剧环境污染。

---

❶ 国家海洋局北海分局:《2008 年渤海海洋环境公报》,第一章。
❷ 国家海洋局北海分局:《2008 年渤海海洋环境公报》,第六章。
❸ 国家海洋局北海分局:《2008 年渤海海洋环境公报》,第六章。
❹ 国家海洋局北海分局:《2008 年渤海海洋环境公报》,第六章。

天津滨海新区规划的重装备制造、石油化工等产业,以及沧州渤海新区规划建立的化工业、装备制造业、电力能源、铁合金及新型材料等产业,在建设过程也会产生大量的废水、废气、废物等污染渤海海域。

通过以渤海为依托的三省一市经济和社会发展的现状及趋势可以看出,在带来渤海经济圈繁荣的同时,也必然给已经不堪重负的渤海带来新的更大的污染压力。

(二)从渤海特殊的地理自然条件来看,渤海易受到污染影响。

渤海是我国唯一的半封闭型内海,也是全球 21 个典型的闭海之一,海域面积约 7.7 万平方千米,平均水深仅 18 米。从平面看,渤海呈"C"型,内径大出口窄,仅靠渤海海峡与外海相通,海水交换能力差。据专家估计,渤海完成一次海水交换需要十几年。正是渤海的这种特殊的自然地理条件,决定了渤海海洋生态系统的脆弱性,渤海的自净能力和承受环境压力的能力低,易于受到污染。然而渤海所面临的污染压力并没有因为其本身的环境容量低而减轻。另外,渤海接纳的入海河流多,纳污量大也是其易受污染的原因。流入渤海的河流几乎没有一条河的水是清洁的,河流水面大多呈灰白黑绿等浑浊色。汇入渤海的辽河、海河、黄河的污染程度常年在我国 7 大水系中居第 1、第 2 和第 4 位。各种污染物的大量排放和自身较弱的水交换能力是造成环渤海污染的主要原因。❶

从渤海目前的海洋环境现状以及未来环渤海经济圈的发展趋势来看,渤海海域面临的最大威胁就是海洋环境污染。不仅如此,海洋环境污染还是造成其他海洋生态损害的根源。由于"陆源"污染,致使排污口附近海洋生物密度降低,种类少,数量小,生物多样性低,甚至多个排污口的邻近海域出现无生物区。❷ 北京大学环境学院所作的一项调查显示:现在渤海没有一种鱼类、贝类、螃蟹能够形成规模群带,污染造成的危害是灭绝性的。❸《渤海环境保护总体规划(2008—2020)》中就指出:"有 70% 以上的入海污染物排入到敏感的海洋类型功能区,导致自然保护区、旅游区和渔业区现状达标率分别仅为 79.8%、68.5% 和 58.8%。""渤海是我国沿海诸多海域中生态环境最为脆弱的海域,由人类活

---

❶ 马品懿等:《环渤海区域环境法制建设的思考》,载《环境保护》2006 年第 8 期。

❷ 晓懂:《陆源污染:海洋不能承受之重(渤海篇)》,载《时代潮》2004 年第 19 期。

❸ 刘全芳:《关于治理渤海环境污染的建议》,http://www.china.com.cn/zhuanti2005/txt/2006—03/06/content_6144485.htm,2009 年 7 月 27 日访问。

动导致的污染和破坏问题最为突出"。要消除渤海将要变成"死海"的危险,最基本的就是防治海洋环境污染。

第三节　渤海污染防治的主要任务

通过以上对渤海海洋环境污染状况的分析,可以看出渤海海洋环境污染形势非常严峻,渤海污染防治的任务仍很艰巨。我们认为,渤海污染防治的主要路径是防和治,根据渤海污染源、污染物入海途径等采取有针对性的预防和治理措施。

一、多源污染多方防治

渤海的环境保护问题,其80%的污染物质是来自陆域污染、海岸工程建设、径流和大气沉降等陆域活动,仅从海洋本身考虑将不能解决渤海的全部环境保护问题。[1] 陆域入海污染物排污总量居高不下,使得部分区域海洋功能受损。随着渤海经济圈的天津滨海新区、河北曹妃甸循环经济示范区、辽宁沿海经济带、黄河三角洲高效生态经济区等的开发发展,不可避免地会给渤海带来更多的陆源污染。为改善渤海环境,实现对渤海环境的有效防治,必须把工作的注意力投向污染渤海的陆上源头。从污染物来源看,生活用水、工业废水和农业面源污染是三大陆源污染源。所以,渤海陆源污染防治应重点防治渤海沿岸的生活用水、工业废水、农业面源污染。比如,防止和控制沿海工业污染物、农业污染物污染海域环境;严格控制环境敏感海域的陆地汇水区畜禽养殖密度、规模,有效处理养殖场污染物,严格执行废物排放标准并限期达标;防止和控制沿海城市污染物污染渤海环境,增加城镇污水收集和处理能力。[2]

虽然陆源污染是渤海的主要污染源,但是海上污染源对渤海环境的影响也是不容忽视的。渤海海上污染主要来自海水增养殖、港口航运、油气勘探开发、海上倾倒等用海活动。那么,渤海海上污染防治的任务有:其一,防止、减轻和控制海上养殖污染。海水养殖多位于水体交换能力较差的浅海滩涂和内湾水域,

---

[1]　滕祖文:《渤海环境保护的问题与对策》,载《海洋管理》2005年第4期。
[2]　郝艳萍:《渤海治理的对策与建议》,载《中国海洋报》2005年9月13日。

养殖自身污染已引起局部水域环境恶化、生物生存环境破坏。其二,针对渤海海域的现状,控制船舶及相关作业污染物的排放。比如,规范和强化港口和船舶污染管理,在渤海海域实施船舶油类物质污染物"零排放"计划。❶　其三,防止和控制海上倾废污染。目前虽然只是个别倾废区对渤海海洋生态的健康造成了影响,但是也不能忽视对海洋倾废污染的防治,应制定特别措施预防海洋倾废污染,严格管理和控制向海洋倾倒废弃物。其四,防止海洋工程对渤海环境造成污染。渤海的油气资源十分丰富,渤海污染防治的任务也需包括防治海洋油气开发造成的污染,比如渤海海洋石油勘探开发产生的水基泥浆、钻屑、食品类固体废弃物的排放入海而给渤海带来的污染压力。随着环渤海地区的规划发展,围填海等其他海洋工程的建设仍将会给渤海环境造成污染,这也是我们需要防治的内容之一。进一步防治海洋工程建设项目对渤海环境的污染损害仍是必要的。

二、控制排海污染物总量

《海洋环境保护法》第三条规定,国家建立并实施重点海域排污总量控制制度,确定主要污染物排海总量控制指标,并对主要污染源分配排放控制数量;第十条规定,在国家建立并实施排污总量控制制度的重点海域,水污染物排放标准的制定,还应当将主要污染物排海总量控制指标作为重要依据。《海洋环境保护法》的这些规定确立了我国重点海域污染物排海总量控制制度。渤海沿岸13省市及其上游地区的各种污染物通过入海排污口及河流纷纷排入渤海,使渤海不堪污染压力。在这种情况下,渤海作为一个整体的有明确边界的环境管理对象,对其进行防治的最有效办法是实行排污总量控制。❷　具体任务包括:其一,核定渤海的纳污总量及污染物排放总量。渤海污染物排放总量控制的基础是渤海纳污总量,所以需对纳污总量和渤海入海污染物总量作出核定,为总量控制目标的制定奠定基础。其二,明确排海特定污染物的总量控制,比如以氮、磷为主的总量控制制度。其三,为了保障污染物排海总量控制目标的实现,还需实行总量控制目标责任制。确定污染物排放总量削减目标和年度控制目标,并将这些

❶　郝艳萍:《渤海治理的对策与建议》,载《中国海洋报》2005 年 9 月 13 日。
❷　周珂、吕霞:《关于制定渤海环境保护单行法必要性的思考》,载《昆明理工大学学报》2007 年第 3 期。

目标逐步分解到市、县和相应的单位。其四,还应建立总量控制监管联动机制,实现对主要污染源的分配排放监控。❶

三、利用多项技术治理污染

渤海污染问题由来已久,针对已经存在的渤海污染,有必要通过技术手段、治理工程等进行治理和清除。对于治理渤海污染,可借鉴美国的生物技术进行污水处理,通过酶打开污染物质中更复杂的化学链,将其从高分子有机物降解为低分子有机物或二氧化碳、水等无机物。借鉴此项技术,我国可在渤海有机物聚集较多的内湾或浅海,有选择地养殖海带、裙带菜、紫菜等大型经济海藻,既净化水体,又有较高的经济效益。❷ 另外,还可以重点针对营养盐去除、重金属去除、油污染去除,建设海洋污染治理实验和示范基地,开发一系列污染治理技术。研究筛选微生物菌种,治理重金属污染,改善沉积物质量。开展排海企业专项整治,监督入海排污企业,加大排污治理投入和治污设施运转。研究利用微生物去除沉积物重金属的技术,利用大型植被和海藻净化富营养化水体的技术,开展修复示范。综合采用物理去除、化学修复、微生物修复、植物去除等多种技术方法,集成应用,改善水质和沉积物质量,恢复生态环境健康。综合沉积物去除、海底植被移植、人工鱼礁、增殖放流等措施,改善产卵场的沉积物质量和水质。

---

❶ 李明春:《共同努力改善渤海海洋环境》,载《中国海洋报》2009 年 5 月 19 日。
❷ 李淑文:《环渤海污染问题的原因和对策》,载《经济研究导刊》2007 年第 3 期。

第二章　渤海资源开发与管理

　　海洋资源是指赋存于海洋环境中可以被人类利用的物质和能量以及与海洋开发有关的海洋空间。海洋资源按其属性可分为海洋生物资源、海底矿产资源、海水资源、海洋能与海洋空间资源。[1] 其中空间资源又包括海域资源、海岛资源、海岸带资源等。渤海拥有丰富的海洋资源,为环渤海地区的经济社会发展提供了支撑。但是,近年来,由于大规模的开发利用活动,以及开发无序、管理无力等因素使渤海资源可持续利用能力降低,比如,渤海生物资源数量减少、质量降低、海域资源开发利用负荷过重等。而海水资源、海洋能资源等却存在开发利用不足的问题。渤海资源是渤海生态系统的重要组成部分,渤海资源的合理开发利用有利于渤海环境保护和生态系统平衡。所以有必要将渤海资源合理开发利用作为渤海保护的一项专门事务予以关注。

第一节　渤海资源与开发利用状况

　　渤海资源丰富,渔业、港口、石油、旅游和海盐是渤海的五大优势资源。渤海素有"鱼仓"的美誉,是多种鱼、虾、蟹、贝类繁殖、栖息和生长的良好场所。渤海港口分布密度高、大型港口及能源出口港多、自然地理条件好,是我国北方对外贸易的重要海上通道。渤海石油和天然气资源十分丰富,整个渤海地区就是一个巨大的含油构造,滨海的胜利、大港、辽河油田和海上油田连成一片。渤海沿岸自然风景优美,名胜古迹众多,海滨旅游度假资源条件较好。渤海还是我国最大的盐业生产基地,底质和气候条件非常适宜盐业生产。

---

[1]　《中国21世纪议程》第十四章。

一、渤海生物资源

渤海有生物 600 余种,渔业鱼类 5 科 27 种;拥有对虾、海参、鲍鱼等海珍品。渤海海域均为捕捞区,历史上捕捞的种类有小黄鱼、带鱼、对虾、蓝点马鲛、鲈鱼、青鳞鱼等;分布在辽东湾、莱州湾、渤海湾的毛虾、三疣梭子蟹、海蜇等也有较高产量。渤海沿岸有滩涂约 2 000 平方千米及辽阔的浅海水域,主要养殖品为海带、紫菜、贝类及对虾、海参、鲍鱼等海珍品。❶

(一)渤海渔业资源种类和数量

渤海的鱼类区系是黄海区的组成部分,鱼类多达 150 种,半数以上属暖温带种,其次是暖水种。主要经济鱼类有小黄鱼、带鱼、黄姑鱼、鲐、蓝点马鲛等,主要渔场有辽东湾、滦河口渔场、渤海湾、莱州湾渔场等。❷

渤海夏、冬两季采获的主要中上层鱼类有鳀、黄鲫、青鳞小沙丁鱼、银鲳、蓝点马鲛、赤鼻棱鳀、斑鰶等;主要底层鱼类有小带鱼、小黄鱼、华鲈、细纹狮子鱼、六丝钝尾鰕虎鱼等;主要头足类有火枪乌贼、短蛸;主要经济甲壳类动物有口虾蛄、三疣梭子蟹、日本鼓虾、日本蟳等。❸

渤海夏季渔获种类 42 种,其中鱼类 28 种,包括中上层鱼类 10 种、底层鱼类 18 种,头足类 3 种,具经济价值的虾类 7 种、蟹类 4 种。冬季渔获种类 37 种,其中鱼类 22 种,包括中上层鱼类 6 种、底层鱼类 16 种,头足类 4 种,具经济价值的虾类 8 种、蟹类 3 种。从渤海底拖网平均每网渔获种类的季节变化情况来看,渤海夏季为 11.3 种,其中鱼类 7.8 种,经济无脊椎动物 3.5 种;冬季 12.4 种,其中鱼类 6.5 种,经济无脊椎动物 5.9 种。❹

渤海中上层鱼类分别占总渔获重量和尾数的 61.9% 和 75.8%,出现频率为 97.3%;底层鱼类为 24.0% 和 10.2%,出现频率为 100%;经济无脊椎头足类、虾类、蟹类分别占总渔获重量的 3.4%、7.3% 和 3.4%,占尾数的 1.7%、11.7% 和 0.6%,出现频率分别为 75.7%、83.8% 和 59.5%。❺ 渤海渔业生物资源的优势种类不如黄海明显,占总渔获量超过 2% 的种类有鳀、黄鲫、青鳞小沙丁鱼、小带

---

❶ 丁德文:《渤海可持续利用问题与对策》,载《世界科技研究与发展》1998 年第 4 期。
❷ 冯士筰、李凤岐:《海洋科学导论》,高等教育出版社 1999 年版,第 524 页。
❸ 金显仕、赵宪勇、孟田湘:《黄渤海生物资源与栖息环境》,科学出版社 2005 年版,第 144 页。
❹ 金显仕、赵宪勇、孟田湘:《黄渤海生物资源与栖息环境》,科学出版社 2005 年版,第 145 页。
❺ 金显仕、赵宪勇、孟田湘:《黄渤海生物资源与栖息环境》,科学出版社 2005 年版,第 147~148 页。

鱼、小黄鱼、银鲳、蓝点马鲛、赤鼻棱鳀、口虾蛄、花鲈、三疣梭子蟹、斑鰶、细纹狮
子鱼、短蛸等,合计占总渔获量的91.0%。❶

(二)主要渔业种类分布

渤海中上层鱼类主要有鳀鱼、蓝点马鲛、鲉和银鲳。底层鱼类主要有带鱼、
小黄鱼、白姑鱼、鲨鳐类和叫姑鱼。甲壳类主要是对虾、鹰爪虾和脊腹褐虾,对虾
的主要卵场遍布渤海的莱州湾、渤海湾、辽东湾和滦河口附近的水域。鹰爪虾隶
属十足目、对虾科、鹰爪虾属,为暖水性、底层、中型经济虾类。头足类的有日本
枪乌贼和火枪乌贼,渤海以火枪乌贼占优势,主要渔场在渤海湾,春季、秋季均有
不少渔获,是渤海双拖网中的主要渔获物之一,在渤海定置张网中也有大量
渔获。

(三)渔业资源开发利用状况

从20世纪80年代初开始,黄、渤海区的渔业资源总体上就已处于过度捕捞
的状态,80年代中期以来,随着捕捞强度的急剧增加,捕捞过度的状况进一步加
剧。从事渤海海区作业的渔船20世纪70年代不到5 000艘,80年代发展到近
1万艘,90年代达到1.5万艘,到2000年猛增到近3万艘。2002年黄渤海区捕
捞渔船总功率超出控制指标64%。❷ 相应的渤海渔业捕捞量也逐年增多,自20
世纪90年代以后,年捕捞量都超过50万吨,到2000年以后,年捕捞量更是猛增
到100万吨以上。据测算,渤海每年的最高可捕产量应控制在50万吨左右,❸
渤海渔业资源处于过度开发利用状态。

二、渤海矿产资源

矿产资源依据产出海域划分成海滨砂矿资源、海底矿产资源和大洋矿产资
源。❹ 渤海是一个中、新生代沉降盆地,埋藏有丰富的油气资源。由于渤海水浅
浪小,气候条件较好,沿岸地区经济技术水平较高,对开发石油资源极为有利。
以下我们将对渤海海滨砂矿资源和油气资源进行重点介绍。

---

❶ 金显仕、赵宪勇、孟田湘:《黄渤海生物资源与栖息环境》,科学出版社2005年版,第148页。
❷ 侯玉忠:《渤海渔业资源下降原因及修复建议》,载《中国海洋报》2003年11月7日,"水产周刊·业
　界纵览"版。
❸ 金显仕、赵宪勇、孟田湘:《黄渤海生物资源与栖息环境》,科学出版社2005年版,第380页。
❹ 王永生:《海洋矿产开发:现状、问题与可持续发展》,载《国土资源》2007年第10期。

(一)海滨砂矿

我国海岸线漫长,入海河流携带的含矿物质多,东部地区因经受多次地壳运动,岩浆活动频繁,形成了丰富的金属和非金属矿藏。这些含矿的岩石风化后的碎屑就近入海,在海流、潮流作用下,于海岸带沉积形成矿种多、资源丰富的砂矿带。滨海砂矿经济价值明显,一些在工业、国防和高科技领域有着重要意义的矿藏即来源于滨海砂矿。已探明具有工业储量的滨海砂矿有:锆石、独居石、锡石、钛铁矿、磷钇矿、金红石、磁铁矿、铬铁矿、铌铁矿、钽铁矿、砂金、金刚石和石英砂等。其中锆石、钛铁矿、金红石等在宇航、激光、原子能工业上均有广泛应用。锆石和钛铁矿主要富集于渤海辽东湾浅滩、黄海成山角近海、南海珠江口外、北部湾北部等地,尤以北部湾北部沿岸的锆石和海南岛东岸的钛铁矿含量最为丰富。含钛的金红石与合铌、钽等稀有金属的独居石,主要富集于北部湾北部。石榴石分布于黄海中部近岸、渤海湾内和海峡北部,以辽东湾浅滩含量最高。海绿石除了在滨海沿岸有广泛分布外,还见于渤海海峡北部。

自 20 世纪 80 年代以来,由于河砂的短缺,人们开始非法从海岸线挖砂。有人测算,近 15 年来,我国从海洋挖砂约为 4.5 亿吨,平均每千米海岸取砂 2.5 万吨。在开采方式上仍限于水上露天开采,水下采矿尚少,且大多为集体和个体开采。

(二)渤海油气资源

渤海海上石油开采是我国海洋石油开发的先驱,全区共有油气功能区 96 个,2000 年,渤海共有油气田生产井 832 口,石油总产量 653.45 万吨,天然气总产量 85 593 万立方米,油气总产值约 1 085 849 万元。从 2005 年至 2008 年,渤海油气产量年均增加 21%,渤海油气田主要分布在辽东湾、渤海湾及渤海中部海域。[1]

环渤海省市近海油气田的分布大致有:[2]辽宁——包括油气区和固体矿产区。主要功能区有盘锦辽东湾顶部辽河滩海油气区、葫芦岛辽东湾北部与中部油气区、锦州大凌河下游油气区。河北——包括油气区 1 个二级类,9 个功能区,区划面积 218 849.6 公顷。重点功能区 4 个,包括秦皇岛 32—6 油田开采

---

[1] 国家海洋局北海分局:《2008 年渤海海洋环境公报》,第五章。
[2] 国家海洋局:《渤海海洋功能区划、环境问题、保护目标及海洋生态保护优先行动》,第三章。

区、南堡 35—2 油田勘采区、冀东油田滩海勘采区、大港油田滩海勘采区。天津—油气区包括新港区块、马东东含油区块、白东区块、歧东区块、张东开发区块。山东—黄河三角洲滩涂和浅海海域是我国海洋石油、天然气开采基地。从潍北至套尔河有油田 45 个，油气田 14 个，储油面积为 1 200 平方千米，天然气田面积 80 平方千米。此外，龙口、蓬莱市近海也已探明油气田。

三、海水资源

海水是一种重要的资源，海水中有丰富的淡水资源，海水又溶解有大量的矿物物质，是海洋中巨大的"矿物资源载荷体"。[1] 人们对海水资源的利用，主要有两个方面，一是淡化海水或直接利用海水解决生活或工业用水的需求；另一方面是浓缩海水，从中提取各种必需的矿物资源。

我国的淡水资源比较匮乏，环渤海的天津、河北、辽宁和山东 4 省市都属于缺水地区，海水作为重要的水资源，是可以利用的，海水淡化是解决沿海地区淡水资源紧缺的重要手段。天津、大连、青岛等城市率先开展了创建国家级海水淡化与综合利用示范城市活动，并充分发挥其示范和辐射作用。[2] 目前在环渤海的辽宁、山东、河北等地已建、在建海水和苦咸水淡化示范工程多项。随着技术的进步、新材料的应用，不仅使产量提高，而且淡化成本也在大幅度降低。此外，在海水直接利用方面，环渤海的大连、天津等城市的许多单位均有利用海水作为工业冷却用水的实践。海水直接利用工程，在沿海地区被用于发展电力、冶金、化工等行业，如推广使用海水作为冷却水和生活用水（冲洗、除尘、消防、游泳池用水等）。

海水中含有丰富的矿物质，当前人类主要从海水中提取盐、溴、碘、钾、镁等。渤海是我国最大的盐业生产基地，底质条件好，以粉砂、泥质粉砂、黏土、泥质沙土为主，渗透率较低。气候条件也有利于海盐产业发展，降雨量少、雨量集中、蒸发量大、相对湿度低，这些都非常适宜盐业生产。在冬季，渤海表层盐度平均为 31.5‰，其中央区域约为 34‰，沿岸低于 26‰。[3] 我国四大海盐产区中，渤海就有长芦、辽东湾、莱州湾三个。长芦盐区的盐场主要分布在乐亭、滦南、唐海、汉

❶　金翔龙：《二十一世纪海洋开发利用与海洋经济发展的展望》，载《科学中国人》2006 年第 11 期。
❷　黄昌硕、徐澎波：《我国海水资源的利用模式与发展趋势》，载《中国资源综合利用》2008 年第 5 期。
❸　《海盐资源简介》，http://www.chinakyxx.com/minezhu4.asp? id=4828,2010 年 4 月 3 日访问。

沽、塘沽、黄骅、海兴等县区内,其生产规模较大。辽东湾盐区有营口、锦州和旅顺等盐场。莱洲湾沿岸地下卤水储量丰富,是罕见的储量大、埋藏浅、浓度高的"液体盐场"。莱州湾盐区是山东省海盐的主要产地,包括烟台、潍坊、东营、惠民等盐场。莱州湾盐区从技术装备水平、产品质量以及企业经济效益来看,在国内各盐区中处于较先进地位。

四、海洋能资源

海洋能资源是海洋中蕴藏的可再生清洁资源,其存在的形式多种多样,包括潮汐能、波浪能、海水温差能和海水盐差能等,更广义的还包括海洋上空的风能、海洋表面的太阳能等。由于这些资源丰富、清洁干净、可再生性强,与生态环境和谐,被联合国环境组织视为目前最理想、最有前景的替代能源之一。

潮汐能是指海水潮涨和潮落形成的水的势能,其利用原理和水力发电相似。潮汐能的能量与潮量和潮差成正比。中国沿岸潮差分布的总趋势是:东海最大,南海最小,渤海、黄海居中。渤海沿岸的辽东湾顶部最大,营口2.7米,渤海湾顶部次之,塘沽2.5米,其他岸段较小,秦皇岛0.8米,龙口0.9米,渤海海峡为1米左右。据测定,辽宁沿海平均潮差为2.57米,可发电16.1亿度,渤海湾沿岸平均潮差1.01米,可发电0.09亿度,极具开发前景。按潮汐类型看,渤海沿岸、辽东湾多为不正规半日潮,西岸的团山角至秦皇岛为正规日潮,秦皇岛至滦河口为不正规日潮,塘沽至岐口、龙口至蓬莱及渤海海峡为正规半日潮,大清河口至塘沽、岐口至龙口为不正规日潮。❶ 环渤海三省一市沿岸的潮汐能分布也不均匀。山东省东部三面环海,海岸线长2400千米,胶州湾以东是岩岸,曲折多港湾;蓬莱以西为沙岸,水浅港湾少,且河口淤积严重,可开发的潮汐能资源很少;辽宁海岸线较短,虽然潮汐能资源的蕴藏量不丰富,但开发条件较好,与山东省条件相近;河北由于海岸线较短,缺乏优良的地形,潮差小,所以资源并不丰富。❷

渤海的波浪以风浪为主,涌浪较少。有专家计算出渤海表面总波能的理论

---

❶ 《中国潮汐能资源》,http://www.china5e.com/show.php? contentid=45147,2010 年 4 月 21 日访问。

❷ 《海洋的无限活力:潮汐能》,http://scitech.people.com.cn/GB/25509/45212/45213/3434511.html,2010 年 6 月 3 日访问。

蕴藏量值约为 $60×10^{12}$ 焦耳,其平均波功率为 $13×10^{10}$ 瓦。❶

渤海是我国四大海区中水深最小、水温最低、海流最弱的浅海水域,其海洋热能和海流能的蕴藏量比较小。但由于辽河、海河和黄河等大量淡水注入,其盐度差能蕴藏量较丰富。❷

渤海漫长的海岸线除了丰富的海洋资源外,更有取之不尽,用之不竭的风能资源,属于风能资源比较丰富的地区。地处渤海辽东湾的中国首座离岸型海上风力发电站,于 2007 年投入运营,标志着中国发展海上风电有了实质性突破。

总的来说,我国对于海洋新能源的利用才刚刚开始,尚未形成规模开发,海洋风电、潮汐等产业科技创新水平相对落后。

五、渤海空间资源

海洋是人类活动的重要空间,海洋空间也是一种珍贵的资源,包括海域资源、海岛资源和海岸带资源等。海岸带和海岛资源在海洋资源的可持续利用和保护中有其独特的地位和作用,❸海域资源也是不容忽视的空间资源。海洋空间资源主要用于海洋交通运输、港口建设、临港工业、滩涂开发、旅游与休闲等方面。对海洋空间资源也要加强保护,合理开发利用。

(一)海岛资源

渤海海域岛屿主要包括长岛群岛、西中岛、菊花岛、曹妃甸、菩提岛、三河岛等。这些岛屿中虽然有不少在地理上比较孤立,但存在许多独特的生物物种,周围还有丰富的矿产和渔业资源,风景秀丽。对岛屿的开发利用应依据其资源禀赋情况,制定适宜的发展思路,比如进行综合开发利用、发展旅游业和发展养殖业等。本部分主要对一些岛屿的资源及开发利用进行论述,关于海岛的自然状况详见第三章第一节。

山东境内的长岛县四周环海,岛岸线长,有着广阔的海域,海洋生物资源丰富,海水养殖和海洋捕捞有着悠久的历史,它具有不与种植业争地,商品率大,投资少,效益大等优点,海洋捕捞与海水养殖在农村经济总收入中占有较大比

---

❶ 李桂香:《关于渤海海洋能的开发和利用》,载《海洋通报》1985 年第 1 期。

❷ 李桂香:《关于渤海海洋能的开发与利用》,载《海洋通报》1985 年第 1 期。

❸ 《中国 21 世纪议程》,第十四章。

例。❶长岛县自然风光优美,气候宜人,基岩海岸形成形态多姿的海蚀洞、海蚀拱桥和奇礁异石,神秀异常,历有海上仙山之称,旅游资源丰富。长岛非常适合发展海水养殖、海洋捕捞和旅游业。

辽宁海岛均属于基岩岛,岸线蜿蜒曲折,港湾资源丰富,其中较大的港湾有长海县13处,菊花岛2处,其特点是水深适度,水域平稳,航程短,且通航时间长,为辽宁海岛经济开发提供了良好的发展条件。❷辽宁岛屿还蕴藏着丰富的旅游资源:石城岛银窝石林和"海王九岛"令人叹为观止;渤海西北面的岛屿有较多的寺庙、井台、碑石等;辽南岛屿有已发掘的新石器时代的贝丘、石器、陶器等文物,以及古城、烽火台的遗迹和甲午战争、解放战争时期的纪念物、战船、纪念碑等;菊花岛的杨家山岛是海鸟聚集的地方;旅顺的蛇岛有2万多条蝮蛇,是我国稀有的奇观。❸此外,菊花岛四周海域生产螃蟹、蚶子、海蜇、爬虾、八爪鱼、鲁子鱼、白眼、青皮鱼、青条鱼、鳊鱼、梭鱼、对虾等海产品,适宜发展养殖业。

菩提岛位于河北省唐山市乐亭县近海海域,距大陆海岸最近处1100米,有"华北第一大岛"之称。❹菩提岛自然环境呈原始状态,主要类型包括森林、沙丘、草地、湿地、农田和滩涂等,植物生境条件较复杂,自然植被覆盖率98%以上;滩涂广阔,咸淡水及食物丰富,有多种鸟类在此栖息繁殖,啄木鸟、柳莺、金腰燕、海鸥、野鸭、红喉潜鸟、黑嘴鸥、半蹼鹬、短尾信天翁、金雕、丹顶鹤等,是名副其实的"鸟岛"和国际观鸟基地;菩提岛气候宜人,夏季海岛气候明显,凉爽宜人,非常适于海岛休闲避暑旅游。❺

三河岛又称炮台岛,是天津海域唯一列入中国海岛志的岛屿,因位于潮白河、永定新河、蓟运河三河汇流入海处而得名。特殊的地理位置,使三河岛形成了特殊的景观,它不仅可作为观潮、观海、观日出的好去处,同时也因其非同寻常的历史,成为具有教育意义的旅游观光点。

(二)渤海海岸带资源

海岸带是指陆地与海洋的交界地带,是海岸线向陆侧延伸10千米、向海侧

---

❶ 衣华鹏:《山东省长岛县海岛资源可持续利用对策研究》,载《海洋科学》2004年第6期。

❷ 齐丽丽:《辽宁海岛资源及可持续利用》,载《海洋地质动态》2003年第10期。

❸ 齐丽丽:《辽宁海岛资源及可持续利用》,载《海洋地质动态》2003年第10期。

❹ 河北省地方志编纂委员会:《河北省志(第49卷)旅游志》,河北人民出版社1994年版。

❺ 转引自白瑞娟、李田、张丽云:《海岛旅游开发模式与保护研究——以唐山市乐亭县菩提岛为例》,载《河北农业科学》2009年第5期。

延伸至 10 米—15 米水深线的带型区域。海岸带是大自然惠赐的不可再生资源。

山东省漫长的海岸线滨海区及滩涂蕴藏着各种丰富的资源,可建深水泊位的港址较多,是江北深水大港预选港址最多的岸段之一;沿海石油、天然气、黄金等矿产在全国也占有重要地位;可开发进行水产养殖的滩涂面积较大;沿海休闲旅游资源丰富,人文及自然景观众多,并拥有黄河三角洲国家级自然保护区。

据河北省海洋局发布的海岸线修测成果,唐山市海岸线总长为229.7千米,比原来的数据增加了33.2千米,已开发的海岸带主要用于港口航运、水产养殖和盐业,港口岸线主要包括京唐港区和曹妃甸港区两段,共计约32.5千米,占大陆岸线总长14.1%。秦皇岛市海岸线总长为162.7千米,比原来的数据增加了36.3千米。[1]

辽宁省海岸线长2920千米,其中,大陆岸线长2 292.4千米,岛屿岸线628千米。大连市海洋资源丰富,海岸线长1814.6千米,其中,大陆岸线1192.3千米。[2] 从1986年至2007年,包括瓦房店、普兰店、庄河等在内的围海填地工程,20年时间造地195平方千米,占用了120多千米的海岸线。有专家指出,大连40%的海岸线资源已被占用,未来城市发展需要一条"控制线",以保护剩下的岸线资源。《辽宁省"五点一线"沿海经济带大连区域用海规划》(2008—2020年),就提出了协调大连市发展规划、大连市土地利用规划,从而实现大连市陆域、海域的规划全覆盖,进一步落实近海海域利用控制范围,实现保护天然的海洋生态资源的目标。营口市具有122千米长的海岸线,[3]海产资源丰富,海水养殖蓬勃发展。

自1995年起天津已无自然岸线,均为人工岸线。[4] 天津市在海岸线利用规划过程中根据海岸线资源分布特点和开发使用现状,将其岸线划分为港口、工业、旅游生活等区域。由北向南依此为:陆域津冀北界线至大神堂岸线为生态保护与渔业养殖岸线,重点发展生态和护岸绿化工程,同时合理发展海产品养殖;

---

[1] 《最新海岸线修测成果:唐秦两市海岸线"变"长了》,http://news.qq.com/a/20081213/000613.htm,2010年3月21日访问。

[2] 中国海洋年鉴编纂委员会:《中国海洋年鉴(2008)》,海洋出版社2008年版,第139页。

[3] 资料来源于中国营口门户网站关于营口自然地理的概述,Http://www.yingkou.gov.cn/zjyk/ykgk2010/201203/t20120305_177597.html,2012年4月8日访问。

[4] 国家海洋局北海分局:《2008年渤海海洋环境公报》,第六章。

大神堂至蔡家堡岸线为渔港和发展预留岸线,主要定位为大型渔港设施用地等;蔡家堡至永定新河河口岸线为旅游、生活岸线,重点发展旅游业,形成集观光、休闲娱乐、疗养于一体的多功能旅游区;永定新河河口至大沽排污河岸线为港口岸线,主要用于天津港建设;大沽排污河至津晋高速公路岸线为工业岸线,用于临港工业区建设;津晋高速公路至海滨浴场岸线为旅游、生活岸线,结合海滨浴场发展旅游项目;海滨浴场至独流减河北岸岸线为生态保护和发展预留岸线,近期保持现有盐田,远期根据发展需要再适当调整岸线功能;独流减河北岸至油田防洪堤岸线为工业岸线;油田防洪堤以南至北排水河岸线为生态保护和发展预留岸线。❶

由于有限的海岸带资源具有独特的地理、经济、人文优势,海滨土地成为企事业单位、个人和房地产商竞相抢占的资源。渤海岸带资源的开发利用主要集中于房产开发、养殖利用、临海工业、海滨旅游和港口建设等方面。

1. 房产开发

土地是珍贵的资源,岸线土地更是稀缺的宝贵资源。近年来人们越来越喜欢靠海而居、临水而居,使得房地产开发商纷纷涌向了海岸线,优质的沙滩岸线被其圈占瓜分。开发商也以"泡在海边的房子"、"中国海岸标志建筑"作为房屋重要的卖点,使得优质的海岸线这一公共资源成为少数人的私家海滩。由于房地产开发不仅使属于公众的优质海岸线变得越来越少,还给海洋生态造成了严重的负面影响。比如,在房产开发建设过程中,砍伐生态植被,破坏原来的地貌,造成海岸带变化甚至是生态灾害。又如,滨海房地产普遍存在生活污水直排、间排进入大海的现象,严重污染近海海域。另外,房地产的过度开发还会影响海岸景观,游客看到的不是优美的海岸线风景而是房子。由于房地产开发与海岸环境保护之间存在矛盾,使得海岸线资源的合理开发利用成为沿海省市关注的重点。海岸线房地产的开发利用应充分考虑可持续性因素,并与整体城市规划紧密结合。那种以牺牲资源和公共利益为代价的房地产开发,等于又走上了先开发先破坏先污染再治理的老路,从长远看反而不利于房地产行业自身的健康发展。

---

❶ 《天津市现有海岸线 153.3 公里 如何利用 请看规划》,http://news.sohu.com/20070405/n249224953.shtml,2010 年 4 月 2 日访问。

2. 养殖利用

渤海属于我国内海,海洋生物资源十分丰富,主要是鱼、虾、蟹、贝、藻等。近些年来,由于过度捕捞,不注意养护等原因,渔业资源向量少质差方向演变。为弥补海洋生物资源不足,人们开始充分利用海岸带资源进行养殖。滩涂和近岸浅水海域是发展水产养殖业的良好场所,近年来各地推行了"海洋农牧化"养殖模式,即在滩涂和近岸海域从"农",养殖水产,在浅海水域从"牧"放养经济渔类。❶ 在潮间带,除一些不适合海洋生物生存的滩涂外,大都由个人或企业承包从事养殖。水产养殖是沿岸海洋经济的主导产业开发区,是地方居民主要的经济收入来源。利用海岸带资源进行养殖,尤其要注意自然保护和养殖开发之间的协调,制止为少数人和地方利益而造成环境永久损失的养殖方式,鼓励和支持环境友好的养殖方式。

3. 临海工业

一些渤海沿岸城市纷纷提出"大力发展临港工业"的发展目标,在有限的海岸带上,引进了大批能源、钢铁、石化等项目投资落户,将发展海洋经济作为新的经济增长点。然而,临海工业的发展也使海岸线很多区段已出现不同程度的环境问题,特别是靠近城镇区域的岸线水域和河口附近水域受到的影响较大。以河北省为例,唐山和沧州两市及其周边地区,在化工、建材、钢铁等方面已经形成了一定的比较优势,但高耗能、高排放项目的过于集中,使当地环境资源承载力面临严峻考验。

4. 海滨旅游

长期以来,大自然赐予的海岸带资源是沿海地区人们休养生息的重要保障。渤海沿岸自然风景优美,名胜古迹众多,旅游资源丰富。渤海区域夏无酷暑,冬无严寒;沿岸地质地貌形态多样,自然景观与人文景观配置有序,岛陆隔海相望,山海相联,阳光、海水、沙滩、绿色、动物,充分显示了温带海滨旅游度假资源的优良自然条件,再加上优越的区域位置和强大的经济力量,使渤海区成为理想的旅游地区。环渤海地区的滨海旅游资源各具特色。但是,渤海海岸旅游资源不同程度的被其他产业切割、侵蚀和污染,海岸作为公共生态和旅游资源的价值损耗严重,真正可用来开发旅游的公共岸线所剩不多。在开发岸线旅游资源时,应充

---

❶ 金翔龙:《二十一世纪海洋开发利用与海洋经济发展的展望》,载《科学中国人》2006 年第 11 期。

分将海滨景点观光、海滨休闲度假与回归自然、保护生态环境等有机地结合起来，形成绿色生态游。

5. 港口建设

目前，港口建设也是海岸带资源开发利用的主体之一。渤海地理位置优越，优良港址较多。环渤海地区海分布大小港口几十个，其中既有天津港、大连港、秦皇岛港等大港，还有丹东港、营口港等中小型港口，以及曹妃甸港等后起之秀。在环渤海的三大港口群中，辽宁沿海港口群以大连港和营口港为核心，是东三省和内蒙东部地区经济社会发展的重要支撑和对外交流的重要口岸。津冀沿海港口群以天津港和秦皇岛港为核心，是京津及我国华北和北方地区能源物资、原材料的进出口岸和对外交流的主要窗口。其中秦皇岛港是我国最大的能源输港口，天津港立足于建设东北亚国际集装箱枢纽港，唐山的京唐港、沧州的黄骅港都是国家的重点项目。山东省港口群以青岛港、烟台港、日照港为核心，是山东省和华北中南部以及中原地区内外贸物资运输的重要口岸。该区港口运送货物的种类有集装箱、天然气、煤炭、矿石、原油、粮食等。

（三）**渤海海域资源**

海域，是指中华人民共和国内水、领海的水面、水体、海床和底土。海域是海洋资源一定范围内的载体，是海洋的组成部分。海域同其他资源一样是非常珍贵的空间资源，都是有限的。渤海是我国唯一半封闭型的内海，为辽宁、河北、山东和天津三省一市所环绕，平均水深约 18 米，海域面积约 7.7 万平方千米。海域属于国家所有，单位和个人使用海域，必须依法取得海域使用权。渤海近岸海域主要海洋功能区包括海水养殖区、自然保护区、旅游度假区、港口航运区、海上油气田及海洋倾倒区，渤海中部主要功能区为矿产资源利用区和渔业资源利用区。养殖、盐业、交通、旅游等行业规划涉及海域使用的，应当符合海洋功能区划。

从环渤海三省一市的用海面积统计中看，渔业用海面积远远大于其他各行业。❶ 海水养殖密度过大，导致养殖海域水质退化。进入 21 世纪，环渤海地区成为我国社会经济发展的热点地带，渤海重点开发海域情况为：长兴岛临港工业区规划面积 129.7 平方千米，规划用海面积 33.9 平方千米；营口沿海产业基地

---

❶ 国家海洋局北海分局：《2008 年渤海海洋环境公报》，第一章。

规划面积 118 平方千米,规划用海面积 78 平方千米;锦州湾沿海经济区规划面积 182 平方千米,规划用海面积 19.1 平方千米;河北曹妃甸循环经济示范区规划面积 310 平方千米,规划用海面积 129.7 平方千米;沧州渤海新区规划面积 3 321 平方千米,规划用海面积 117.2 平方千米。❶

环渤海的涉海行业主要有养殖、盐业、交通、旅游等。河北省沿海港口、石油、海洋水产、盐业、滨海旅游等自然资源丰富,涉海开发具有广阔的前景;辽宁海洋开发利用以海洋水产业、港口航运业、海洋油气业和滨海旅游业为主;山东沿海优势资源为油气、港口、海洋水产、滨海旅游等,其中海洋开发使用面积最大的是港口、油气和海水养殖;天津海洋开发则以港口、油气、盐田、海洋水产和滨海旅游为主。

第二节　渤海资源开发与管理问题

由于海洋资源赋存的自然性和开发利用的社会性,我们对渤海资源保护的基本态度应该是合理地开发与可持续利用。渤海资源的开发与管理因资源类型不同而存在不同的问题,既有具备巨大潜力却开发不足问题,又有过度利用和资源衰竭问题。

一、海洋生物资源数量减少、质量降低

渤海渔业资源大多处于过度开发与资源匮乏状态,主要经济鱼类资源衰退,部分水域某些种类几乎绝迹。

长期以来,人们在海洋资源的开发中形成了资源无价和资源"取之不尽、用之不竭"的观念,在经济利益的驱使下,人们对海洋资源进行了过度开发,甚至是掠夺性开发,使海洋资源的开发处于无序、无度、无偿的状态。无序、无度、毁灭性的捕捞将渔业资源"一网打尽",导致渔业资源枯竭。2004 年 6 月 5 日,《经济参考报》发表了副题为"昔日'渔'仓已无鱼可捕"的文章,指出我国唯一的内海面临死亡危机。❷

---

❶　国家海洋局北海分局:《2008 年渤海海洋环境公报》,第六章。
❷　滕祖文:《渤海环境保护的问题与对策》,载《海洋开发与管理》2005 年第 4 期。

在这样的过度捕捞之下,一方面,渤海的生物品种明显减少。底栖动物和游泳动物食性种类显著减少,高价值的经济鱼类几乎不见了。❶ 辽东湾渔场基本无鱼可捕,名贵的凤尾鱼已经绝迹;锦州湾的产卵场和育幼场遭到严重破坏;渤海湾一些主要经济鱼虾蟹类产卵场和育幼场,已基本成为无生物区。另一方面,渔业资源量不断下降。美丽富饶的渤海,20世纪70年代及80年代初,渔业资源非常丰富,海区总资源量可达200多万吨。而从20世纪80年代开始,渔业资源量开始下降。近几年对虾、黄姑鱼等捕捞产量就更少了,带鱼、小黄花、大银鱼等经济鱼类已基本绝迹。❷

二、海洋矿产资源破坏严重、利用率低

陆地矿产资源基于它不可再生的属性,决定了它必然会逐步走向枯竭,总会有一天被人类消耗殆尽。因此,随着陆地资源的枯竭和经济的迅猛发展,我国近年加大了海洋资源开发力度,积极向海洋要资源。但是,在渤海海洋矿产资源的开发利用上,也面临着一些问题。

首先是海滨河砂开采无序、资源破坏严重。海砂中有一些含有砂矿资源,非法开采海砂的一些企业出于自利动机,未经研究就直接将其当做普通建筑材料砂使用或买卖,将高价值资源低价出售,造成资源浪费,使国家蒙受损失。除了非法开采造成资源浪费之外,技术落后生产效率低也是造成资源浪费的原因之一。虽然近些年来技术有所提高,但总的看来我国采矿和选矿技术较落后,生产效率不高,有用矿产物回收能力差,综合利用程度低,不同程度地造成了资源浪费和环境破坏。❸ 渤海海砂低廉的价格,使得采砂活动达到资源掠夺的程度,不仅使美丽的海滩遭到人为破坏,而且已使部分海岸失去屏障,从而引发海岸侵蚀,沿海村庄、道路被毁。❹

其次是油气资源优势不足。世界海洋油气资源丰富的沉积盆地中,中国近海不占优势。世界上海洋油气资源储量主要集中在波斯湾、北海、几内亚湾、马

---

❶ 侯玉忠:《渤海渔业资源下降原因及修复建议》,载《中国海洋报》2003年11月7日,"水产周刊·业界纵览"版。

❷ 侯玉忠:《渤海渔业资源下降原因及修复建议》,载《中国海洋报》2003年11月7日,"水产周刊·业界纵览"版。

❸ 刘兰、鲍洪彤:《我国海洋矿产资源可持续利用探析》,载《沿海企业与科技》2000年第5期。

❹ 滕祖文:《渤海环境保护的问题与对策》,载《海洋开发与管理》2005年第4期。

拉开波湖、墨西哥湾、加利福尼亚西海岸等几个地区,这些地区的油气总储量占世界海上探明储量的80%。在未探明的油气区中,主要集中在北极地区,南极、非洲、南美洲和澳大利亚周围海域,中国近海的找油前景不如上述地区。据预测,中国近海的石油可采储量仅占世界储量的3—12%。❶

最后,海洋矿产资源开发利用程度不高。统计数据表明,近海油气探明储量仅占资源量的1%,累计开采量仅占探明储量的5%;滨海砂矿累计开采量仅占探明储量的5%,海滨砂矿利用率不高。❷

三、海水资源综合利用重视不够

早在2000年,海水利用就被列入国家计委、国家经贸委联合发布的《当前国家重点鼓励发展的产业、产品和技术目录》;2001年,海水利用作为先进环保和资源综合利用领域的高技术,被列入国家计委、科技部联合发布的《当前优先发展的高技术产业化重点领域指南》;2005年,《海水利用专项规划》出台。但是,由于海水利用意识淡薄、资金投入不足以及技术支撑弱等原因,在一定程度上影响了海水资源的综合利用。

第一,海水利用意识淡薄。我国长期以来是重陆轻海的国家,我们在解决水资源供需矛盾时,常常将目光集中在淡水上,没有将海水纳入水资源利用体系上,对海水资源的开发利用一直重视不够。如解决沿海城市缺水问题,缺乏利用海水缓解滨海城市缺水的思路和政策引导,沿海工业用海水在发达国家已达90%以上,如果我国也能大力推广海水利用,是可以大大缓解滨海城市缺水问题的。❸

第二,资金投入不足。目前国家对海水资源开发利用的投入主要为科研领域,对示范工程的资金投入不足,不能最大限度地增强其采用新技术的动力和信心,从而造成规模示范不够,制约了该领域技术的发展和成果的转化。❹

---

❶ 王宏:《我围填海规模迅速扩大 形成面积较大集中区》,http://www.ce.cn/cysc/jtys/haiyun/200907/30/t20090730_19515992.shtml,2010年5月10日访问。

❷ 王宏:《我围填海规模迅速扩大 形成面积较大集中区》,http://www.ce.cn/cysc/jtys/haiyun/200907/30/t20090730_19515992.shtml,2010年5月10日访问。

❸ 高丛街:《重视海水资源开发》,载《光明日报》http://www.gmw.cn/01gmrb/2002—03/29/18—C09C8D17DA39A5DA48256B8A005EEF04.htm,2010年5月10日访问。

❹ 黄昌硕、徐澎波:《我国海水资源的利用模式与发展趋势》,载《中国资源综合利用》2008年第5期。

第三,技术支撑相对较弱。海水利用及其技术装备生产缺乏相对集中和联合,因而技术攻关能力弱,低水平重复引进、研制多,科研与生产脱节等现象严重。这是影响海水利用技术产业发展,特别是影响海水综合利用发展的一个突出问题。❶

四、海洋能开发利用不足

渤海的生物资源存在过度开发、资源枯竭的问题,而海洋能资源却面临开发不足的局面。过度开发、资源衰竭是问题,开发不足同样也是渤海资源存在的问题。

与其他海域相比,渤海海洋能资源蕴藏量相对较少,不到全国海洋能资源总藏量的百分之一,是我国海洋能蕴量最少的海区,且海洋能源密度低。但是,从远期来看,开发波能、近岸盐度差能和潮汐能还是需要的。❷

2007年9月4日国家发改委发布的《可再生能源中长期发展规划》明确指出:今后一个时期中国可再生能源发展的重点是水能、生物能、风能和太阳能,并积极推进地热能和海洋能的开发利用。大力发展海洋新能源对于优化能源消费结构、减少污染、保护环境,支撑经济社会可持续发展,意义十分重大。海洋能的开发与利用具有广阔的前景和潜力。

但是,我国有关海洋能资源开发利用的激励机制不够完善,尚未形成新能源持续发展的长效机制。特别是由于海洋新能源研发、生产投资成本高,短时间内难有明显经济效益,目前在沿海大多数地区海洋新能源开发仍受到冷落,没有引起有关方面足够的重视。❸

五、渤海空间资源开发利用负荷过重

海洋空间也是一种国土资源,开发潜力巨大。人们充分利用海域的天然条件进行养殖、开发航线,或者为取得足够的陆地资源进行围填海,纷纷向海洋要

---

❶ 高从街:《重视海水资源开发》,载《光明日报》http://www.gmw.cn/01gmrb/2002—03/29/18—C09C8D17DA39A5DA48256B8A005EEF04.htm,2010年5月10日访问。
❷ 李桂香:《关于渤海海洋能的开发和利用》,载《海洋通报》1985年第1期。
❸ 《我国2020年海洋新能源开发迎来新契机》,http://www.newenergy.org.cn/html/0087/7230819254.html,2010年4月20日访问。

土地,使得海洋承载着过重的负担。

(一)海岛资源开发利用问题

渤海海岛的开发主要用于城镇建设、港口设施建设、旅游、围海养殖、农林种植等,呈现出多元化态势。用于城镇建设的如长兴岛,公路、铁路、港口等交通运输比较发达,供水、供暖、供电、通讯等基础设施日趋完善,医疗、教育等公共服务设施比较完善,拥有造船业、铸造业、酿造业、建材业、旅游业、水产养殖加工业等支柱产业。用于旅游资源开发建设的有菊花岛、长岛、菩提岛等,庙岛群岛有省级海洋自然保护区和庙岛群岛省级斑海豹自然保护区。

但是,海岛资源在开发利用的过程中也存在着诸如数量下降、资源利用率低以及海岛环境资源破坏等问题。

第一,海岛数量下降。在海岛开发中,为了便于登岛或其他用途通常修建一些围、填海项目,可能改变原有海流体系和水动力条件,造成当地生态环境的不良变化,更有甚者造成海岛灭失。有资料显示,辽宁省海岛消失 48 个,减少数量占海岛总数的 18%;河北省海岛消失了 60 个,减少了 46%。❶

第二,海岛资源开发利用率低。虽然海岛开发利用程度高,但是资源利用率却较低,具体表现在两方面:一是开发基本以传统农业、渔业为主,处于粗放型状态,集约化程度不高;二是缺乏规划或者规划不合理。如有的沿海群众为了眼前利益,肆意开采岛上砂石、土方进行圈海养殖,既破坏海岛岸线资源,又损坏了海洋生态环境,从而使养殖效益逐年下降,许多虾场被闲置、荒废;有的群众开发海岛用于农林种植,由于缺乏规划和管理,种植作物单一,产出不高;而对于旅游资源较丰富的海岛,由于缺乏规划和论证,一些房地产公司以旅游开发之名行房地产开发之实占用海岛,浪费海岛资源;一些被用于城镇建设的海岛,由于当地有关部门缺乏长远考虑,多采用填海、修筑非透水构筑物等方式,将海岛连陆变为半岛,造成岸线资源受损毁严重,港湾纳潮量减少,致使港口管理部门和有关企业每年都需斥巨资用于航道疏浚,得不偿失。❷

第三,海岛开发利用过程中引起的生态环境问题越来越突出。例如,一些地方为了发展经济、改善海岛交通,实施修筑海堤式的实体坝连岛工程,人为改变

---

❶ 黄小希、陈菲:《中国立法强化海岛环境保护》,载《资源与人居环境》2010 年第 2 期。

❷ 《浅谈如何加强海岛资源的保护和开发利用》,http://www.lrn.cn/zjtg/societyDiscussion/200912/t20091211_442682.htm,2010 年 4 月 6 日访问。

了海洋水动力环境和海岛的自然性状,阻碍了海洋生物的回游与繁殖,严重破坏了海岛及其周围海域的生态系统,给海岛生物环境带来了灾难性的后果。❶ 一些海岛的植被遭到严重破坏,海岛上的沙滩被掩埋,海滩上的沙石被掠走。另外,海岛生物资源面临严重威胁。海岛生态系统具有丰富的生物多样性,但是由于人类对海岛生物资源掠夺式开发利用等原因,海岛生物资源正面临着比以往任何时期都严重的威胁。❷ 人们对经济利益和经济发展目标的追求,行为人随意地破坏海岛生态,炸岛、炸礁、滥采、滥挖海岛资源等,使一些重要的海岛面临着致命的威胁,以至于一些海岛永久性地失去了它原有的生态功能和经济功能。

第四,海岛开发利用产业布局存在不合理因素。海岛产业的形成和分布受资源和技术影响较大。对于单个海岛来说,由于特有的资源、经济和环境条件,决定了其在区域经济分工中的角色各不相同。在长期历史发展过程中,我国绝大多数中小海岛经济以渔业为主,辅以少数的种植业。在现有商品经济条件下,有些海岛地区为了发展经济,单纯追求短期效益,在没有进行科学论证情况下,盲目开发利用海岛资源,产生了一系列生态环境和经济问题。例如,在自然环境优美适于发展旅游业的海岛填海、围垦以及挖砂等活动造成生态环境的恶化,阻碍了海岛地区经济的健康发展。❸

第五,海岛开发利用中面临着一些难题。比如,海岛淡水资源紧张,周围海域污染严重。由于特定的地理环境,大部分海岛都以大气降水为淡水的主要来源,水资源贫乏。工业废水和生活污水的排放,化肥和农药的使用,以及淤泥、淡水养殖、海水倒灌等因素导致水质恶化,加剧了海岛淡水资源的紧张。又如,海岛地区经济基础薄弱。基础设施差、交通不便、生态环境脆弱等原因导致海岛地区经济基础薄弱,规模较小,发展速度慢,发展明显落后于临近大陆地区。

(二)海岸带资源利用问题

由于海岸带资源对于房产开发、滨海旅游等行业具有重要的利用价值,因而成为各行业争相开发利用的对象。但是人们对海岸带资源的利用,不同程度地

---

❶ 《浅谈如何加强海岛资源的保护和开发利用》,http://www.lrn.cn/zjtg/societyDiscussion/200912/t20091211_442682.htm,2010年4月6日访问。

❷ 《关于保护开发利用青岛市海岛资源的建议》,http://www.qd93.org/ReadNews.asp? NewsID=1296,2010年4月5日访问。

❸ 《关于保护开发利用青岛市海岛资源的建议》,http://www.qd93.org/ReadNews.asp? NewsID=1296,2010年4月5日访问。

存在重开发轻保护、重建设轻管护的现象。尤其是近些年来,人们对海岸带开发改造的强度和范围都在不断加大,为海岸带资源的可持续利用埋下了严重隐患。

第一,海岸带资源过度、粗放开发利用问题严重。近年来,由于海洋经济的发展,围海造地、港口建设、临海工业等海岸带开发活动不断增多。但是,在具体的开发利用中,一些地方海岸线使用管理粗放,项目开发层次偏低,海岸线资源多占少用、占而不用现象普遍。加上海岸线资源的使用长期沿用计划经济时期的运作模式,大多采用无偿划拨或低价使用,也加剧了重复建设和资源浪费。我们以围海造地和港口建设为例来看一下海岸带资源过度、粗放开发利用问题。填海造地方面呈现无序、无度状态,沿海用海缺乏总量控制,一些围填海行为不科学、不合理;一些填海造地项目倾向于选择工程造价低的湿地、滩涂、河口区域,大规模的围海造地,不仅使该区域的滩涂湿地功能退化,而且使许多海洋生物资源的生息、繁衍环境随之改变,导致一些珍稀的海洋濒危野生动植物濒临绝迹,近岸海域生态环境恶化、海水动力条件失衡以及海域功能受损。海洋自然性状特征的人为改变,减少了自然消化的空间,大大降低了沿岸地区抵御风暴潮及护岸保堤的能力。❶ 港口重复建设在环渤海区域中也比较严重。大规模的扩建港口,投资动辄上亿元乃至数十亿元,不仅导致港口都"吃不饱",而且造成港口岸线资源的不合理利用。"从总体上看,环渤海地区各港口之间还相对缺乏协作,也没有确立喂给关系,这样既不利于整个环渤海区域港口群整体实力的提高,也不利于各个港口的壮大。"❷

第二,渤海海岸带资源价值降低。由于对海岸带资源的大规模开发利用,给海岸带、海洋环境以及海洋生物等都造成了一系列的影响,使海岸带资源的价值降低。主要表现有:(1)岸线自然地貌发生变化。临海工程的大规模建设,使沿海地质地貌发生了巨大的变化,这些因素包括沿岸的堤坝工程、旅游工程、养殖工程、港口及配套工程、海上石油工程、人工挖矿与填砂等。比如,河北省海岸线从各市县来看有增有减。其中,沧州港城区增加 33.01 千米,秦皇岛市区增加 23.74 千米;减少的主要有海兴县和黄骅市,分别为-27.99 千米和-23.1 千米。

---

❶ 许建平:《关于科学利用和保护我省海岸线资源的建议》,http://www.zjzx.gov.cn/Item/9980.aspx,2011 年 1 月 2 日访问。

❷ 《环渤海湾港口——投资热潮涌动 合作相对"黯淡"》,http://www.cqcoal.com/news/N05/916_1.html,2011 年 3 月 12 日访问。

目前,河北省沿海养殖池塘扩展,正以年百米速度向海里推进,高潮滩现已基本消失。❶(2)海岸带环境受到污染。以港口建设为例,给渤海的生态环境带来的危害主要有:环渤海的港口本身的建设工程对渤海生态环境的影响;港口运营过程中所发生的各种污染,如煤炭、石油等在装卸运输工程中所发生的粉尘、废气、废水、噪声等污染;来自运输船舶的污染,如压舱水、机舱水、油类物质、生活垃圾和污水;入港船舶所可能引起的外来生物入侵的问题;船舶及港口运输和装卸过程中所发生的油气等物质的泄露事故;港口规模的不断扩大将不可避免地消耗更多的土地资源乃至于生态用地,如滨海湿地,防护林等。(3)景观破坏。滨海养殖、滨海挖山采石、大规模的房地产开发和滨海公路建设等使很多岸段的景观遭受严重破坏,一些海湾和浴场污染严重,如塔河湾、黄金山等浴场,因大面积养殖海带,海水及海滩遭受污染。还有一些具有较高景观价值的岩礁海岸和砂质海岸也在很大程度上受到破坏。

(三)海域资源开发利用问题

海域已日益成为一种比较稀缺的资源。海域开发利用的深度和广度日益提高,使用面积也越来越大,开发利用中存在的主要问题也逐步显现。

第一,海域资源的利用负荷过重。从用海空间布局上看,海域使用主要集中在近海沿岸、沿海城市附近海域、河口三角洲地区,局部已趋于饱和,并存在一定程度的粗放利用现象。但是,开发利用渤海海域的脚步并没有停止,河北曹妃甸循环经济示范区、辽宁沿海经济带、黄河三角洲高效生态经济区等重点开发海域的大规模用海,使渤海面临较大的环境压力。

第二,海洋功能区划的引导和约束作用弱。海洋功能区划是根据海域区位、自然资源、环境条件和开发利用的要求,按照海洋功能标准,将海域划分为不同类型的功能区,目的是为海域使用管理和海洋环境保护工作提供科学依据,为国民经济和社会发展提供用海保障。渤海近岸海域主要海洋功能区包括海水养殖区、自然保护区、旅游度假区、港口航运区、海上油气田及海洋倾倒区。海洋功能区划一经批准就对用海活动具有约束力,不得随意修改。但实践中经批准的海洋功能区划并未得到严格实施。例如有些重大建设项目,只要与海洋功能区划

---

❶ 《开发海洋强度加大 河北省沿海岛屿15年减少近半》,http://www.cnr.cn/2004news/enews/t20051130_504135428.html,2009年12月20日访问。

不符,用海单位并不向海洋部门提出重新选址建议,而是提出修改海洋功能区划的建议;个别地方存在不按照海洋功能区划批准、使用海域以及海域使用人擅自改变海域用途的问题。

第三,海域监督管理比较粗放。在审计署发布的"渤海水污染防治审计调查结果"中指出的问题之一就是海域监督管理比较粗放。主要体现在三个方面:❶一是渤海海域整体开发利用控制计划不完备。目前,我国对渤海海域的用海规模、开发进度等实施规划或计划控制不够,尤其是对一些环境影响比较大的围填海项目的开发利用控制底线还不完备,规模越来越大的围填海活动改变了海岸生态环境,加剧了海洋环境污染,影响了重要渔业资源。二是一些地方违法违规用海问题突出。2006 至 2007 年,由于渤海沿岸一些地方政府拆分项目审批、海洋部门违规批准和用海单位违法使用等,致违法违规用海面积达 189 平方千米,欠缴海域使用金 48.7 亿元。三是有的地方和单位对海洋倾倒废弃物的管理比较薄弱。截至 2007 年底,渤海 16 个临时性海洋倾倒区中有 7 个已超过使用期限而未按规定封闭。个别地方存在政府干预海洋执法、主管部门违规审批倾倒和单位擅自倾倒等问题。

第三节 渤海资源开发与管理的任务

针对渤海海洋资源存在的问题及其原因,我们认为渤海海洋资源管理的目标是在渤海有限的资源承载力下实现资源的可持续利用。为实现这一保护目标,主要任务包括加强渤海资源管理,确立渤海资源可持续开发利用秩序,维护渤海资源数量,提高资源质量。具体为依据资源不同类别确定不同的开发与管理任务,例如能源资源主要是开发;渔业资源主要是修复、减少捕捞和有序捕捞;矿产资源主要是规范有序地开发等等。

一、合理开发并修复渤海生物资源

对渤海海洋资源的保护,应当遵循自然规律,在资源的有限承载力下行为。

---

❶ 《审计署发布"渤海水污染防治审计调查结果"》,http://news. sohu. com/20090522/n264109693. shtml, 2011 年 9 月 10 日访问。

渔业资源,虽然其有再生产的能力,但是这个能力也是有一定的界限的,如果人类的捕捞行为超过了渔业资源再生产的能力边界,也会导致资源数量的减少甚至枯竭,所以在一定意义上,渔业资源的数量也是有限的。因此,要实现渤海生物资源的可持续利用,我们必须在渤海海洋生物资源再生产能力的限度内行为。海洋渔业资源可持续利用方面,应建立一整套系统化的渔业设施和管理手段,通过合理捕捞、有序捕捞,推动海洋渔业发展,实现渔业资源开发与保护的良性循环,使海洋渔业产量继续稳步增长,向优质、高效、低消耗型渔业发展,最终实现海洋渔业资源的可持续利用和保护。

虽然渔业资源的数量不断减少,但人们对各种经济生物的需求却越来越多。所以还应有计划地培育和修复渔业资源,以增大资源量、改善渔业结构。可以采取增殖放流、底播养殖、建设海底森林等多种方式对渔业资源进行培育和修复。比如,在莱州湾海域开展鲈鱼、梭鱼、对虾、三疣梭子蟹、海蜇等品种的大规模增殖放流活动,显著补充自然种群资源,增加自然海区的渔业资源数量。选择适合海域开展底播健康养殖,海参、皱纹盘鲍、虾夷扇贝、紫海胆、红螺、杂色蛤、海带、裙带菜等品种兼养,基于饵料差异形成多营养级的养殖方式,提高养殖的总效率,减少养殖生物病害。开展"海底森林"建设,对底播区进行海底投石改造,结合人工播植海带、裙带菜、鼠尾藻等大型藻类,增加藻类种群数量,恢复海底植被,构建多样的海底地貌,改善海洋生物的栖息环境,增加鱼类、贝类等生物资源量。

二、有序开发渤海矿产资源

海洋矿产资源是人类生存发展的重要物质基础,实现海洋矿产资源的可持续利用需在良好开发秩序下,科学合理地开发利用。

渤海海滨砂矿管理中以《矿产资源法》、《海域使用管理法》等规定规范海砂管理程序,强调要加强有偿使用、采矿权管理以及落实环境保护责任等措施。在整顿和维护滨海砂矿业开采秩序的基础上,对开采企业开发利用行为进行监督管理,以促其采取合理的开采方法和工艺,提高综合开发效益,防止浪费。另外,在有序开发的基础上,还应注重对海洋环境的保护,防止对海洋环境造成污染。

《全国海洋经济发展规划纲要》提出:"石油开发建设近期以渤海为重点,在现有开发区域周围扩大储量规模。"可见,海洋石油开发已成为渤海优先发展的产业。在石油资源开采过程中可能会出现石油的自然渗出、偶发的井喷、油污排放等情况而损害海洋生态系统功能,所以海洋石油的开发应注重环境保护问题。

三、促进海水资源综合开发利用

《中共中央关于制定国民经济和社会发展第十一个五年规划的建议》指出:"要积极开展海水淡化,强化对水资源开发利用的管理。"《国务院关于做好建设节约型社会近期重点工作的通知》提出:"推进沿海缺水城市海水淡化和海水直接利用。"国务院发布的《国家中长期科学和技术发展规划纲要(2006—2020)》,把"海水淡化"列为优先主题,同时提出:"要发展海水直接利用技术和海水化学资源综合利用技术。"

环渤海地区属于水资源严重短缺的区域,海水淡化是解决环渤海地区淡水资源短缺的最有效途径。由于渤海水体交换能力差,这就要求海水淡化后的浓海水必须闭环零排放,而浓海水综合利用是实现闭环零排放的关键所在。为此应结合环渤海地区特点,通过政府部分资助,以科研院所为技术依托,以企业为成果转化孵化器,通过产学研结合,以循环经济的理念采用高新技术对传统的海水制盐、卤水化工进行嫁接改造,并将其和上下游产业进行链接。❶

四、加快开发利用渤海海洋能资源

海洋能是清洁的可再生能源,是一种取之不尽的新型能源,具有巨大的开发利用前景。

加大波能、盐度差能和潮汐能的开发力度。海洋能可以直接为海洋开发工程提供电力或动力,具有机动性强、不需远距离输电等优势,所以,结合渤海海水综合利用、海水淡化、海洋油气开发以及海上工业动力系统的建立,开发波能、盐度差能和潮汐能较为适用。❷

加强资金投入和技术研究。由于海洋能的开发利用还在初步阶段,并且开发利用涉及面广、工程复杂、安全要求高,需要大量资金和较高科技力量的支持。

---

❶ 张雨山、黄西平、孙强:《开发海水资源综合利用技术促进环渤海地区经济发展》,载《海洋开发与管理》2008 年第 1 期。
❷ 李桂香:《关于渤海海洋能的开发和利用》,载《海洋通报》1985 年第 1 期。

所以,需以多种方式筹集资金,加大对海洋能开发建设的投入。为了支持发展海洋能,对其开发应实行优惠政策,比如以减免税收以及其他一些奖励政策,激励海洋能的开发利用。

五、减负荷利用渤海空间资源

海岛是我国海洋经济发展中的特殊区域,在国防、权益和资源等方面有着很强的特殊性和重要性。《中国海洋 21 世纪议程》提出,为了达到可持续发展的目的,必须加强海岛综合管理。要合理、适度地开发利用海岛资源,避免盲目和破坏性的生产活动;在开发过程中重视生态环境的保护,要特别重视那些在保持生物多样性中能发挥重要作用的岛屿。所以,在海岛资源的利用上,应该是海岛资源的开发利用与保护紧密结合与协调。每个海岛都是独立而完整的生态系统;自然状况差异很大,应该根据各自特点因岛制宜,建设与保护并重。针对不同海岛开发类型,应采取以下管理对策:❶旅游开发型的海岛,应坚持保护为第一原则,对旅游资源进行合理、有序、科学的开发,积极开展海岛生态旅游,以旅游促进生态保护,以生态保护促进旅游;水产养殖型的海岛应注重对周边海域的管理及修复,控制污染,发展生态渔业;陆连岛和沿岸面积较大的岛屿,因其海岛资源相对较全,基础设施也相对较好,一般以综合开发利用为主;在自然保护型的海岛,对海岛区珍稀物种、特异生态景观、代表性地质剖面与地貌景观和生态资源,通过建立自然保护区的途径加以保护,可确保维持海岛区物种的基本生态过程,保存物种遗传的多样性并维持其生态平衡。

对于海岸带资源来讲,主要的任务就是保留岸线,减少岸线资源的开发规模和力度,渤海岸带的开发利用要严格按规划进行,杜绝盲目开发、滥占滥用,环渤海各地要严格保护好渤海岸线资源。另外还要维护岸线资源的价值。

海域资源开发利用的主要问题就是利用压力过重,因此,减载是海域资源开发与管理的重要任务。首先要倡导科学用海,发挥海洋功能区划的引导和约束作用,逐步实行规划管理,指导渤海海域资源开发和环境功能利用。研究制定行业用海控制指标,严格进行海域使用论证,防止海域资源的粗放利用和浪费。其次是减少养殖用海的规模。最后,控制过快过热的围海造地。因为,即便是符合

---

❶ 唐伟等:《我国海岛生态系统管理对策初步研究》,载《海洋开发与管理》2010 年第 3 期。

法律规定以及海洋功能区划的围海造地工程,也会对渤海的生态系统造成严重的影响,所以应该从渤海海洋围海造地的总量、规模、频度等方面进行严格的控制。

第三章　渤海自然形态的保全

渤海的自然形态是认识和了解渤海的自然基础,还是决定资源开发利用的基础条件,如渤海广阔的滩涂有利于海盐生产;而广阔的滩涂同时也为发展海上养殖提供了必要的条件;海岸曲折,且以基岩型海岸为主,相较于以砂质海岸为主的东海更适宜建设港口。渤海沿海山岛相间,海阔潮平的自然风光则是大自然赋予人类的宝贵精神财富。然而渤海三面为大陆所包围的形态,造就了渤海海水交换能力差、极易污染的特性,相对于我国其他海域,渤海生态更为脆弱和敏感。在环渤海区域经济快速发展的情况下,渤海自然形态的改变似乎不可避免。如何在发展经济的同时尽可能保全渤海自然形态成为我们防止污染、保证和促进资源持续合理开发利用的重要目标。而传统上我们对自然形态的保护并未引起足够的重视,因此有必要将渤海自然形态的保全作为一项专门事务,加强管理。

第一节　渤海的自然形态

所谓渤海的自然形态完整表述应当是海水与陆地、大气交界所体现出的外在的形态,包括渤海与沿岸陆地的交界、渤海与海底陆地的交界以及渤海与大气交界,即渤海海平面等。本节这里所指的渤海自然形态主要包括渤海与沿岸大陆之间交界所体现出的大陆岸线,渤海海域中的岛屿以及渤海海底地形地貌等。

一、渤海海岸

作为自然形态的海岸指的是海岸的长短、海岸的曲折程度以及海岸本身的形态等。作为一个三面为大陆所环抱的内海,渤海具有曲折而漫长的海岸线,总长约 3 170 千米(包括烟台市的黄海部分)。其中,辽宁省的大陆海岸线(渤海

部分)约 1 235 千米,河北省约 487 千米,天津市约 153 千米。❶

　　根据形态、成因、物质组成和发育演变阶段,可以将渤海海岸分为基岩海岸、砂砾质海岸、淤泥质海岸三种。其中基岩海岸,又称岩石性海岸,是由陆地基岩延伸至海边构成的,其底部基质 75% 以上为岩石,包括岩石性岛屿、海岩峭壁、岩石海滩及其上分布的石块、砾石、粗砂等物质组成,岸滩一般比较狭窄,经常被海水淹没或过湿,植被盖度小于 30% 的硬质海岸。❷ 环渤海基岩海岸湿地主要分布在辽东湾西岸、山东半岛沿岸等地及其他沿海岛屿的海岸。渤海湾北端的南张庄至北戴河口是河北省唯一的岩石性海岸。❸ 基岩海岸地形较陡,岸线曲折,适于建造港口。砂砾质海岸,又称潮间沙石海滩,是由波浪运移粗颗粒沉积物在潮间带堆积而形成的。它以海滩为主,包括沙嘴以及相邻的海岸沙坝、连岛坝、沿海风成沙丘和沙席等。环渤海砂砾质海岸湿地主要分布在辽冀丘陵海岸和山东半岛沿岸。❹ 淤泥质海岸,又称潮间淤泥海滩,多是由于河流携带丰富的粉砂和粘土质物质堆积在海岸,并受强盛的潮流作用冲淤而形成的。环渤海淤泥质海岸湿地主要分布在渤海的 3 个海湾:辽东湾、渤海湾和莱州湾,此类湿地形态单一,堆积地形宽广而平坦。❺

　　正是由于海岸的曲折及其性质的多样化,形成了自然生态环境条件十分优越的渤海海湾和诸多港口。

二、渤海的岛屿

　　按照《联合国海洋法公约》的界定,岛屿是指四面环水并在高潮时高于水面的自然形成的陆地区域。岛屿不仅是宝贵的资源,也是海洋生态的重要组成部分,并且在国家海洋权益、军事等方面都具有重要意义。相对于我国其他海域,渤海的岛屿较少。下面分别对环渤海三省一市的海岛状况做一简要分析。

　　辽宁省辖的渤海海岛共有 95 个,面积为 20.93158 平方千米,海岛岸线长度为 112.04 千米。❻ 辽东湾东西两侧的近岸水域分布有海猫岛、蛇岛、猪岛、湖平

---

❶　国家海洋局北海分局:《2008 年渤海海洋环境公报》,第一章。
❷　陈吉余:《中国海岸带地貌》,海洋出版社 1996 年版,第 51 页。
❸　陈吉余:《中国海岸带地貌》,海洋出版社 1996 年版,第 52 页。
❹　陈吉余:《中国海岸带地貌》,海洋出版社 1996 年版,第 58～60 页。
❺　陈吉余:《中国海岸带地貌》,海洋出版社 1996 年版,第 65 页。
❻　张耀光、胡宣鸣著:《辽宁海岛资源开发与产业布局》,辽宁师范大学出版社 1997 年版,第 4 页。

岛、牛岛、东西蚂蚁岛、大小笔架岛、菊花岛、孟姜女坟岛等。❶ 其中,菊花岛为岸边浅水岛,其形状若葫芦形两头宽阔,中间窄细,岛陆面积 13.5 平方千米,是辽东湾中最大的岛屿。菊花岛地貌以侵蚀高丘为特征,岛屿岸线以基岩侵蚀岸为主,向陆侧发育大片岛后潮滩。蛇岛、湖平岛、蚂蚁岛则为近岸中水岛,地貌以侵蚀低丘为特征,环岛以基岩侵蚀陡岸为主,岛缘岩脊滩发育。❷

山东省辖的渤海海岛 125 个,其中渤海 93 个,渤海海峡 32 个。❸ 山东省内渤海海岛具有明显的"团组"和岛链状分布特点,以滨州近岸岛群和长岛岛群为代表。其中,滨州近岸岛群位于山东省北部、渤海湾南部、海图零米等深线以浅海域,由 89 个沙质岛组成,岛陆总面积为 33.79 平方千米,岛岸线总长 219.45 千米。❹ 这些海岛以内外两个岛链呈西北—东南方向展布于渤海湾南部淤泥质平原海岸的潮间带中。内岛链(毗邻海岸)由高砣子—岔尖堡—红土洼子等 20 多个岛组成;外岛链离岸较远,由大口河—棘家堡子—大黑陀子等 40 多个岛组成,在岛链内局部地区又具有一定的"团组"特点。❺ 滨州近岸岛群的海岛地势平缓,海拔较低,各岛周围浅海和滩涂面积宽阔,海底平坦,海岛都在海图零米线之内,涨潮一片汪洋、退潮一片泥沙滩。❻ 这些海岛的位置、数量、面积、形状易受风暴潮、波浪、海流及河流的侵蚀、淤积、堆积作用的影响而改变。❼

长岛岛群包括长岛县、龙口市和莱州市范围内 36 个海岛,其中 32 个岛属长岛县,又称庙岛群岛。长岛群岛总体上呈东北—西南向岛链状横穿渤海海峡。岛链内又可分为隍城—钦岛"团组"、砣矶—高山"团组"、长山—黑山"团组"和竹山—车由"团组"。❽ 长岛岛群诸岛陆域总面积 58.76 平方千米,岸线总长度 179.11 千米。❾ 长岛岛群海岛的主体是燕山和喜山造山运动形成的变质岩基岩岛,岛上基岩坡、冲沟、倒石堆发育。诸岛中面积最大的为南长山岛(13.43 平方千米),最小的岛为小猴矶岛(面积 0.0008 平方千米)。高山岛最高,海拔 202.8

---

❶ 在大连西海岸瓦房店市所辖的长兴岛、西中岛、凤鸣岛等因与大陆相连,已不再是海岛。

❷ 辽宁省海洋局编著:《辽宁省海岛资源综合调查研究报告》,海洋出版社 1996 年版,第 16 页。

❸ 山东省科学技术委员会主编:《山东海岛研究》,山东科学技术出版社 1995 年版,第 36 页。

❹ 山东省科学技术委员会主编:《山东省海岛志》,山东科学技术出版社 1995 年版,第 1 页。

❺ 山东省科学技术委员会主编:《山东海岛研究》,山东科学技术出版社 1995 年版,第 36 页。

❻ 山东省科学技术委员会主编:《山东海岛研究》,山东科学技术出版社 1995 年版,第 43 页。

❼ 山东省科学技术委员会主编:《山东省海岛志》,山东科学技术出版社 1995 年版,第 1 页。

❽ 山东省科学技术委员会主编:《山东海岛研究》,山东科学技术出版社 1995 年版,第 36 页。

❾ 山东省科学技术委员会主编:《山东省海岛志》,山东科学技术出版社 1995 年版,第 24 页。

米;东嘴石岛最低,海拔仅 7.2 米。岛群南北长 59.6 千米,东西宽为 31.6 千米。各岛海蚀作用强烈,海面平台、海蚀崖、海石柱、海蚀洞穴均有多处分布。海岛周围海域海底地形比较复杂,水下海蚀平台、堆积斜坡、浅滩、堆积平原、侵蚀深相等,几乎各岛周围均有分布;岛礁星罗棋布,水道纵横,在宽约 105.6km 的渤海海峡分布着 14 条水道,海上交通较发达。❶

河北省辖的渤海海岛共有 132 个,海岛陆域总面积 8.43 平方千米,海岛陆域岸线总长度 199.099 千米。❷ 河北省的岛屿主要分布在滦河三角洲平原外侧的沿岸和古黄河口(今大口河口附近)地带。根据其地理位置可划分成:大蒲河口外诸岛、滦河口外诸岛、曹妃甸诸岛和大口河口外诸岛。其中,大蒲河口外诸岛有海岛 13 个,滦河口外诸岛有 35 个,两诸岛共有海岛 48 个。曹妃甸诸岛共有海岛 47 个,是河北省的重点岛屿。曹妃甸诸岛由 12 个呈东北-西南走向的含贝壳沙岛构成,成串珠状排列,其延伸方向大致与大陆海岸相平行。❸ 曹妃甸诸岛岛屿多以沙坝—泻湖体系出现,多处于河流入海处,曹妃甸诸岛多数组成了沿海的离岸沙坝—泻湖体系,岛屿成为泻湖的天然屏障。泻湖内底质类型主要为泥质、泥沙质,为海洋生物繁殖、生长、栖息提供了良好的保育环境。沿岸有数条河流注入曹妃甸诸岛内侧的泻湖,带来丰富的无机盐类和有机质,为海洋生物资源提供了丰富的基础饵料和营养盐。加上适宜的气候、海洋水文等有利条件,使曹妃甸诸岛具有建立"海洋牧场"的区位优势。❹

天津市所辖渤海海岛主要是三河岛。三河岛,又称炮台岛,总面积为 2.9 公顷,岛长 270 米,岛最宽处 138 米。位于滨海新区北塘区域,因地处永定新河、潮白河、蓟运河交汇入海处而得名。

三、渤海的海底地形地貌

从渤海的海底地形看,渤海是一个陆架浅海盆地,地势从三个海湾向渤海中央及渤海海峡倾斜,坡度平缓。其中,辽东湾总的趋势是从湾顶及两岸向湾中倾斜,东侧较西侧略深。渤海湾是一个向西凹、呈弧状的浅水湾,海底地势也从湾

---

❶ 山东省科学技术委员会主编:《山东海岛研究》,山东科学技术出版社 1995 年版,第 43~44 页。
❷ 河北省海岛资源编委会著:《河北省海岛资源》(上卷),海洋出版社 1995 年版,第 11 页。
❸ 河北省海岛资源编委会著:《河北省海岛资源》(上卷),海洋出版社 1995 年版,第 38 页。
❹ 河北省海岛资源编委会著:《河北省海岛资源》(上卷),海洋出版社 1995 年版,第 38 页。

顶向渤海中央倾斜。莱州湾以黄河三角洲向海突出而与渤海湾分隔开,是一个向南凸呈弧状的浅海湾。湾内地势平坦,略向渤海中央倾斜。在黄河三角洲向海突出之处,水下三角洲地形明显。渤海中央是一个北窄南宽,近于三角形的浅水洼地。❶ 而渤海海峡总体上表现为北面的水道宽而深,南面的窄而浅,庙岛群岛散布在海峡中,将其分割成六个水道。其中,北部的老铁山水道是外海水进入渤海的主要通道,南部的水道是渤海水流出渤海的主要通道。❷

渤海海底地形南北差异较大,北部是指辽东湾—渤海海峡地区,南部指的是渤海湾和莱州湾地区。其中,辽东湾海底地形平缓,向海湾中部微微倾斜,东侧由锦州湾、复州湾、普兰店湾和太平湾等数个小海湾组成,岸线曲折,地形复杂。辽东湾以水下沟谷众多为特征,几乎每条河口外都有蜿蜒曲折的水下谷地延伸。❸ 辽东湾东岸以岛屿多为特点,西岸以沙堤多为特征。渤海湾海底地形比较单调,由西向东北缓慢倾斜,其平均坡度只有约 0.3‰。莱州湾湾底地形尤其单调,由南向北缓慢倾斜,平均坡度仅有 0.16‰,只在东岸附近有范围不大的莱州浅滩和登州浅滩,其最浅处水深只有 1—3 米。❹

渤海海底地貌分为海蚀地貌和海积地貌两大类。其中,海蚀地貌包括集中分布在渤海海峡的南、北侧口门及渤海湾背面的曹妃甸南侧的潮流冲蚀谷地以及分布在渤海海峡中部的岛屿,即庙岛群岛的北隍城岛与南长山岛之间的水道内的冲蚀洼地。海积地貌的种类比较多,主要包括:分布在莱州湾顶及西部水深 5 米等深线内的滨岸水下浅滩,其主要是因接受湾顶河流入海泥沙的冲填而逐渐形成宽阔的水下浅滩;辽东湾口的辽东浅滩地区由规模巨大的水下沙脊与潮沟相间的呈扇形分布的潮流堆积地貌;分布于渤海中央盆地的浅海堆积平原;渤海三大海湾大部分地区的海湾堆积平原;主要分布在辽东湾口的东、西两侧及六股河、滦河口两侧,水深在 20—25 米以内地区的滨岸倾斜平原以及在新、老黄河、海河、套儿河、蓟运河、潍河、小清河及滦河等河口地区分布的河口水下三角洲。❺

---

❶ 孙湘平编著:《中国近海区域海洋》,海洋出版社 2006 年版,第 4~5 页。
❷ 孙湘平编著:《中国近海区域海洋》,海洋出版社 2006 年版,第 17 页。
❸ 中国科学院海洋研究所海洋地质研究室编著:《渤海地质》,科学出版社 1985 年版,第 44 页。
❹ 中国科学院海洋研究所海洋地质研究室编著:《渤海地质》,科学出版社 1985 年版,第 47 页。
❺ 中国科学院海洋研究所海洋地质研究室编著:《渤海地质》,科学出版社 1985 年版,第 48~49 页。

第二节 渤海自然形态的改变

渤海自然形态受潮汐、动力、水文、气候等各种自然条件的影响，处于一种长期演变的过程之中。渤海的自然形态同时又受到人类活动的影响，即人类对渤海的开发利用活动破坏了渤海原有的海洋自然环境条件，进而使得渤海自然形态发生巨大改变。本节所谓渤海自然形态的改变主要是指由于人类对渤海的开发利用活动所导致的渤海自然形态的改变，这种改变已经远远超出了渤海形态变化的自然进程，并对渤海的开发利用带来不良影响。渤海自然形态的改变情况主要包括以下几个方面：

一、自然岸线受到破坏，海岸线缩短和平直化，海岸侵蚀现象严重

据统计，自20世纪70年代至今，由于人为海岸工程建设对岸线的改造及海岸侵蚀，30年间环渤海海岸线由1970年的5399千米缩短为2000年的5139千米，总长度缩短了260千米。其中，1970年辽宁省岸线长度2170千米，河北省岸线长度436千米，天津市岸线长度141千米，山东省岸线长度2652千米。2000年变化为辽宁省岸线长度2017千米；河北省岸线长度400千米；天津市岸线长度158千米；山东省岸线长度2564千米。专家认为，辽宁海岸线缩短的主要原因在于在泥质海岸与港湾型岩岸段人类工程建设对岸线的改造；河北省海岸线缩短的原因主要是滦河三角洲沿海沙堤被侵蚀；天津海岸线增长主要原因是天津港口的建设和海滨浴场开发；山东海岸线不同岸段有所增长，但总体上是缩短。其中，黄河三角洲不断向海淤进增加岸线约80千米，海湾因被养殖池充填造成岸线缩短百余千米，泻湖岸线也因建造养殖池缩短54千米。❶ 20世纪初80年代全国海岸带调查时，环渤海三省一市海岸线❷总长占全国的25.6%，其中大陆岸线总长为5667.8千米，人工岸线1385.86千米，占全国人工海岸线的49.07%。尤其是近年来，随着海洋开发强度的加大，围海造地遍地开花，使得自然海岸线迅速消失，人工岸线比重越来越大。据不完全统计，1949—2004

❶ 李明春：《人为改造 海岸侵蚀——环渤海岸线30年缩短260千米》，载《中国海洋报》2007年5月25日，第1版。
❷ 环渤海三省一市的海岸线中，山东省和辽宁省的海岸线长度包括了黄海部分的岸线长度。

年,环渤海地区围海造地总面积 3 186 平方千米,占滩涂总面积的 6.2%,[1] 围海造地的直接结果是海岸线资源明显减少。此外,围填海等工程使得海岸平直化现象严重,例如国家海洋局资料显示,围填海等工程已经使得莱州湾四分之三的岸线平直化,近岸生态功能受损。[2]

围填海等工程也使海滩涂资源减少。根据《全国海岸带和海滩涂资源综合调查报告》,全国高潮至低潮之间的潮间带滩涂总面积为 213.33 万公顷,按照四大海区来分,沿海滩涂资源从北向南呈阶梯式逐渐减少,其中渤海占 31.3%,在四大海区中最多。1984 年渤海区有滩涂总面积约 3.13 万平方千米,其中可养殖面积为 5 400 平方千米,但是到了 2006 年环渤海地区滩涂可养殖面积仅为 336.05 平方千米,不到原来的十分之一。[3]

从环渤海三省一市的海岸线改变情况看,辽宁是海岸线大省,但是近 20 年来发生严重的侵蚀。2006 年《辽宁省海洋功能区划》显示,辽宁省大陆海岸线总长 1 844.25 千米,比 20 世纪 80 年代初期减少了 127.25 千米,20 年间减少了 6.5%。[4] 据 1994—1996 年《中国海洋年鉴》记载,营口市盖州沿海至太平湾海岸线发生严重的侵蚀,海岸每年后退达 5 米。利用卫星影像对海岸后退量和面积进行的计量表明,在 1987—1996 年的 9 年间,辽河三角洲被侵蚀掉的面积为 220 平方千米。2003 年监测结果表明辽宁省营口市盖州—鲅鱼圈岸段 20.9 千米的沙质岸受蚀后退,海蚀陡坎平均高度 4.5 米,最高达 8 米,最大侵蚀宽度 3 米,年平均侵蚀宽度为 0.9 米。而从 2003 年 8 月至 2006 年 7 月,该段 15 千米的沙质岸段受蚀后退,最大侵蚀宽度为 2.0 米,年均侵蚀宽度 0.7 米,年侵蚀总面积 10 500 平方米。2006 年的监测结果与 2003 年的监测结果相比,海岸侵蚀长度减少 5.9 千米,最大侵蚀宽度减少 1.0 米,年均侵蚀宽度减少 0.2 米。[5] 位于绥中原生沙质海岸及海洋生物多样性自然保护区内的辽宁省葫芦岛市绥中岸段总长度 82 千米,其中海岸侵蚀长度为 40.8 千米。监测结果显示,从 2002 年 8 月到 2006 年 7 月,侵蚀总面积 0.49 平方千米,最大侵蚀宽度 16.6 米,年均侵蚀

---

[1] 刘容子、吴珊珊:《环渤海地区海洋资源对经济发展的承载力研究》,科学出版社 2009 年版,第 16 页。

[2] 国家海洋局:《2009 年中国海洋环境质量公报》,第四章。

[3] 国家海洋局:《中国海洋统计年鉴(2006)》,海洋出版社 2006 版,第 36 页;刘容子、吴珊珊:《环渤海地区海洋资源对经济发展的承载力研究》,科学出版社 2009 年版,第 25 页。

[4] 刘容子、吴珊珊:《环渤海地区海洋资源对经济发展的承载力研究》,科学出版社 2009 年版,第 16 页。

[5] 国家海洋局:《2006 年中国海洋环境质量公报》,第八章。

宽度3米。2006年的监测结果与2002年前的监测结果相比,海岸侵蚀速度呈加快趋势,海岸侵蚀长度增加14.4千米,最大侵蚀宽度增加0.8米,年均侵蚀宽度增加0.5米。❶

同样,在山东省、河北省和天津市,由各种原因引起的海岸侵蚀现象普遍存在。以山东省为例,监测结果表明,山东省龙口至烟台岸段海岸线全长约167.3千米,2003年8月至2006年8月,侵蚀的岸线约35.6千米,海岸侵蚀总面积0.47平方千米,累积最大侵蚀宽度57米,年最大侵蚀宽度19米,平均侵蚀宽度13.1米,年平均侵蚀宽度4.4米。2006年监测结果与2003年监测结果相比,海岸侵蚀长度增加6.8千米,侵蚀总面积增加0.16平方千米,年海岸侵蚀速度增加3米。❷ 黄河三角洲海岸侵蚀的情况尤为突出。数据显示,1976年改走清水沟流路后刁口河10米等深线已经蚀退10.5米,三角洲已经蚀退16.78平方千米,清水沟口门最近也有蚀退现象。黄河河口岸线蚀退的主要原因是河流改道进入原河口的水沙量大幅度减少,另外可能还与海洋因素的变化有关。❸

二、滨海湿地面积减少,天然湿地受到破坏

滨海湿地是海洋与陆地相互作用的过渡地带,对保护滨海地区生态平衡和生物多样性,实现海洋生态、环境与经济可持续发展起着十分重要的作用。环渤海滨海湿地主要由黄河三角洲和辽河三角洲组成,除山东半岛和辽东半岛的部分地区为基岩性海滩外,多为砂质和淤泥质海滩。但是近年来,由于围垦、筑坝等海岸带的不合理开发活动,致使滨海湿地受到严重破坏。其中,位于辽河三角洲的盘锦滨海湿地、海河三角洲的天津近岸湿地和黄河三角洲湿地所受破坏最为严重。据统计,辽河口湿地在20年间退化了60%—70%,黄河三角洲湿地损失1/3以上。❹ 天津地区湿地较解放初期的50年代减少一半,七里海湿地总面积原108平方千米,减少到现在的约45平方千米,减少了近60%。❺ 环渤海主要滨海湿地的具体变化情况如下:

---

❶ 国家海洋局:《2006年中国海洋环境质量公报》,第八章。
❷ 国家海洋局:《2006年中国海洋环境质量公报》,第八章。
❸ 刘晓燕:《关于黄河河口问题的思考》,载《人民黄河》2003年第25期。
❹ 余建斌:《生态用水减少 污染源最多 湿地面积缩小——渤海生态面临三大威胁》,载《人民日报》2007年12月3日。
❺ 李宝梁:《环渤海地区发展中的湿地保护与生态治理》,载《天津行政学院学报》2007年第3期。

  黄河三角洲湿地和辽河三角洲湿地是渤海两个最大的三角洲湿地。其中黄河三角洲湿地是典型的滨海河口湿地,湿地总面积 4 500 平方千米,其中自然湿地占 70% 以上,以浅海湿地和滩涂湿地为主。❶ 近年来由于筑坝、苇塘养虾等使黄河三角洲湾滨海湿地生境破坏严重,湿地面积迅速减少。目前,黄河口以南至小清河口以北 80 千米岸线,修建砌石护堤 70 余千米,另建一般性护岸、河堤护岸 50 余千米。大面积的滩涂湿地被防潮堤阻隔在大堤以内,成为功能单一的人工湿地,并且阻隔了滩涂湿地与海洋生态系统的联系,造成生境破坏,黄河三角洲湿地损失 1/3 以上。❷ 此外,海洋石油开发工程在近岸修建了多条漫水路和人工岛,这也对滨海湿地生态环境造成了一定的影响。辽河三角洲(盘锦市)湿地总面积为 314 857 公顷,占全市总面积的 79.5%。❸ 20 世纪 80 年代以来,随着经济开发规模的逐渐增大,辽河三角洲湿地呈现出自然湿地逐渐减少、人工湿地面积逐渐增加的趋势。据调查,1984 年该区的湿地面积为 366 000 公顷,到 1997 年,该区湿地面积为 314 857 公顷,减少了 51 143 公顷,占原湿地面积的 14%。❹

  从海湾湿地的情况看,在渤海湾,天津滨海湿地因城市的迅速发展而迅速减少,大量滩涂湿地永久性丧失。资料显示,1984—2006 年间环渤海可养殖滩涂资源面积净减少 2 039.5 平方千米,其中天津减少 315.1 平方千米,占 1984 年资源总量的 79%。❺ 同样,莱州湾滨海湿地也以每年 2 万多公顷的速度在减少。❻ 近年来的研究表明:一方面,莱州湾滨海湿地一半以上已被改造成为生物群落较为单一、生态功能较为低下的人工湿地,莱州湾南 80% 的滩涂湿地成为盐田和养殖地;另一方面,围海造陆工程占用大量滨海湿地,使其面积萎缩严重。

  此外,辽东湾、河北等地原有较多湿地,近几年受人为和自然因素影响,面积大为缩小。1984—2006 年间环渤海可养殖滩涂资源面积净减少 2 039.5 平方

---

❶ 王娜、王诗成:《胶莱两湾沿岸湿地现状及保护策略》,载《齐鲁渔业》2008 年第 1 期。

❷ 民进中央:《关于改善环渤海地区生态环境承载力的提案》,全国政协第十一届一次会议提案第 0019 号,http://www. cppcc. gov. cn/page. do? pa = 2c9048952319299501231 93e623202a2&guid = 0dcdda6c98dc426691f261f826fc9a5c&og =402880631d2d90fd011d2deb20bd033b,2011 年 10 月 1 日最后访问。

❸ 刘红玉、吕宪国、刘振乾:《环渤海三角洲湿地资源研究》,载《自然资源学报》2001 年第 2 期。

❹ 刘红玉、吕宪国、刘振乾:《环渤海三角洲湿地资源研究》,载《自然资源学报》2001 年第 2 期。

❺ 刘容子、吴珊珊:《环渤海地区海洋资源对经济发展的承载力研究》,科学出版社 2009 年版,第 64 页。

❻ 王娜、王诗成:《胶莱两湾沿岸湿地现状及保护策略》,载《齐鲁渔业》2008 年第 25 卷第 1 期。

千米。其中辽宁减少 742.17 平方千米,河北减少 716.33 平方千米,山东减少 265.9 平方千米,分别占 1984 年资源总量的 45%、54% 和 13%。❶ 据调查,目前山东约有 34% 的湿地受到盲目开垦和改造的威胁,沿海湿地面积以每年约 3 000 公顷的速度减少。❷ 从 20 世纪 60 年代中期到现在,河北省湿地大面积减少,从 11 000 平方千米减少到 600 平方千米。❸

三、海岛地形地貌受到破坏,一些海岛消失

海岛地形地貌的破坏首先源于对海岛的无序开发。随着环渤海区域经济的快速发展和国家海洋开发战略的实施,对渤海海岛的开发利用也越来越多。然而在相当长的时间我国的海岛开发秩序比较混乱,尤其是对无居民海岛的开发普遍缺乏规划。实践中,一些地方随意在海岛上开采石料、破坏植被,炸岛、炸礁、炸山取石等活动严重改变了海岛地貌和形态。例如河北的蛤岛由于附近的大量采沙加上海水侵蚀作用,致使该海岛被分割为 4 个蛤岛,在 10 年时间内面积缩小了 1/3,而其附近的草木坨岛则完全消失。❹ 有资料显示,自 20 世纪 90 年代以来,辽宁省海岛消失 48 个,减少数量占海岛总数的 18%;河北省海岛消失 60 个,减少数量占海岛总数的 46%。❺

除了海岛开发利用对海岛的破坏之外,其他人类不适当的涉海行为也是造成海岛地形地貌遭破坏的重要因素。以河北省辖的渤海海岛为例,河北省辖的海岛位于洋河、滦河、二滦河、大蒲河等河口附近,河水每年携带的泥沙物质在入海河口一带沉积,在潮流、潮汐、波浪等海洋动力和风力的作用下,逐渐堆积而形成河口沙嘴岛、河口沙坝岛和离岸沙坝岛。但 20 世纪 50 年代以来,由于上游拦河截流、引水灌溉和修建防潮闸,以及沿岸修建防潮堤,使入海水量大量减少,入海泥沙量相对降低,而海洋动力作用相对加强,这些岛屿不断受到冲刷,面积逐

---

❶ 刘容子、吴珊珊:《环渤海地区海洋资源对经济发展的承载力研究》,《科学出版社》2009 年版,第 64 页。

❷ 《山东:2010 年湿地自然保护区数量将增加到 35 个》,http://news.xinhuanet.com/video/2009—02/02/content_10752145.htm,2011 年 10 月 1 日访问。

❸ 李俊义:《河北湿地大面积减少 40 年减少 1 万多平方公里》,载《石家庄日报》2006 年 8 月 29 日,第 6 版。

❹ 冷悦山、孙书贤等:《海岛生态环境的脆弱性分析与调控对策》,载《海岸工程》2008 年第 2 期。

❺ 黄小希、陈辉:《中国立法强化海岛环境保护》,载《资源与人居环境》2010 年第 2 期。

渐缩小,有的其至消失。❶

四、渤海海底地形地貌的改变

人为因素对渤海海底地形地貌的改变主要来自相关海洋工程,如海底物资储藏设施、海底隧道工程、海底管道、海底电(光)缆工程、海底资源勘探和开发工程等。在海洋工程的建设、使用和废弃过程中,不同程度地存在着人为改变或破坏海洋原有地质地貌的过程和行为,特别是海底爆破、泥沙吹填、海底开挖、泥沙耙吸、围海造地、海底隧道开挖、海底管缆铺设等海洋工程施工会对海底底质和形态产生很大破坏,从而影响到海水动力场的改变,进一步影响到海底的冲刷和淤积。目前海底自然形态的破坏问题并没有引起足够的重视,也没有检索到专门性的研究成果。

第三节　渤海自然形态保全的主要任务

如前所述,对渤海自然形态改变的人为因素具有多样性,因此对它的保护需要一套完善的系统性工程予以全面衡量和系统性考虑,同时应当根据渤海自然形态改变所存在的主要问题采取针对性措施。这方面至少应当包括以下几点:

一、减少对自然岸线的破坏

新中国成立以来,我国曾在 20 世纪 50 年代和 80 年代分别掀起了围海造田和发展养虾业的两次大规模围海热潮,使沿海自然滩涂湿地总面积缩减了一半。2002 年以来,随着我国《海域使用法》的颁布实施,围填海的规模不断扩大,出现了又一轮围填海热潮。截至 2007 年底,全国已确权海域面积 1 299 313. 31 公顷,围海造地用海 54 006. 53 公顷。❷

由于我国大部分围填海工程都位于海湾内部,填海将岸线经截弯取直后,自然岸线长度会大幅度减少。围填海也导致浅海滩涂大量减少,海岸自然动态平衡遭到人为破坏,重要的经济鱼、虾、蟹、贝类生息、繁衍场所消失,海洋生物无法

---

❶　河北省海岛资源编委会著:《河北省海岛资源》(上卷),海洋出版社 1995 年版,第 10 页。
❷　国家海洋局:《2007 年海域使用管理公报》,第三章。

栖息在海岸边,致使沿岸陆生和水生生物数量和渔业资源锐减,许多珍稀濒危野生动植物绝迹。围填海后,人工景观取代自然景观,降低了自然景观的美学价值,一些具有重要历史和美学价值的景观将永远恢复不了原貌,❶而且大大降低了滩涂湿地调节气候、储水分洪、抵御风暴潮及护岸保田等能力。❷

目前我国对围海造地的法律规制并不健全,在实践中存在不少问题,例如单个项目海域使用论证难以准确反映围海造地所造成的后果。但在同一海区,特别是海湾口门敏感地区,若这种小规模的填海造地项目过多,集中起来对海区所产生的影响就大了,而这恰恰是单个项目论证中被忽视的问题。海域论证的综合评价往往被眼前的经济发展目标所迷惑,新造一地,可能波及周边甚至毁掉另一地。❸ 因此,应该强化对围填海活动的管理。一是尽量减少围填海活动,除了最必要的(如修建港口)以外,在岩石和沙质海岸应该禁止修建人工海岸并在一定距离内禁止修建建筑物。❹ 从国外情况看,美国、澳大利亚等国十分重视对自然海岸的保护。早在20世纪70年代美国的一些州已制定了后退线或海岸建筑控制线,澳大利亚的悉尼市只有杰克逊湾的一小部分为人工海岸,其东海岸全都是天然海岸。布里斯班南30多千米长的黄金海岸旅游区只在极个别地方才是人工海岸。❺ 二是严格控制围填海行为,尽量减少该行为对大陆海岸自然形态的破坏。在2010年1月21日开幕的辽宁省政协十届三次会议上,九三学社辽宁省委员会针对此问题提出了《关于科学开发和保护辽宁原生态海岸线的建议》(以下简称《建议》)。《建议》指出,向大海要地,使局部区域形成在政府主导下的大规模围填海活动,存在无序无度问题。一些填海造地项目往往倾向于选择低工程造价的湿地滩涂、河口区域,由于这些海域生态价值较高,带来的生态环境损失和破坏不可估量。《建议》认为,围填海方式应该最大限度保留海域功能、节约海洋资源。其中,人工岛式的围填海方式,对海岸、海域、生态保护与利用价值较高,开发密度较大。对于由岸向海平行推进延伸式的围填海方式应当尽量避免,如果确实需要按照这种方式围填海,应采取分离式(突堤式)围填

❶ 吕宾:《填海造地,福兮? 祸兮?》,载《中国土地》2010年第4期。
❷ 王志远、蒋铁民主编:《渤黄海区域海洋管理》,海洋出版社2003年版,第130页。
❸ 严伟祥:《加强海岸侵蚀监控促进海域使用合理开发》,载《海洋开发与管理》2008年第10期。
❹ 薛春汀:《中国海岸侵蚀治理和海岸保护》,载《海洋地质动态》2002年第2期。
❺ 薛春汀:《中国海岸侵蚀治理和海岸保护》,载《海洋地质动态》2002年第2期。

海方式,在平行海岸方向一定间隔内,保留一定长度的自然海岸和纳潮水域,避免连续型、整体大面积填海。大规模的围填海造地工程,在满足项目整体功能需要的前提下,应采取多区块组合方式,尽量增加各区块的岸线尺度和曲折度,在围填海规划区域内保留一定比例的水面,以最大程度地保持原有海域的生态环境等基本功能。在海湾、河口地区实施的围填海工程,应尽量避免采取截弯取直、岛礁连接、平行推进等简单、粗放的利用方式,尽量采取曲折的、增加岸线尺度和公用水域面积的设计方案。❶

此外,挖砂等活动也对大陆自然海岸,尤其是海岸沙丘带来很大破坏。由于海岸沙丘的砂质地纯净,容易开采且距需要地点近,成为海岸地区采砂的首选对象。20世纪80年代以来开采的规模越来越大,在某些地方海岸沙丘已经消失,长此以往,我们的后代只能从照片上看到它们了。开采海岸沙丘的负面效应不像开采海滩砂和近岸浅水区砂那样直接和明显。然而,海岸沙丘具有多方面作用,它不仅可以防风、防沙和防风暴潮,而且还能够保护海滩,防止海滩退化,阻止海水内侵。因此,应当严格控制对海岸沙丘的破坏,停止开采海岸沙丘,至少要划出靠近海滩的海岸沙丘为禁采区。❷

二、防止海岸侵蚀

据测算,渤海侵蚀岸线占总岸线的46%,❸防止海岸侵蚀成为保护渤海自然形态的重要任务。一般认为,造成海岸侵蚀的原因包括自然原因和人为原因两种,其中人为活动的影响占据主要位置。导致海岸侵蚀的人为活动主要包括沿岸挖砂与不合理的海岸工程和海洋工程等。近岸采砂对于砂质海岸的侵蚀最为明显。由于人工采砂破坏了海滩波浪动力与泥沙供应间的动态平衡,形成海岸泥沙亏损,海洋动力必然要再从岸滩系统中获取一定的砂源补充,以形成新的动态平衡,即导致上部海滩遭受冲刷破坏,地面形态上表现为岸线的后退或海岸线下侧滩面侵蚀。❹ 登州海滩的侵蚀就是典型一例。登州浅滩位于山东蓬莱西庄

---

❶ 《辽宁海岸线四十年内缩短170公里》,http://news.163.com/10/0122/10/5TKGIV3I000125LI.html,2011年10月1日访问。
❷ 薛春汀:《中国海岸侵蚀治理和海岸保护》,载《海洋地质动态》2002年第2期。
❸ 季子修:《中国海岸侵蚀特点及侵蚀加剧原因分析》,载《自然灾害学报》1996年第2期。
❹ 盛静芬、朱大奎:《海岸侵蚀和海岸线管理的初步研究》,载《海洋通报》2002年第4期。

岸外,该浅滩近东西向延伸。1985 年以前,登州海滩 5 米等深线范围内的浅滩面积 3.96 平方千米,平均水深 3.2 米,最浅水深 1.1 米。由于浅滩的存在,波高大于 1.3 米的波浪都在浅滩外得以破碎,到达岸边的波浪波高均小于 1.3 米,经波浪的长期作用,海岸进入动态平衡状态。1985 年以后,由于在浅滩上采沙,浅滩水深逐渐加大,水深小于 5 米的浅滩面积逐渐缩小,从而使得浅滩的消浪作用消失,除低潮外,本区的最大波浪(波高 3.9 米)能够越过浅滩到达岸边。这样,岸边的动力就大大加强,失沙量加大,加之岸边沙源甚少,于是波浪就侵蚀海岸,使海岸蚀退,1985 年以来,海岸后退 30 米,平均速率为 5 米/年。❶ 此外,不合理海岸工程建设,如河流建闸、围垦、码头等造成的负面环境效应也是引发海岸侵蚀的重要因素。❷ 因此,需要强化对造成海岸侵蚀的人为活动的控制,杜绝不合理的资源开发和海岸工程建设。除了海岸工程外,海洋工程也会对海岸产生侵蚀作用,这就要求在进行海上堤坝、跨海桥梁、海上娱乐及运动、景观开发工程建设的有关部门或单位,应当采取有效措施防止对海岸的侵蚀或者淤积。

沿岸的防护工程措施包括海堤、丁坝、离岸堤、人工海滩补砂(从海中或陆上采集合适的砂补充到被侵蚀的岸滩上)、生物护岸措施(在潮滩或水下栽种或培育某种植物,以达到消能并防止侵蚀的作用)等。❸ 其中保护和恢复海岸湿地植被和防护林对于防止海岸侵蚀具有重要意义。黄河三角洲和山东半岛海岸分布的芦苇沼泽湿地、盐地碱蓬盐沼湿地和黑松林等海岸防护林具有良好的消浪、促淤、护岸作用,能有效抗御海岸侵蚀和滩面刷深下降。❹

三、保全渤海典型自然岸线、自然湿地和海岛

通过建立风景名胜区和自然保护区是保护和保全渤海典型自然岸线、自然湿地和海岛的有效方法。根据我国现有的法律体制,风景名胜区是指具有观赏、文化或者科学价值,自然景观、人文景观比较集中,环境优美,可供人们游览或者

---

❶ 王文海、吴桑云:《山东省海岸侵蚀灾害研究》,载《自然灾害学报》1993 年第 4 期。

❷ 蔡锋、苏贤泽等:《全球气候变化背景下我国海岸侵蚀问题及防范对策》,载《自然科学进展》2008 年第 10 期。

❸ 左书华、李九发等:《河口三角洲海岸侵蚀及防护措施浅析———以黄河三角洲及长江三角洲为例》,载《中国地质灾害与防治学报》2006 年第 4 期。

❹ 徐宗军、张绪良、张朝晖:《山东半岛和黄河三角洲的海岸侵蚀与防治对策》,载《科技导报》2010 年第 10 期。

进行科学、文化活动的区域。❶ 而海洋保护区是指为保护珍稀、濒危海洋生物物种、经济生物物种及其栖息地以及有重大科学、文化和景观价值的海洋自然景观、自然生态系统和历史遗迹需要划定的海域,包括海洋和海岸自然生态系统自然保护区、海洋生物物种自然保护区、海洋自然遗迹和非生物资源自然保护区、海洋特别保护区。❷ 截至 2009 年,我国已经建立了国家级风景名胜区 208 处,其中秦皇岛北戴河风景名胜区、兴城海滨风景名胜区等涉及对渤海海洋自然形态的保护。而且,我国业已建立的 16 个国家级海洋保护区也都涉及对渤海自然形态的保护。今后,需要进一步完善和扩大渤海滨海风景名胜区和海洋保护区的范围,尤其是加强地方渤海区域风景名胜区和海洋保护区的建设力度。

---

❶ 参见《风景名胜区条例》第 2 条的规定。
❷ 国家海洋局:《全国海洋功能区划》,第三章。

第四章　渤海生态保护

第一节　渤海生态状况

渤海的生态状况包括渤海的生态环境以及生物组成等。关于渤海的生态环境，包括渤海的波浪、盐度、温度等参见第一章第一节的内容。本节主要介绍渤海初级生产力以及渤海的生物组成情况。

一、渤海的初级生产力

海洋初级生产力是指海洋中初级生产者通过同化作用生产有机物的能力。海洋初级生产所获得的有机物是海洋生态系统食物网的起点，海洋中一切有机体的食物来源都直接或间接地依靠海洋初级生产。换言之，渤海初级生产力很大程度上决定着渤海海洋生物的丰度、储量和分布。研究显示，渤海的初级生产力有明显的季节变化和区域性差异。表现为春秋季高，冬夏季低；南部高，北部低。整个渤海有机碳总量为896万吨/年，折合浮游植物为1.79亿吨/年。[1] 渤海水域的初级生产力为112克碳/平方米·年，每年的初级生产量为1 000万吨有机碳。[2]

二、渤海的生物组成

海洋生物按照其生活方式，可以分为水层生物和水底生物两个基本类群，水层生物还可以再分为漂浮生物、浮游生物和游泳生物。漂浮生物是指生活在海水表面膜和最表层的生物，也称海洋水表生物，如漂浮在海水表面的藻类的马尾

---

[1]　邓景耀：《渤海渔业资源增殖与管理的生态学基础》，载《海洋水产研究》1988年第9期。

[2]　费尊乐、毛兴华等：《渤海生产力研究Ⅱ. 初级生产力及潜在渔获量的估算》，载《海洋学报》1988年第4期。

藻等水漂生物、生活在海水表面膜上的海蝇等表上漂浮生物、动物的浮性卵和动物漂浮幼体等表下漂浮生物等。浮游生物是指生活在海洋表层和从几十米到几百米深的中层水域的一类几乎没有游泳能力或游泳能力很弱的生物,它们主要依靠自身的形态、生理和生态上的一些特点而生活在水域中,如水母、毛虾等。游泳动物是指具有强有力和发达运动器官的海洋动物,包括鱼类、海豚等哺乳类、海蛇、海龟、软体动物的头足类以及甲壳动物的虾类、蟹类等。水底生物也叫底栖生物,是指生活于自潮上带直至深海海底表面或沉积物中的所有生物,例如海草、沼泽植物等底栖植物以及原生动物、腔肠动物等底栖动物。

浮游植物是海域有机质的主要生产者,作为浮游动物的基础饵料乃是海洋食物网结构的基础环节,在海洋生态系统的物质循环与能量转换过程中起着重要作用。渤海地处温带,为一半封闭的内海,受外海水的影响较小,且沿岸入海河流较多,海水的盐度较低,营养盐类比较丰富,有利于浮游植物的繁殖生长。浮游植物的种类和数量都比较多,多属于温带近岸性种类。[1] 调查显示,渤海近岸水域已查明的浮游植物有 2 门 23 属 53 种,大多数属于温带近岸性种类。其中硅藻门的种类最多,有 19 属 45 种;其次是甲藻门,有 4 属 8 种。[2]

渤海的浮游动物的种类,根据学者对 1959 年全国海洋普查浮游动物中网标本的分析,共记录到浮游动物 87 种,幼虫 17 类。桡足类是浮游动物的主要组成部分,共记录到 30 种,占组成的 34.5%;水母类次之,共记录到 29 种,占 33.3%。[3] 构成渤海浮游动物主要是近岸的低盐种,比较典型的包括八斑芮氏水母、鸟喙尖头、长住囊虫、漂浮囊糠虾、长额刺糠虾和各种幼虫等。也有部分种类的分布受黄海高盐水的影响较大,如:细长脚、强壮箭虫和四叶小舌水母等。[4]

渤海的鱼类主要分为洄游性和地方性两个基本生态类群。地方性鱼类主要栖息在河口、岛礁和浅水区。洄游性鱼类主要为温暖性和暖水性种类,分布范围较大。渤海是重要的产卵场和索饵场,渤海主要渔业资源是由洄游性种类组成的。一年中 4 月下旬—6 月上旬开始进入渤海沿岸产卵繁殖和索饵育肥;11 月

---

[1] 王俊:《渤海近岸浮游植物种类组成及其数量变动的研究》,载《海洋水产研究》2003 年第 4 期。

[2] 王俊:《渤海近岸浮游植物种类组成及其数量变动的研究》,载《海洋水产研究》2003 年第 4 期。

[3] 毕洪生、孙松等:《渤海浮游动物群落生态特点 I. 种类组成与群落结构》,载《生态学报》2000 年第 5 期。

[4] 毕洪生、孙松等:《渤海浮游动物群落生态特点 III. 部分浮游动物数量分布和季节变动》,载《生态学报》2001 年第 4 期。

中下旬开始集结进行越冬洄游,到黄海中南部深水区越冬。在产卵繁殖和洄游时多具集群的特点,有利于捕捞,如对虾、小黄鱼、带鱼、皇姑、蓝点马鲛、真鲷、黄鲫、青鳞和鳀鱼等。[1]

关于渤海的底栖生物,1992—1993 年间学者曾进行渤海增殖生态基础调查,按季节分 4 个航次进行拖网定点试捕采样,结果共捕获渤海底栖无脊椎动物 58 种和脊索动物 1 种。按类别来分,甲壳动物种类最多,有 25 种(虾类 13 种、蟹类 9 种、寄居蟹 1 种、歪尾类 1 种、口足类 1 种),占种类总数的 42.4%;软体动物种类数居第 2 位,有 22 种(腹足类 9 种、双壳类 5 种、头足类 8 种),占种类总数的 37.3%;棘皮动物有 9 种(海星类 4 种、蛇尾类 2 种、海胆类 3 种),占种类总数的 15.2%。此外,还有腔肠动物 1 种、环节动物 1 种、尾索动物 1 种。[2] 从数量分布情况看,甲壳动物最多,占总捕获量的 61.7%,以下依次是软体动物占 33.5%,棘皮动物占 4.6%,其他类别占 0.2%。[3]

三、渤海典型生态系统的生物群落特点

渤海典型生态系统包括海湾和河口等生态系统。下面分别就渤海主要海湾和河口的生物状况,根据已有文献进行分析。

首先看渤海海湾生态系统情况。渤海海湾包括辽东湾、渤海湾和莱州湾三大海湾,它们各自的生物群落特点如下:

1. 关于辽东湾生态系统的生物群落状况。对辽东湾浮游植物的调查显示,整个辽东湾海区的浮游植物数量偏低,其中北部较高,西部次之,东南部最少。浮游植物多样性指数变化范围在 0.752—3.265 之间,全区平均值 2.221,浮游植物多样性东南部区域明显高于顶部和西部区域。从 2005 年 7—9 月份辽东湾调查的浮游植物数据来看,其个体数量高值区主要集中在北部海,这主要是由于该海区受大凌河、辽河与双台子河的影响,营养盐比较丰富,直接影响着浮游植物的密度。从浮游植物多样性与均匀度指数分布来看,辽东湾北部海区的植物多

❶ 邓景耀:《渤海渔业资源增殖与管理的生态学基础》,载《海洋水产研究》1988 年第 9 期。
❷ 程济生、郭学武:《渤海底栖生物的种类、数量分布及其动态变化》,载《海洋水产研究》1998 年第 1 期。
❸ 程济生、郭学武:《渤海底栖生物的种类、数量分布及其动态变化》,载《海洋水产研究》1998 年第 1 期。

样性与均匀度指数明显低于西部和东南部海区。❶ 从辽东湾大型底栖动物调查情况看,辽东湾北部海域大型底栖生物 79 种,其中包括多毛类 18 科 24 种,甲壳动物 15 科 19 种,软体动物 13 科 24 种,棘皮动物 4 科 6 种,其他类群 5 种❷。底栖生物群落在总体上似乎处于较为稳定状态,底栖动物的种类数、栖息密度以及生物量的高值区与低值区呈斑块状互相嵌套,并在辽河、大凌河河口的外缘分别形成大型底栖动物的聚集中心。❸ 从生物群落与群落结构看,低值区主要位于北部沿岸浅水区,其他水域的生物多样性指数较高且无显著的空间差异。辽东湾北部海域大型底栖动物群落结构的相似性程度较低,不同群落在调查区内呈斑块状分布。总体来说,近岸水域受陆源污染以及航道疏浚等人类活动的影响剧烈,底栖动物群落较为脆弱;离岸水域受陆源污染和石油开采等人类活动的影响较少,底栖动物群落较为健康。❹

2. 关于渤海湾的生物群落状况。根据天津市海洋局对渤海湾生态监控区在 2008 年 5 月、8 月的调查监测结果,❺渤海湾的生物组成情况如下:

浮游植物方面,2008 年 5 月、8 月的两次调查共获得浮游植物 37 种,隶属硅藻和甲藻两个门类,其中硅藻类占有绝对优势。优势种为叉状角藻、夜光藻、北方角毛藻、柔弱根管藻和琼氏圆筛藻。两次监测获得的浮游植物密度变化范围较大,地区密度分布差异性明显。各项指标均处于较低水平,浮游植物多样性较差。与 2007 年相比,所获浮游植物种类数略有增加,但各项评价指标依然处于较低水平。

浮游动物方面,2008 年两次调查共采集到浮游动物 26 种,以节肢动物门的桡足类为主。优势种为双刺纺锤水蚤、小拟哲水蚤和大同长腹剑水蚤。所获浮游动物种类数量 8 月份略高于 5 月份,小型浮游动物密度远高于大型浮游动物,且密度变化范围较大,地区密度分布差异性明显。各项指标均处于较低水平,表

❶ 宋伦、周遵春等:《辽东湾浮游植物多样性及与海洋环境因子的关系》,载《海洋环境科学》2007 年第 4 期。
❷ 刘录三等:《辽东湾北部海域大型底栖动物研究:Ⅰ. 种类组成与数量分布》,载《环境科学研究》2008 年第 6 期。
❸ 刘录三等:《辽东湾北部海域大型底栖动物研究:Ⅰ. 种类组成与数量分布》,载《环境科学研究》2008 年第 6 期。
❹ 刘录三等:《辽东湾北部海域大型底栖动物研究:Ⅱ. 生物多样性与群落结构》,载《环境科学研究》2009 年第 2 期。
❺ 天津市海洋局:《2008 年天津市海洋环境质量公报》,第四章。

明浮游动物群落结构较差。与 2007 年相比,所获浮游动物种类数略有下降,密度分布变化不大,各项评价指标均处于较低水平。

底栖生物方面,两次监测共采集到 47 种底栖生物,种类数较 2007 年有较大幅度下降。所获生物隶属节肢动物门、环节动物门、软体动物门、棘皮动物门、扁形动物门、纽形动物门、螠形动物门和脊椎动物门 8 个门类,优势种为橄榄胡桃蛤和绒毛细足蟹。两次监测底栖生物种类数量和密度相当,8 月份要略高于 5 月份,生物量差别不大。整体来看,底栖生物多样性指数降低,种类数较少,总密度偏小,整体状况较差。与 2007 年相比,生物种类、密度和生物量均有所减少,下降趋势明显,优势种的种类和种数有所变化。

潮间带生物方面,2008 年两次潮间带调查共采集到 38 种潮间带生物。隶属软体、环节、节肢、棘皮、纽形、扁形、腔肠、腕足和脊椎等 9 个门类。优势种为黑龙江河篮蛤和光滑河篮蛤。两次监测潮间带生物种类数量相当,但密度差异很大,5 月份因部分站位有大量黑龙江河篮蛤出现,致使 5 月份潮间带生物密度异常高。样品的多样性指数、丰度、均匀度偏低,优势度过高,种类数偏少,总密度偏小,潮间带生物整体状况偏差。同 2007 年相比,2008 年潮间带生物种类略有减少,密度和生物量有所增大,优势种的种类和种数有所变化。

鱼卵、仔鱼方面,2008 年 5 月份对渤海湾生态监控区鱼卵仔鱼的监测结果显示,15 个站位中只有 4 个有鱼卵出现,密度范围为 3—6 个/立方米。8 个站位有仔鱼出现,密度范围为 2—15 个/立方米。总体来看,监控区内产卵场退化,鱼卵、仔鱼种类较少,密度较低。与 2007 年相比鱼卵仔鱼密度减少较大,下降趋势明显。渔业资源不容乐观。

关于莱州湾生态系统的生物群落状况。据调查,莱州湾浮游植物共有 22 属 45 种,其中硅藻门的种类和数量最多,为 20 属 40 种,占 88.9%;甲藻门次之,为 2 属 5 种,占 11.1%。硅藻门以角毛藻属的种类数最多,达 10 种,主要种类为假弯角毛藻、密联角毛藻、窄隙角毛藻、洛氏角毛藻和柔弱角毛藻。甲藻门以角藻属的种类最多,分别是三角角藻、长角角藻、纺缍角藻和分叉角甲藻等 4 个种类。莱州湾海域浮游植物种类主要是以温带近岸种和浮游广布种为主。根据其生态特征大致可分为:广温广盐的广布种,如柔弱角毛藻、冕孢角毛藻、丹麦细柱藻、尖刺菱形藻、布氏双尾藻、星脐圆筛藻、刚毛根管藻、中心圆筛藻、斯托根管藻等;温带内湾种和沿岸种,如窄隙角毛藻、地中海指管藻、中华半管藻、翼根管藻印度变型等;热带近岸种,如假弯角毛藻、洛氏角毛藻等;远洋性种类,如密联角毛藻、偏心圆筛藻、虹彩圆筛藻等。总的看来,整个莱州湾的生物多样性和丰富度均较好,莱州湾海域浮游植物群落结构比较稳定,组成种类多,种类个体数量分布比较均匀。❶

接下来再看渤海河口生态系统的生物群落状况,渤海主要河口生态系统包括辽河河口生态系统、黄河河口生态系统以及滦河河口生态系统等。

1. 辽河河口段全长 39 千米,是我国和亚洲最大的温带滨海河口湿地,其中双台河口湿地国家自然保护区被列入国际重要湿地名录。保护区内植被受土壤结构、含盐量、水和潮汐等因素影响,主要由四大类构成:滨海碱蓬盐生草地;獐矛盐生草甸;沼泽植被;水生植被❷。其中,芦苇沼泽是辽河河口湿地分布最广、面积最大的植物群落,芦苇总面积达 7 万公顷,年产芦苇 30 万吨,是世界第二大苇场。芦苇不仅是造纸的重要原料,同时又是河口湿地生态系统中有机物质的重要来源,可为动物提供饵料,并为野生生物尤其是丹顶鹤等鸟类提供栖息地和繁殖场所。❸ 辽河口湿地的其他植物群落还包括:分布于双台河口保护区西南部不受河水和海潮影响的高河漫滩阶地上的柽柳群落;分布于保护区东南部多潮沟滨海地带的白刺、辽宁碱蓬复合群落;分布在保护区西南部地势稍高处的罗布麻群落;分布在地势稍高、排水良好地段的羊草群落;分布在芦苇沼泽外围的芦苇草甸;分布于滨海潮沟两侧,或受潮水影响的低洼地带的翅碱蓬群落,等等。此外,在滨海滩涂上还分布着大面积的低等植物群落——硅藻群落。❹ 辽东湾湿地因其独特的自然和生态条件为野生动物尤其是鸟类,提供了良好的生存栖息环境。据统计,保护区内有脊椎动物 124 科 409 种,鸟类 236 种(水禽 100 种、非水禽 136 种),隶属于 17 目 46 科 124 属。其中包括丹顶鹤、黑嘴鸥等国家珍稀保护鸟类,每年迁徙经过该区的丹顶鹤有 500 余只、繁殖的黑嘴鸥 2 000 多

---

❶ 李广楼等:《莱州湾浮游植物的生态特征》,载《中国水产科学》2006 年第 2 期。
❷ 张绪良、谷东起、陈东景、隋玉柱:《莱州湾南岸滨海湿地维管束植物的区系特征及保护》,载《生态环境》2008 年第 1 期。
❸ 邵成、陈中林、董厚德:《辽河河口湿地芦苇的生长及生物量研究》,载《辽宁大学学报(自然科学版)》1995 年第 22 卷第 1 期。
❹ 董厚德、全奎国、邵成、陈中林:《辽河河口湿地自然保护区植物群落生态的研究》,载《应用生态学报》1995 年第 6 卷第 2 期。

只,是世界上最大的黑嘴鸥繁殖地。❶

　　2. 黄河河口生态系统主要包括陆域淡水湿地、河流水生态系统和近海水域生态系统等重要生态景观单元。黄河独特的水沙条件以及不断淤积延伸和改道,使黄河三角洲形成了独特而动态的原生性河口湿地。黄河口湿地生态类型独特,是我国暖温带最完整、最广阔、最年轻的湿地生态系统,是东北亚内陆和环西太平洋鸟类迁徙的"中转站"、越冬地和繁殖地。黄河河口段历史上曾是许多洄游性鱼类如鲚、鳗鲡等的重要生境,黄河大量泥沙与营养盐的输入为河口滨海区域海洋水生生物提供了丰富的饵料资源,是环渤海区域鱼类资源与生物多样性较为丰富的区域之一。❷ 黄河河口有潮间带生物 190 余种,植物以芦苇和碱蓬为主,并有天然柳河人工刺槐等。黄河与其他附近河流带来大量盐类和有机物入海,为鱼、虾、蟹类的产卵、生长和索饵提供了有利条件,主要有东方对虾、毛虾、梭子蟹、文蛤、近江牡蛎、鲈鱼、梭鱼和黄蛄等。海洋生物 517 种,其中浮游植物 116 种,经济无脊椎动物 59 种,底栖动物 191 种。❸

　　3. 滦河口是渤海湾内主要河流入海口之一。其中滦河口湿地是生物多样性集聚的区域。滦河口湿地位于华北区、东北区和蒙新区的交界处,东临渤海,既有陆生动物区系的特点,又有海洋动物区系的特点,还是东亚鸟类迁徙的必经之地。独特的地理位置和优越的河口环境,使该区汇聚了陆地与海洋两大动物区系的种类,野生动物资源十分丰富。据调查统计,在滦河口栖息的鸟类共 241种。其中,国家 I 级保护动物 10 种,国家 II 级保护动物 34 种。黑嘴鸥是本区最有代表性的鸟类,目前在全世界的分布数量只有 5 000 只左右,已濒临灭绝。黑嘴鸥对繁殖环境要求十分苛刻,只有在河口湿地稀疏碱蓬植物分布区才能筑巢繁殖。滦河口湿地作为世界上仅存的四个黑嘴鸥繁殖地之一,已经成为自然保护和生境恢复的重要基地,对保护我国北方河口湿地生物多样性具有重要意义。❹ 滦河口湿地的生物群落包括黑嘴鸥—盐地碱蓬群落、黑尾鸥—沙蚕群落

---

❶ 江和文、曹士民、迟春艳:《辽东湾湿地保护和可持续利用的思考》,载《安徽农业科学》2006 年第 24期。

❷ 王新功、魏学平等:《黄河河口生态保护目标及其生态需水研究》,载《水利科技与经济》2009 年第 9期。

❸ 许学工:《黄河三角洲的环境资源系统结构》,载《自然资源学报》1995 年第 10 期。

❹ 孙立汉、杜丽娟、李东明、高士平、杜静:《滦河口湿地环境因子变化对黑嘴鸥繁殖影响研究》,载《河北省科学院学报》2005 年第 2 期。

以及白额燕鸥—蛎鹬繁殖种群等。其中,黑嘴鸥—盐地碱蓬群落是本区最具代表性的群落。该群落分布于滦河口北岸湿地,呈零散块状分布,面积约 0.14 万公顷。该群落主要由种子植物、涉禽、游禽、猛禽、蛇类、鱼类、半索动物、软体动物、环节动物、线形动物等组成。主要生物种类有:盐地碱蓬、獐茅、黑嘴鸥、红脚鹬、燕鸻、沙蚕等。❶

第二节　渤海生态问题

渤海生态问题可以归纳为两个大的方面,一是渤海生态环境的退化;二是渤海生物种类、数量、质量等的变化。具体而言,这些问题主要包括:

一、渤海近岸海水受到污染,富营养化严重,赤潮频发

随着环渤海城市经济的发展,环渤海地区已经形成了一个大型的经济发展圈,但是伴随着经济的发展,各种污染物尤其是陆源污染物不断增加,渤海近岸海域的污染情况日益严重,范围不断扩大。近几年的检测和评价结果表明,渤海海域水体中的污染物含量迅速增加,近岸海域生态系统已经严重受到人为损害,生态系统服务功能急剧衰退。根据《2008 年渤海海洋环境质量公报》的记载,2008 年渤海海水的环境质量总体较好,但是近岸海域污染依然比较严重。污染海域的面积虽然较 2007 年的面积有所下降,但是和 2004—2006 年相比仍然很高。从季节变化情况看,夏季渤海三大湾的海水质量明显劣于渤海中部,其中莱州湾夏季严重污染海域面积达 26%,渤海湾则达到 11%。海水中主要污染物是无机氮、活性磷酸盐和石油类。❷

渤海还存在着水体富营养化严重,水体氮磷失衡问题。据《2008 年渤海海洋环境质量公报》记载,2008 年渤海近岸海域海水富营养化问题依然严重。春季,渤海富营养化海区面积约为 19 000 平方千米,占渤海总面积的 25%。2008 年渤海海水氮磷比值为 67。渤海湾底部、莱州湾底部、辽宁近岸氮磷比值高达 200 以上,渤海中部氮磷比值为 40。渤海中部海域氮磷比值持续升高,1982—

---

❶　孙立汉、杜丽娟、李东明、高士平、杜静:《滦河口湿地环境因子变化对黑嘴鸥繁殖影响研究》,载《河北省科学院学报》2005 年第 2 期。
❷　国家海洋局:《2008 年中国海洋环境质量公报》,第二章。

1983年渤海中部海域氮磷比值为2,1992—1993年氮磷比值为5,1998—1999年氮磷比值为16,2008年氮磷比值增大至40。[1]

渤海的赤潮现象依然严重。赤潮是海洋中某些浮游生物在一定的环境条件下爆发性繁殖的生态异常现象,它不仅会对渔业、生态、环境造成影响,而且有毒赤潮还可能会通过食物链对人体健康造成影响。据统计,2005年赤潮发生的面积达0.53万平方千米,比2000年增加了近一倍。[2]2005—2007年间,渤海共发生赤潮27次,占我国近海赤潮发生次数的8.3%;累计发生赤潮的海域面积8 463平方千米,占我国近海赤潮发生总面积的11.7%。[3]渤海赤潮状况有以下三个方面的特点:(1)赤潮年发生次数由20世纪90年代的1位数上升到2位数;(2)2001年以来,赤潮年发生次数在逐渐减少,但赤潮面积总体上呈增大趋势,也即是说大规模赤潮的发生比例呈增大趋势;(3)有毒藻类引发的赤潮次数和面积大幅增加。[4]

水质污染已经使得部分区域海洋功能受损。例如,2008年国家海洋局的监测显示,渤海17个海水增养殖区中只有11.8%的环境质量达标(二类海水水质标准),52.9%局部达标,35.3%不达标。影响养殖区环境质量的主要原因是海水无机氮、活性磷酸盐浓度较高,海水富营养化程度较重。同时海洋保护区海水环境质量下降,85%的保护区内氮磷等水质指标超一类海水水质标准。[5]

二、渤海入海径流减少,低盐区面积严重萎缩,生物栖息环境受到破坏

相对于我国其他海域,渤海入海河流众多,深受入海河流的影响。而随着水利资源的开发利用以及拦河筑坝等水利工程的建设,渤海入海河流径流大幅度减少。黄河是注入渤海的最大河流,黄河入海径流量和输沙量分别约占周边河流输入渤海总量的70%和90%以上。从历史上看,黄河入海径流量20世纪60年代最大,70年代由于沿黄流域工农业和生活用水剧增,入海径流量明显下降,比60年代入海径流量减少了37.9%,80年代比60年代减少了42.9%,90年代

[1]　国家海洋局北海分局:《2008年渤海海洋环境公报》,第八章。
[2]　渤海环境保护总体规划编制组:《渤海环境保护总体规划(2008—2020年)》,第一章第三节。
[3]　国家海洋局北海分局:《2008年渤海海洋环境公报》,第七章。
[4]　王保栋:《新世纪渤海污染新特点》,载《海洋开发与管理》2007年第3期。
[5]　国家海洋局北海分局:《2008年渤海海洋环境公报》,第三章。

比 60 年代减少了 71.9%,仅相当于 1916—1975 年天然径流量的 30.0%。黄河中、下游自 1972 年开始,经常发生断流现象,1997 年受强厄尔尼诺事件影响,我国北方大旱,利津水文站断流 226 天[1],利津站径流量仅 18.6 亿立方米,西河口以下已经无河水流入大海。1998 年由于降水量增加,以及采取全河上下统一调水等各种缓解断流的措施,才使得入海径流量增至 106.12 亿立方米,断流天数减至 44 天,但是其径流量只有 60 年代年均入海径流量的 21.2%,1919—1975 年年均天然径流量的 18.3%。1999 年以后,黄河不再断流,但径流量仍比较低,据资料统计,1999 年入海径流量为 68.4 亿立方米,只有 60 年代的 13.6%。[2] 2000 年,入海径流量小于 70 亿立方米,不及 50 年代和 60 年代年均径流量的 15%。[3]

除黄河之外,渤海其他入海河流径流量的减少也是一个普遍现象。根据 1950—2004 年渤海湾西岸天津段的入海径流量统计显示,20 世纪 50 年代的平均年入海径流量为 144.27 亿立方米,60 年代降至 81.74 亿立方米,70 年代为 45.14 亿立方米,80 年代仅为 9.85 亿立方米,90 年代为 24.29 亿立方米。70 年代的平均年入海径流量为 50 年代的 31.28%,80 年代仅为 50 年代的 6.82%;1983 年的入海径流量仅为 0.49 亿立方米。1998 年至 2002 年时间段内基本上属于零入海径流量。[4]

渤海入海径流减少使得整个渤海海区海水的温度、盐度等物理环境的平衡受到明显的破坏,最直接的体现即是渤海低盐区的减少。目前,渤海海域呈现平均盐度升高,低盐区面积减少趋势。2008 年 8 月,渤海低盐区面积为 1 900 平方千米,与 1959 年 8 月相比减少了 80%,与 2004 年同期相比,减少了 70%。20 世纪 80 年代以前,渤海三大湾底部均有较大面积的低盐区分布。2008 年 8 月,仅莱州湾底部分布有较大面积的低盐区,渤海湾、辽东湾底部低盐区面积严重萎缩。[5] 渤海低盐区的减少不仅使得高盐度海水直逼海岸,造成对海岸的侵蚀,同时也使海水物理环境平衡遭到了破坏,直接影响到海洋生物状况,导致渔业资源

---

[1] 参见国家海洋局北海分局:《2008 年渤海海洋环境公报》,第八章。

[2] 黄海军、李凡等著:《黄河三角洲与渤海、黄海陆海相互作用研究》,科学出版社 2005 年版,第 87 页。

[3] 黄海军、李凡等著:《黄河三角洲与渤海、黄海陆海相互作用研究》,科学出版社 2005 年版,第 211 页。

[4] 孟伟:《海岸带生境退化诊断技术——渤海典型海岸带》,科学出版社 2009 年版,第 80 页。

[5] 国家海洋局北海分局:《2008 年渤海海洋环境公报》,第八章。

的衰退。这是因为渤海的海洋生物赖以生存繁殖的大部分营养物质是从黄河等河流输送入海的,黄河泥沙中的颗粒有机物是鱼虾类的直接饵料。黄河入海泥沙的大幅度减少,直接影响了渤海的供饵力,必然影响到鱼虾类的生存和繁殖。渤海水产资源群系的主要品种都具有在低盐河口近岸产卵繁殖的特性。由于入海径流的大幅度减少,河口和近岸低盐度区面积严重萎缩、盐度大幅度升高,造成作为众多重要经济鱼类产卵场和育幼场的河口和沿岸低盐度区几乎丧失殆尽,严重制约了渤海渔业资源的再生产。❶

三、渤海初级生产力降低,生物多样性减少,生物质量降低

有关对 1982—1983 年间和 1992—1993 年间渤海初级生产力情况进行对比性研究的结果发现:1992—1993 年每个月叶绿素 a 的含量都比 10 年前所对应的月份有较大幅度的下降。叶绿素 a 的大幅度减少说明渤海水域浮游植物的现存量在下降。相应地,渤海初级生产力水平 1992—1993 年间各月份的测定值与 10 年前相应月份比较,全部呈现负增长,❷表明渤海初级生产力呈下降趋势。

渤海生物多样性减少现象显著。调查资料显示,秦皇岛港区附近海域浮游动物的种类数由 1978 年 10 月的 28 种降至 1993 年 10 月的 19 种;污染严重的海区,潮间带大型无脊椎动物种类急剧减少,汤河口海区低潮线以上无大型无脊椎动物。胶州湾沧口潮间带,20 世纪 60 年代调查共获取海洋动物 141 种,生物种类极多,而 70 年代调查却只采集到海洋动物 30 种,与 60 年代的调查结果比较,仅有其调查结果的 21%,80 年代初调查更是仅仅采集到海洋动物 17 种,表明该海域生物种类在持续减少。小清河河口潮间带,1984 年采到的生物有 191种,但 1989 年调查却只采到 96 种,相隔仅 5 年生物的种类就减少了二分之一,减少的趋势非常明显。❸浮游动物是海洋生态系统的次级生产者,它是联系海洋初级生产者和较高营养阶层(消费者)食物链网的关键性营养环节,其种类组成和数量变化将直接影响鱼类等高营养阶层生物的生存。已有资料表明,渤海近 30 年来次级生产者的种类趋于减少,比如 1976 年在渤海污染调查中共检出浮游动物 86 种,1982—1983 年进行的渤海增殖水域环境和渔业资源综合调查

---

❶ 王保栋:《垂死的渤海:并非都是污染惹的祸》,载《海洋开发与管理》2007 年第 5 期。
❷ 吕瑞华、夏滨等:《渤海水域初级生产力 10 年间的变化》,载《黄渤海海洋》1999 年第 3 期。
❸ 王志远、蒋铁民主编:《渤黄海区域海洋管理》,海洋出版社 2003 年版,第 101 页。

中,共采到浮游动物 60 余种,但在 1992—1993 年的渤海生态基础调查中,却仅采到浮游动物 47 种。❶

渤海鱼类也呈严重衰退趋势。以种类数较稳定的夏季为例,1959 年鱼类多于 71 种,1982 年为 61 种,1992 年为 53 种,1998 年仅有 32 种。❷ 主要经济鱼类中的鲅鱼、黄姑鱼、鲈鱼、鲳鱼等资源已经严重衰退,带鱼、小黄鱼、真鲷等鱼类濒临绝迹。目前渤海以海蜇和毛虾为两大支柱产业,整个辽东湾的海蜇产量在 30 万吨以上;渔获物主要品种为虾蛄、斑鲦、梭鱼、贝类、杂鱼等。渤海中国明对虾年渔获量的剧减就是资源严重衰退的一个典型例证,1983 年为 1.43 万吨,到 1992 年下降到 0.49 万吨,至 1998 年只有 0.17 万吨。目前,渤海水域生产力水平已不足 20 世纪 80 年代的五分之一。❸

初级生产力的降低,生物多样性的减少,使得渤海生物群落结构,尤其是潮间带生物、底栖动物、游泳动物群落结构发生了明显改变,呈现出严重退化的趋势。对此可以用 1984 年至 2004 年河北省海洋资源全面调查的结果加以印证。1984 年河北省全省海域底栖软体动物种类(属经济种类)有 76 种,2004 年该种类仅为 31 种,下降了近 60%。1984 年底栖多毛类种类(属于耐污种类)有 31 种,2004 年该种类为 63 种,增加了 1 倍多。一方面经济生物种类数减少,另一方面经济价值较小或无经济价值的种类数却明显增加,如耐污的多毛类在底栖动物的密度组成中由 9.6% 上升到 63.9%。1984 年查明的毛蚶主要分布区,到 2004 年调查中却未采集到该种样品,珍稀物种的文昌鱼资源量也明显下降。潮间带生物中,2004 年大型经济生物栖息密度及生物量明显减少。与 1984 年相比,文蛤资源现存量减少 2 000 吨,四角蛤蜊资源现存量减少 2 400 吨,青蛤资源现存量减少 360 吨。游泳动物中,与 1984 年相比,2004 年沿海游泳动物密度显著下降,幅度高达 81.3%。与 1984 年相比,2004 年河北沿海捕获的鱼类的种类数量少了 39 种;1984 年孔鳐、鲈、黄姑鱼、牙鲆、半滑舌鳎、鱼纹东方鲀等经济价值高的大型鱼类为渤海的优势物种,而 2004 年的调查中它们已基本消失。❹

此外,生物质量降低的情况也十分明显。天津市海洋局曾于 2008 年 5 月、8

---

❶ 王志远、蒋铁民主编:《渤黄海区域海洋管理》,海洋出版社 2003 年版,第 102 页。

❷ 金显仕:《渤海主要渔业生物资源变动的研究》,载《中国水产科学》2001 年第 4 期。

❸ 房恩军等:《渤海应走向全面禁渔的几点思考》,载《中国水产》2009 年第 9 期。

❹ 刘容子、吴珊珊:《环渤海地区海洋资源对经济发展的承载力研究》,科学出版社 2009 年版,第 58 页。

月间对渤海湾生态监控区进行调查监测。检验结果显示,渤海湾生物受到总汞、镉、砷等污染物的污染,部分站位生物质量超标现象严重。各指标生物以口虾蛄各项指标含量较高,虾虎鱼和梅童鱼次之。总体来看,渤海湾生态监控区指标生物超标污染物有所改变,但生物质量状况依然较差。❶

四、渤海典型生态系统生物群落结构趋于简单化,生物多样性低,状态不稳定

渤海的海湾、河口等典型生态系统的生物群落状况,可以从国家海洋局设定的渤海六个生态监控区的监控情况进行分析。渤海的六个生态监控区长期处于不健康状况,其中双台子河口、滦河口—北戴河、黄河口处于亚健康状态,锦州湾、渤海湾和莱州湾则处于不健康状态。

从各生态监控区的生物群落情况看,2009 年双台子河口生物群落健康指数升高,鱼卵仔鱼密度增加,但海水水质较差,无机氮、活性磷酸盐含量严重超标,部分生物体内砷残留水平超第一类海洋生物质量标准,底栖生物栖息密度仍然偏低。锦州湾生物群落健康指数较低,未监测到鱼卵仔鱼样品,浮游动物密度和底栖生物栖息密度偏低,部分生物体内重金属含量超标。锦州湾海域部分生物体内汞、镉、铅残留水平均呈上升趋势。滦河口—北戴河生态监控区生物体内出现重金属超标现象,部分生物体内镉、砷和铅残留水平超第一类海洋生物质量标准,浮游植物群落结构异常,文昌鱼的数量和生物量总体呈下降趋势,2008 年降至 10 年来低点,2009 年更低。渤海湾部分生物体内镉、铅、砷残留水平超第一类海洋生物质量标准,六六六残留水平超第三类海洋生物质量标准,生物群落健康指数进一步下降,海洋生物多样性较差,鱼卵仔鱼密度持续偏低。黄河口生物质量状况总体良好,2009 年开展的黄河口湿地生态补水使湿地面积和生态健康状况略有恢复,生物群落健康指数有所升高。莱州湾部分生物体内的铅和砷残留水平超第一类海洋生物质量标准,存在重金属污染现象。小清河口海域底栖生物种类、数量明显减少,耐污种逐渐增多。整个莱州湾鱼卵仔鱼数量呈下降趋势,小清河口海域环境已不适宜鱼卵仔鱼的生长发育。莱州湾渔场的带鱼、小黄鱼等大型底层鱼类被黄鲫、鳀鱼、斑鰶、枪乌贼、青鳞小沙丁鱼等小型中上层鱼类

---

❶ 天津市海洋局:《2008 年天津市海洋环境质量公报》,第四章。

所替代,种群数量大幅度下降。原有近岸海域产卵场、索饵场、越冬场和洄游通道功能逐渐丧失,鱼类产卵场发生迁移。❶

表4-1　2004—2009年海洋生态监控区底栖生物多样性指数等级❷

生态监控区	2004 年	2005 年	2006 年	2007 年	2008 年	2009 年
双台子河口	较差	差	较差	—	差	差
锦州湾	—	差	—	—	—	差
滦河口—北戴河	中	较差	中	较差	中	中
渤海湾	较差	中	较差	中	中	较差
莱州湾	中	中	中	中	较差	中
黄河口	中	中	中	中	较差	较差

第三节　渤海生态保护的主要任务

既然渤海的生态问题主要体现为生态环境和生物群落的变化两个方面,那么生态保护的任务也需要从保护生态环境和生物多样性两方面入手。具体而言,渤海生态保护的任务包括:

一、根据全国海洋功能区划,保护和修复渤海重要生态功能区

国家海洋局2002年9月10日颁布实施的《全国海洋功能区划》对渤海的重要生态功能区进行了划分。具体而言,渤海需要重点修复和保护的主要生态功能区包括:(1)辽东半岛西部海域,包括辽宁省大连市老铁山角至营口市大清河口的毗邻海域。重点生态功能区有盖州、长兴岛等养殖区,仙浴湾、长兴岛旅游区,大连斑海豹、蛇岛—老铁山、营口海蚀地貌景观、浮渡河口沙堤自然保护区。本区生态保护重点是渔业资源的利用和养护以及保护和保全沙质海岸和岛屿生态环境。(2)辽河口邻近海域,包括辽宁省营口市大清河口至锦州市后三角山的毗邻海域。重点生态功能区有盖州滩、二界沟等养殖区,双台子河口、大凌河

---

❶ 国家海洋局:《2009 年中国海洋环境质量公报》,第四章。
❷ 国家海洋局:《2009 年中国海洋环境质量公报》,第四章。

口自然保护区。本区生态保护重点是合理利用、增殖和恢复渔业资源,保护湿地生态环境,加强对营口老港区、辽东湾及毗邻河口海域的环境综合治理。(3)辽西—冀东海域,包括辽宁省锦州市后三角山至河北省唐山市涧河口的毗邻海域。重点生态功能区有北戴河、南戴河、山海关、兴城海滨、锦州大小笔架山等旅游区,昌黎、菊花岛海域、滦河口等养殖区,昌黎、北戴河等自然保护区。本区生态保护的重点是渔业资源利用,发展滨海旅游,保护和保全海岸生态环境。(4)天津—黄骅海域,包括河北省涧河口至冀鲁交界的毗邻海域。重点生态功能区有天津古海岸与湿地自然保护区的上古林、青坨子贝壳堤核心区,塘沽、汉沽等增殖和养殖区,汉沽、大港、北塘河口特别保护区。本区生态保护重点是保护生态环境,建立汉沽浅海生态系、驴驹河潮间带生态系、大港古泻湖湿地、大港滨海湿地和黄骅贝壳堤自然保护区。(5)莱州湾及黄河口毗邻海域,包括冀鲁交界至烟台、龙口市的毗邻海域。重点生态功能区有黄河口、虎头崖等养殖区,无棣贝壳堤与湿地、黄河口湿地自然保护区。本区生态保护重点是保护湿地生态系统。(6)庙岛群岛海域,包括山东省烟台市的长岛县和蓬莱市毗邻海域。重点生态功能区有南五岛、北四岛等养殖区,蓬莱、长岛旅游区,群岛周围海域生态和海珍品自然保护区。本区生态保护重点是建设长岛水产养殖基地,发展海岛特色旅游,加强生态环境保护,完善岛陆交通运输。

二、保护渤海生物多样性

主要包括减少对生物资源的捕捞,实行捕捞限额制度,严格执行休渔制度等,使得渤海渔业生物资源的利用不超过其生态阈值。

调控渤海入海河流的径流量,加强对人类用海活动尤其是围填海活动的控制,保护生物资源的栖息环境,防止对其物理环境条件的改变,维护生物环境的相对稳定。

实行渤海渔业放流制度,强化渤海渔业资源的增殖。

防止外来物种入侵。外来有害生物入侵是当今世界除环境污染之外的第二大问题,对世界构成了巨大威胁,受到了国际社会的广泛关注。环渤海地区的生态系统也受到了外来物种入侵的破坏。以黄河三角洲为例,有关部门从2000年到2005年,对黄河三角洲植物有害生物疫情进行了普查,初步确定黄河三角洲外来入侵有害生物70种,其中外来入侵有害动物15种、有害病原微生物7种、有害植物 48 种。❶ 具体而言,黄河三角洲外来入侵有害动物占我国外来入侵动物 78 种的 19.23%,其中美国白蛾、蔗扁蛾为我国首批公布的外来入侵种,且占比达 28.57%。美国白蛾、稻水象甲为我国二类进境植物检疫性有害生物,苹果绵蚜、美洲斑潜蝇为全国植物检疫性有害生物。在 15 种外来入侵有害动物中,同翅目昆虫 4 种、鳞翅目 3 种、鞘翅目 3 种,分别占黄河三角洲外来入侵有害动物总种数的 25%、18.75% 和 18.75%;其他有害动物 5 种,占 33.3%。❷ 外来入侵有害病原微生物有 7 种,约占我国已知主要外来入侵病原微生物 19 种的 36.84%。❸ 外来入侵有害植物约占我国外来入侵有害植物 188 种的 25.53%。2003 年 3 月我国公布的首批 16 种外来入侵植物物种名单中,黄河三角洲入侵有害植物 4 种,分别为假高粱、空心莲子草、大米草、豚草,占首批外侵植物物种的 25%。❹ 下面就以黄河三角洲外来物种米草为例,说明该地区外来物种的扩张速度和规模。

寿光、无棣、东营于 1985 年、1987 年、1990 年先后引进大米草和互花米草,主要在沿海滩涂栽植,分布于套儿河口、小清河口、东营五号桩沿海。引进时仅栽种了 1 900 平米,但近年来发展速度惊人,到 2007 年底,已发展到 614.59 公顷,草籽漂流面积在 6 600 公顷以上。❺ 2009 年的监测表明,此地区的大米草共有 9 片及一些零星分布的植株,总面积 0.23 公顷;小清河口两侧大米草于 1985 年种植,面积约 500—600 平方米,现在小清河口两侧大米草共 9 大片,其中北岸 4 大片,南岸 5 大片,总面积 42.77 平方公顷。东营市仙河镇五号桩滩涂互花米草和大米草于 1990 年引进,栽种面积约 1 200—1 300 平方米,现在互花米草和大米草大面积成片分布,共 2 片,总面积 571.59 公顷。❻ 黄河三角洲米草被引

---

❶ 刘庆年、刘俊展、刘京涛、孟向东:《黄河三角洲外来物种入侵有害生物的初步研究》,载《山东农业大学学报》(自然科学版)2006 年第 4 期。

❷ 刘庆年、刘俊展、刘京涛、孟向东:《黄河三角洲外来物种入侵有害生物的初步研究》,载《山东农业大学学报》(自然科学版)2006 年第 4 期。

❸ 刘庆年、刘俊展、刘京涛、孟向东:《黄河三角洲外来物种入侵有害生物的初步研究》,载《山东农业大学学报》(自然科学版)2006 年第 4 期。

❹ 刘庆年、刘俊展、刘京涛、孟向东:《黄河三角洲外来物种入侵有害生物的初步研究》,载《山东农业大学学报》(自然科学版)2006 年第 4 期。

❺ 田家怡、吕学军、闫永利等著:《黄河三角洲生态环境灾害与减灾对策》,化学工业出版社 2008 年版,第 186 页。

❻ 于祥、田家怡、李建庆、孙景宽:《黄河三角洲外来入侵物种米草的分布面积与扩展速度》,载《海洋环境科学》2009 年第 6 期。

种以来,在防治海岸侵蚀、防浪护堤等方面发挥了一定作用,但在沿海尤其是东营市河口区仙河镇五号桩和小清河口已成灾。其危害表现为:(1)竞争取代土著植物,导致土著植物种群分布面积减少和数量明显降低。(2)影响无脊椎动物群落。调查表明,米草底泥中无脊椎动物的种类明显少于临近的光滩地。(3)影响鸟类生存。米草占领光滩,形成密集的单一米草群落,使涉禽栖息和觅食的生态环境丧失,导致涉禽种群数量明显减少。米草分布区鸟类与芦苇区对照减少了75%。此外米草的危害还表现在对海水养殖业、对航道的影响等方面。❶

表4-2　黄河三角洲地区米草扩展速度

区域	米草种类	引种年份	引种面积/ m²	发展面积/ m²	扩展倍数	年扩展倍数
无棣套儿河口	大米草	1987	5—6	2300	383—460	0.35—0.36
东营五号桩	互花米草	1990	1 200—1 300	5 715 857	4 397—4 763	0.52—0.53
小清河口	大米草	1985	500—600	427 713	713—855	0.39—0.40

该表表明,棣套儿河口大米草面积每年扩大0.35—0.36倍,小清河口每年扩大0.39—0.40倍,而东营市仙河镇五号桩米草(以互花米草为主)的扩展速度更快,每年平均扩大0.52—0.53倍。这已经对生态系统造成不良影响。❷

三、建立海洋保护区,保护渤海典型生态系统

为了保护渤海生态环境,截至2007年国家和沿海地方政府建立了各类海洋保护区共计32个,其中国家级11个,地方级22个。从保护区的目的来划分,其中,海洋和海岸生态系统保护区20个,海洋自然历史遗迹保护区5个,海洋生物多样性保护区7个,另有一个为新建保护区。保护区总面积为19 218.60平方千米。❸ 截至2009年,国家级海洋保护区已经达到16个,总面积131.29公顷。

---

❶ 田家怡、吕学军、闫永利等著:《黄河三角洲生态环境灾害与减灾对策》,化学工业出版社2008年版,第186页。

❷ 于祥、田家怡、李建庆、孙景宽:《黄河三角洲外来入侵物种米草的分布面积与扩展速度》,载《海洋环境科学》2009年第6期。

❸ 国家海洋局:《中国海洋统计年鉴(2008)》,海洋出版社2009年版,第174页。

渤海各国家级海洋保护区列表如下:

表4-3 环渤海国家级海洋保护区概况

保护区名称	所在地	面积(公顷)	建立时间	主要保护对象
蛇岛—老铁山自然保护区	辽宁省	17 000	1980	蝮蛇、候鸟及其生态环境
天津古海岸与湿地国家级自然保护区	天津市	97 588	1984	贝壳堤、牡蛎滩古海岸遗迹及湿地生态系统
长岛国家级自然保护区	山东省	5 300	1988	鹰、隼等猛禽及候鸟栖息地
双台河口水禽自然保护区	辽宁省	80 000	1988	丹顶鹤、黑嘴鸥、白鹤等珍禽
昌黎黄金海岸自然保护区	河北省	30 000	1990	海域自然景观及其邻近生态环境和生物资源
黄河三角洲自然保护区	山东省	153 000	1992	原生性湿地生态系统及珍禽
大连斑海豹自然保护区	辽宁省	672 275	1997	斑海豹及其生存环境
滨州贝壳堤岛与湿地系统自然保护区	山东省	80 480	2006	贝壳堤岛、湿地生态系统
山东昌邑海洋生态特别保护区	山东省	2 929	2007	以柽柳为主的滨海湿地生态系统和多种海洋生物
山东东营黄河口生态海洋特别保护区	山东省	92 600	2008	黄河口生态系统及生物物种多样性
山东东营利津底栖鱼类生态海洋特别保护区	山东省	9 400	2008	半滑舌鳎及近岸海洋生态系统
山东东营黄河口浅海贝类生态海洋特别保护区	山东省	39 000	2008	黄河口文蛤、浅海贝类及其物种多样性
山东东营莱州湾蛏类生态海洋特别保护区	山东省	21 024	2009	小刀蛏、大竹蛏、缢蛏等蛏类资源及其栖息环境
山东东营广饶沙蚕类生态海洋特别保护区	山东省	6 460	2009	沙蚕等底栖生物的种质资源及其栖息环境
山东龙口黄水河口海洋生态特别保护区	山东省	2 556	2009	河口浅滩自然地貌及底栖生物多样性
辽宁锦州大笔架山海洋特别保护区	辽宁省	3 240	2009	海岛生态系统、天然连岛砾石堤、海岛历史遗迹与景观

　　今后需要进一步加强环渤海海洋保护区建设,其中至少应当包括两个层面:一是在设立国家级海洋保护区的同时,加大地方海洋保护区的建设;二是在海洋保护区中,除了建立海洋自然保护区外,还应强化海洋特别保护区建设,以适应和协调渤海开发利用的需要和渤海生态保护的要求。

中篇　渤海保护的空间范围

第五章 基于渤海海域的渤海保护

对渤海海域进行保护是渤海保护最为基础的部分。一般意义上讲,海域指的是内水、领海的水面、水体、海床和底土。从地理范围看,渤海海域指的是北纬37°07′—41°0′、东经117°35′—122°15′的海域。随着我国海洋经济的发展,渤海的开发利用强度也不断加大,并对渤海造成最为直接的影响,产生诸多问题。为解决这些问题而采取措施对渤海海域进行保护是我们的最终目的。

第一节 渤海海域开发利用概况

渤海自古就有"鱼虾之利、舟船之便"的说法,对渤海的开发经历了漫长的历史演进过程。尤其是随着我国海洋经济的发展,对渤海的开发利用进入了全面发展时期。目前,渤海海域的开发利用主要体现为海洋渔业、海洋交通运输业、海盐业、海洋油气业等。其中,前三项为渤海传统海洋产业,而海洋油气业则是渤海快速发展的产业,此外滨海旅游业等产业以及海水综合利用等新兴产业也发展迅速。

一、海洋渔业

渤海地处暖温带,水质肥沃,浮游生物繁盛,十分有利于海洋生物的繁衍、生息,因而渤海历来是多种经济鱼虾类的产卵场和肥育场,素有"黄渤海鱼类的摇篮"和"百鱼之乡"的美誉,是我国重要的渔业基地。再加上渤海是内海,封闭性强,便于控制,更决定了渤海在我国海洋渔业中的特殊地位。❶ 新中国成立以

---

❶ 郝艳萍等:《渤海渔业资源可持续利用对策探讨》,载《海洋科学》2001 年第 25 卷第 1 期。

来,尤其是改革开放以来,环渤海地区海洋渔业发展迅速,已经由单一的近海捕捞业发展成为远洋捕捞、海水养殖业、海水增殖业和水产品加工等新兴渔业的综合性海洋产业。❶ 2004 年环渤海地区共有渔业劳动力 80 多万人,分布在全区 168 个乡镇。❷

海洋渔业的发展受到渤海渔业资源退化的影响,需要对产业进行结构调整和综合平衡。首先,从海洋捕捞业看,自 20 世纪 60 年代中期以后,由于忽视渔业资源特点,盲目追求高产,大量发展拖网和定置张网,对渔业资源造成严重损害,加上渔船性能不断改进,捕捞效率大大提高,捕捞能力的增长迅速超过了渔业资源的再生能力。据专家估计,渤海渔业资源的可捕量约在 30 万吨,而早在 70 年代渤海的年捕捞量就已超过了 30 万吨,到 1996 年渤海的年捕捞量已高达 120 万吨,远远超过了可捕量。如此高强度的捕捞对渤海渔业资源的破坏不言而喻。❸ 2006 年,环渤海地区专业捕捞人口达到 67. 95 万,人均捕捞产量为 4. 30 万千克。环渤海地区机动渔船总功率为 218. 48 万千瓦,每千瓦平均产量为 1. 34 万千克,比 2000 年增长了 1. 16 万千克。1980 2000 年环渤海地区海洋捕捞产量占全国的比重一直保持在 30% 左右,1998 年曾一度达到 35. 8% 。1980—2006 年间年平均增长率为 4. 98% 。2007 年,渤海区海洋捕捞产量 390 万吨,占全国海洋捕捞产量的 31. 3 % 。❹ 海洋捕捞产量保持稳定增长,但是质量不断下降。1998 年的调查表明,渤海渔业资源生物量仅为 1992 年的 11% 。❺ 多年来,小黄鱼、带鱼已形不成渔汛,鲳鱼和鲅鱼也岌岌可危。对虾是渤海的一大特产,20 世纪 70 年代年产量约 2 万吨,最高年份 3. 4 万吨,近几年产量降至千余吨。❻ 近几年来由于增殖放流、❼建设人工鱼礁等措施,有些渔业品种的数量已经得到恢复。主要经济水产品种类和数量均比 2010 年前三年增长了近

❶ 何广顺等:《基于区域经济发展的渤海环境立法研究》,海洋出版社 2009 年版,第 58 ~ 59 页。
❷ 数据参见国家海洋局:《21 世纪初中国涉海就业情况调查报告》,2004 年 6 月。
❸ 郝艳萍等:《渤海渔业资源可持续利用对策探讨》,载《海洋科学》2001 年第 1 期。
❹ 何广顺等:《基于区域经济发展的渤海环境立法研究》,海洋出版社 2009 年版,第 58 ~ 59 页。
❺ 何广顺等:《基于区域经济发展的渤海环境立法研究》,海洋出版社 2009 年版,第 58 ~ 59 页。
❻ 牛玉山:《关于综合治理渤海修复渔业资源的探讨》,载《现代渔业信息》2006 年第 1 期。
❼ 2010 年以来,黄渤海区渔政局在山东省烟台海域实施了一系列增殖放流活动。截至目前,在这一海域放流的鱼蟹苗已经超过 1 000 万条。引自:《黄渤海区渔政局增殖放流鱼蟹苗超千万条》,腾讯转新华社网站:http://finance.qq.com/a/20100712/006063.htm,2010 年 10 月访问。

40%,多年未在渤海湾出没的小黄鱼、中国对虾等现在重新出现。❶ 其次,从海洋养殖业看,渤海的水产增养殖条件和基础较好,有着辽阔的滩涂和浅海水域,为海水养殖提供了广阔的空间。海水养殖业自20世纪80年代以来发展迅速。根据资料统计,1980—2006年环渤海地区海水养殖面积年均增长率为12.11%,增长趋势平稳。随着养殖面积的增长,养殖量也同时增长,但是增幅较低,2000—2006年海水养殖产量年均增长5.5%,海水养殖业单位面积产量明显降低。❷ 因此如何保持渤海海洋渔业的可持续发展是今后要解决的关键问题。

表 5-1　沿海地区海洋捕捞养殖产量(2007 年)❸　　　　(单位:吨)

地区	海洋捕捞产量	远洋捕捞产量	海水养殖产量
天津	30 185	11 738	14 215
河北	253 195	1 509	271 108
辽宁	1 166 194	141 786	1 855 365
山东	2 225 446	86 558	3 535 277

二、海洋交通运输业

　　环渤海地区人口密集、经济发达,利用海洋开展客货运输是该地区的一大优势,也是一大特点。经过长期的发展建设,渤海区域港口基础设施不断完善,通货能力和货物吞吐量持续快速增长,海洋运输业迅速发展,沿岸已经形成了一个繁荣的港口群。❹ 沿海港口群由辽宁沿海、津晋沿海和山东沿海三大港口群组成,主要港口有14个:即丹东、大连、营口、锦州、秦皇岛、黄骅、京唐、天津、龙口、蓬莱、烟台、威海、青岛和日照,码头总长度超过10万米,占全国海港总长度的三分之一;泊位总数574个,占全国的约五分之一,弯度级泊位数304个,占全国的

---

❶ 2009 年天津共向渤海湾增殖放流水生生物苗种达 6.4 亿尾,其中,放流中国对虾 6.3 亿尾、三疣梭子蟹 996 万只、半滑舌鳎 46.7 万尾、梭鱼 620 万尾、牙鲆 10 万尾、鲈鱼 10 万尾。通过大量人工增殖放流,渤海渔业生态资源明显好转,今年形成了多年未见的虾汛,已多年未在渤海湾出没的小黄鱼、中国对虾等重新出现。自 9 月 1 日开捕以来,渔民最多的一网可捕到 1400 公斤中国对虾。市水产部门的监测调查也表明,对虾资源量分布较均匀,捕捞期长,网产均高于往年。引自:《渤海生态资源三年增长四成》,载《今晚报》2009 年 10 月 30 日。
❷ 何广顺等:《基于区域经济发展的渤海环境立法研究》,海洋出版社 2009 年版,第 60 页。
❸ 国家海洋局:《中国海洋统计年鉴(2008)》,海洋出版社 2009 年版,第 64 页。
❹ 刘涛:《环渤海地区海陆客货滚装无缝运输系统研究》,大连海事大学 2008 年博士论文,第 1 页。

五分之二。由此可见环渤海地区的海洋交通优势很大。❶ 环渤海地区现在宜建和已建港口 90 多处,这些港口大多是不冻、不淤、风浪较小的天然良港,拥有优越的自然地理条件。港口密度是我国四大海区中最高的区域。吞吐量超过百万吨的港口平均 552 千米一个,吞吐量大于 1 000 万吨的港口平均 920 千米一个。其中年吞吐量在 500 万吨以上的港口有秦皇岛、大连、天津、营口,这四大港口是北方内外贸易的主要口岸和出海通道。❷

2007 年,环渤海地区海洋货物吞吐量为 17 亿吨,占全国海洋货物吞吐量的 42%;国际标准集装箱总运量为 1 165 万国际标准集装箱,占全国海洋国际标准集装箱总运量的 11%。目前环渤海地区的沿海港口已经初步形成了层次清晰、功能明确的港口布局,建设步伐明显加快。投资主体多元化的局面渐渐形成,建设和经营步入市场化阶段,港口出现规模化、集约化、现代化的发展趋势。❸

三、海盐业

海盐业是中国三大传统海洋产业之一,在国民经济中占有重要地位。环渤海地区是中国盐业的主要生产基地。2007 年环渤海地区盐田面积 35 万公顷,占全国盐田总面积的 80% 以上;全区海盐总产量为 2 939.6 万吨,占全国海盐总产量的 92.5%。❹

渤海丰富的盐业资源为盐化工发展提供了丰富的资源。近年来,产业部门依靠科技进步,改革了工艺流程,调整了产品结构,提高了经济效益。2007 年全区海洋化工业产品产量为 1 279 万吨,占全国总产量的 65%;2000 年氯化钾年均产量2.9 万吨,占全国总产量的 82%;氯化镁年均产量29.6 万吨,占全国总产量的 83%;溴素年均产量5.5 万多吨,全占国的 99%;无水芒硝年均产量 1 万多吨,占全国的 100%。

---

❶ 刘容子,吴姗姗著:《环渤海地区海洋资源对经济发展的承载力研究》,科学出版社 2009 年版,第 24 页。

❷ 何广顺等著:《基于区域经济发展的渤海环境立法研究》,海洋出版社 2009 年版,第 61 页。

❸ 刘容子、吴姗姗著:《环渤海地区海洋资源对经济发展的承载力研究》,科学出版社 2009 年版,第 32 页。

❹ 何广顺等著:《基于区域经济发展的渤海环境立法研究》,海洋出版社 2009 年版,第 60 页。

表5-2 环渤海三省一市海盐产量(2007年)❶ （单位:万吨）

地区	2005	2006	2007
天津	230.6	236.1	237.03
河北	461.92	395.04	411.4
辽宁	212.13	226.7*	220.26
山东	1 610.04	1 950.96*	2 070.91*

注:*为中国盐业总公司数据。

表5-3 环渤海三省一市海洋化工产品产量❷ （单位:吨）

地区	产品产量*		
	2005	2006	2007
天津	1 659 203	1 864 755	2 245 533
河北	244 082	1 759 694	1 869 238
辽宁	1 267 300	1 560 400**	327 765
山东	1 182 462	6 114 414	8 351 696

注:*数据为沿海地区部分海洋化工企业产品汇总数据;**为中国盐业总公司数据。

四、海洋油气业

海洋油气业是新兴的海洋产业,渤海油田是我国最早的海上油田,已有30多年的开发历史。海陆油气田包括胜利、辽宁、大港,华北和渤海海上油田业已连成一片,油气资源十分丰富。渤海海上石油是我国海洋石油开发的先驱,在全国六大海洋油气沉积盆地中,物探工作开展最早,钻井数目最多,已建成的固定生产平台占全国同类平台总数的90%以上。其中,埋北油田是我国第一个按国际标准建造的海上石油生产基地,产量一直居全国海洋石油产量之首。2009年8月中国海洋石油有限公司宣布,在中国渤海海域钻获一新的油气发现。中海油2009年在渤海海域已经成功获得渤中2—1、秦皇岛29—2和锦州20—2等一系列新发现。截至2008年12月,渤海共有海上油气田20个,180座平台,1300多个油井。❸ 目前从事渤海石油勘探与开发的中外企业就有10家之多,石油产

---

❶ 国家海洋局:《中国海洋统计年鉴(2008)》,海洋出版社2009年版,第68页。

❷ 国家海洋局:《中国海洋统计年鉴(2008)》,海洋出版社2009年版,第69页。

❸ 马绍赛:"中国财经报道"(中央电视台节目)视频,2009年6月6日。

量早已突破千万吨大关。2007 年,环渤海地区海洋原油产量为 1 898 万吨,占整个沿海地区海洋原油产量的 59.7%,天然气产量为 18.8 亿立方米,占整个沿海地区海洋天然气产量的 22.9%。❶

表5-4　环渤海三省一市海洋原油产量❷　　　　　（单位:万吨）

地区	2005	2006	2007
天津	1 311.29	1 479.16	1 484.53
河北	126.03	155.79	164.32
辽宁	18.99	19.03	23.17
山东	212	216	226.09

表5-5　环渤海三省一市海洋天然气产量❸　　　　（单位:万立方米）

地区	2005	2006	2007
天津	81 869	104 958	160 686
河北			3 678
辽宁	8 200	8 561	8 231
山东	16 353	13 850	15 563

第二节　渤海海域开发利用对渤海的影响

渤海海域的开发利用顾名思义是依托渤海海域而开展的一系列经济活动,其对渤海的影响最为直接。换言之,渤海海域的开发利用在带动区域经济发展的同时,也不可避免地会对渤海产生影响。随着渤海海域开发利用强度的提高以及相关海洋产业的全面展开,渤海所受到的影响也日渐突出。海洋海域的开发利用对渤海的影响具有以下特点:

❶ 何广顺等:《基于区域经济发展的渤海环境立法研究》,海洋出版社 2009 年版,第 60 页。
❷ 国家海洋局:《中国海洋统计年鉴(2008)》,海洋出版社 2009 年版,第 64 页。
❸ 国家海洋局:《中国海洋统计年鉴(2008)》,海洋出版社 2009 年版,第 64 页。

一、渤海海域开发利用的影响规模和范围不断扩大

首先,从用海规模上看,2008 年,环渤海的各类开发新增用海总面积为 103 258 公顷(包括大连市和烟台市的黄海部分),其中渔业用海 94 756 公顷,交通运输用海 3 728 公顷,工矿用海 1 014 公顷,旅游娱乐用海 300 公顷,海底工程用海 564 公顷,围海造地用海 2 196 公顷,特殊用海 700 公顷。自 2002 年《海域使用管理法》实施以来,截至 2008 年末,环渤海三省一市海洋开发用海总面积为 753 671 公顷,其中,渔业用海 652 642 公顷,交通运输用海 41 583 公顷,工矿用海 25 225 公顷,旅游娱乐用海 3 022 公顷,海底工程用海 1 385 公顷,排污倾倒用海 622 公顷,围海造地用海 17 493 公顷,特殊用海 11 229 公顷,其他用海 460 公顷。❶ 从 2002—2008 年环渤海三省一市确权用海面积统计中我们可以看到,用海面积最大的就是渔业养殖用海,其次为交通运输用海,工矿用海和围海造地用海的面积也比较大。从用海方式对渤海的影响程度看,围海造地用海的影响最大,因为其意在从根本上改变海域的性质,不仅改变了渤海的形态,也使得渤海海域面积逐渐减少。

表 5-6　2002—2008 年环渤海三省一市确权用海面积统计表❷

(单位:公顷)

用海类型	辽宁	河北	天津	山东	国管项目	合计
渔业用海	347 350	37 940	1 792	265 560	0	652 642
交通运输用海	12 210	3 160	16 128	5 030	5 055	41 583
工矿用海	16 500	420	163	5 250	2 892	25 225
旅游娱乐用海	1 470	750	82	720	0	3 022
海底工程用海	120	0	0	860	405	1 385
排污倾倒用海	110	110	112	290	0	622
围海造地用海	7 610	1 270	670	4 380	3 563	17 493
特殊用海	60	0	519	3 600	7 050	11 229
其他用海	350	0	0	110	0	460
合计	385 780	43 660	19 466	285 800	18 965	753 671

❶ 国家海洋局:《2008 年海域使用公报》,第三章。http://www.soa.gov.cn/soa/hygb/hygb/webinfo/2009/02/1271382649163481.htm,2010 年 10 月访问。
❷ 国家海洋局:《2008 海域使用公报》,第三章。http://www.soa.gov.cn/soa/hygb/hygb/webinfo/2009/02/1271382649163481.htm,2010 年 10 月访问。

其次,从对海洋的影响范围看,海洋经济的发展不仅是传统的对海水本身、海洋生物资源以及海洋空间资源的利用,还包括对海底床矿产资源的开采、海底电缆工程以及海洋能源的利用等多种方式,海洋所受的影响也相应地呈立体型展开,不仅是海洋表面,也包括海洋水体直至底土。

第三,从对海洋的影响程度看,随着海洋经济的发展,人类对渤海的影响程度也逐渐加深,突出表现为海洋渔业,包括捕捞业和养殖业的发展,由于捕捞和养殖强度提高,造成海洋生物资源减少,并对海洋生物多样性以及海洋生态环境带来重要影响。

二、渤海海域开发利用对渤海影响的多样性

如前所述,渤海面临的主要问题包括污染、资源开发利用中的问题、自然形态的改变以及海洋生态等问题,而海洋经济的发展对上述这些问题的产生和严重化都具有重要影响。

首先,从渤海的污染情况看,海洋经济的发展是渤海污染的重要来源。仅以海上污染看,就包括渤海养殖业的污染、渤海运输过程的污染、渤海海洋工程建设过程中的污染,例如海岸工程、海洋油气田的开采以及海底电缆铺设等。

其次,渤海资源开发利用过程中的问题更是直接与海洋经济的发展有关。渤海渔业的长期超负荷发展是造成渤海渔业资源衰退的重要因素,而各种海洋经济的无序开发正是导致资源破坏、利用效率低等的重要因素。

再次,海洋经济的开发,尤其是填海造陆直接改变了渤海的自然形态和生态环境。沿海地区围填海缓解了土地资源短缺,为地区经济发展创造了有利条件,但与此同时,对海洋资源和生态环境也产生了一系列深远影响。从 2005 年以来,我国每年围填海面积都在 100 平方千米以上。截至 2009 年底,我国围填海确权面积 570 平方千米❶。尽管国家发改委和国家海洋局于 2009 年 12 月联合下发了《关于加强围填海规划计划管理的通知》,要求沿海地区加强围填海管理,强化海洋生态环境保护,并于 2010 年起,要求将全国围填海计划纳入国民经济和年度计划体系,但作为一种改变海域属性的用海方式,围填海将不可避免地造成海洋资源和环境的损害。

---

❶ 《沿海诸省争蓝记:海洋开发与区域竞争迅速升温》,http://www.sina.com.cn,2011 年 5 月 9 日访问。

三、渤海海域开发利用对渤海影响的整体性与互动性

渤海经济对渤海影响的整体性是基于对渤海各种问题的密切相关性和相互影响性而做出的认识和判断。首先,渤海的污染会影响到生物资源、海水资源等的利用,而渤海资源的开发也会造成污染问题;其次,渤海自然形态具有较高的美学价值,是滨海旅游的重要资源,而对于自然形态的改变自然会影响到滨海旅游,同时也可能会破坏海盐业等相关产业的条件;再次,渤海的污染问题会影响到渤海生态环境,导致生物多样性的减少,并直接影响到渤海渔业资源的可持续利用。因此,渤海经济对渤海的影响需要系统地从整体上进行分析和把握。

第三节　基于渤海海域保护的任务、途径和措施

渤海海域保护是渤海保护的最为基础部分。由于渤海海洋经济对渤海海域的影响是全方位的,因此基于渤海海域的保护也应当是全方面的。鉴于前述几章已经就具体事务问题进行了分析,本章主要是从空间的角度对渤海保护进行探讨。

一、渤海海域保护的主要任务

渤海海域是渤海海洋经济发展的客观物质基础,对于渤海海域的保护不能从绝对意义上理解,而应理解为是在开发利用的基础上进行的保护,其目的在于维持渤海海洋的持续开发利用,促进渤海海洋经济的健康发展。从这样的目的出发,渤海海域保护的主要任务可归纳为以下几点:

(一)保护海洋经济所赖以生存的海水水质,使其符合我国的各项标准。随着经济社会的发展和环境保护事业的发展,我国的环境质量肯定会不断提高,各种标准的要求也会不断提高。❶

1. 目前我国的海水水质标准是 1997 年的《海水水质标准》(GB 3097—1997)。根据其规定,海水水质应当达到以下水平:港口水域水质不低于四类的海水水质标准,养殖区、增殖区水质不低于二类的海水水质标准,捕捞区水质应达到一类海水水质标准,度假旅游区(包括海水浴场、海上娱乐区)水质不低于

---

❶　可以从西方发达国家的环境变化过程中得到些启示。

二类的海水水质标准,海滨风景旅游区水质不低于三类的海水水质标准。特殊工业用水区水质执行不低于二类的海水水质标准,一般工业用水区水质不低于三类的海水水质标准。❶❷

2. 渤海内经划定的渔业水域,即鱼、虾类的产卵场、索饵场、越冬场、洄游通道和水产增养殖区的水质应当符合《渔业水质标准》(GB11607—89)的要求。根据标准规定,任何企、事业单位和个体经营者排放的工业废水、生活污水和有害废弃物,必须采取有效措施,保证最近渔业水域的水质符合本标准。未经处理的工业废水、生活污水和有害废弃物严禁直接排入鱼、虾类的产卵场、索饵场、越冬场和鱼、虾、贝、藻类的养殖场及珍贵水生动物保护区。严禁向渔业水域排放含病源体的污水,如需排放此类污水,必须经过处理和严格消毒。

3. 渤海内的海洋生物质量应当符合《海洋生物质量》(GB18421— 2001)的规定。海洋渔业水域、海水养殖区、海洋自然保护区、与人类食用直接有关的工业用水区的海洋生物质量应当符合第一类,一般工业用水区和滨海风景旅游区应当符合第二类,港口水域和海洋开发作业区应当符合第三类。

4. 渤海内的沉积物质量应当符合《海洋沉积物质量》(GB18668— 2002)的规定。

海洋渔业水域:海洋自然保护区、珍稀与濒危生物自然保护区、海水养殖区以及海水浴场、人体直接接触沉积物的海上运动或娱乐区、与人类食用直接有关的工业用水区应当符合第一类;一般工业用水区和滨海风景旅游区应当符合第二类;海洋港口水域:特殊用途的海洋开发作业区应当符合第三类。

(二)促进渤海海洋资源的合理和可持续利用。渔业、港口、石油、旅游和海盐是渤海的五大优势资源。在渤海近岸海域中,除了已划定的国家、省市地方的海洋自然保护区外,几乎所有的近岸海域均被利用,沿岸各大中型港口使海上交通要道纵横交错,覆盖了多数水面。这种重叠、交叉、拥挤状况,导致渤海资源环境开发利用出现严重问题。因此,需要规范渤海海洋资源开发利用的秩序,促进资源的合理利用和可持续利用。

---

❶ 参见 2002 年《全国海洋功能区划》。

❷ 受水质环境污染等因素影响,2008 年渤海不同海洋功能区环境质量达标率相差较大。以滨海旅游度假区海水环境质量达标率最高,平均达 78%;捕捞区次之,海水环境质量达标率平均为 69%;自然保护区海水环境质量达标率最低,仅为 14%。资料来源:《2008 年渤海海洋环境公报》。

二、渤海海域保护的基本途径

（一）控制海洋经济对渤海的污染

渤海海域面临的最大的威胁就是海洋环境污染。其中来自海上的污染占总污染量的20%左右。

（1）船舶污染防治：随着环渤海经济的快速发展及港口建设的加快，船舶流量将进一步加大，同时伴随石油运量迅猛增加，船舶发生事故性溢油的风险进一步加大。1973—2003年，溢油量为50—499吨，等级事故次数占事故总数的82%，近十年平均每年发生3次。一旦发生燃油舱破损事故，燃油溢出对海洋生态环境的影响将是灾难性的。❶ 为了防治船舶污染渤海海域，应当做到全海域船舶及港口含油污水接收处理率达到100%；含有毒有害物质的洗舱水、压载水、码头清洗污水实现全部接收处理；主要客运港口具备生活污水接收处理能力；大型散货作业区应急池拥有率达到100%。主要港口和地区性重要港口污水、船舶污水、船舶垃圾及其他特征污染物的接收处理率达到100%；主要港口的污水处理达到一级B标准。❷ 应当建成覆盖渤海所有港口的船舶污染物跟踪监控系统，具备功能完善的卫星、航空和岸基雷达等溢油监视手段。建设完备的船舶溢油应急系统，一旦发生溢油事故，立即启动应急系统，做到及时清除油污。

（2）海洋倾废污染：渤海开辟了若干个处置无害自然物质的倾废区。"十五"期间，渤海海域所使用的海洋倾倒区共有17个，截至2008年12月，渤海共接受疏浚物倾倒量约33 547.7万立方米。❸ 近年渤海海洋倾倒物主要是建港疏浚物和港池、航道维护性疏浚物及少量骨灰。疏浚倾倒物中主要污染物是重金属砷、铬、有机碳、铅、石油类，其污染物含量基本满足《疏浚物海洋倾倒分类标准和评价程序》，属于清洁疏浚物。渤海海区内海洋倾倒区使用至今，未发现明显的环境污染及海损事件发生，只是倾倒区的水深和生物群落略微发生了变化。❹ 所以有关倾废方面的任务应当是：制定海洋倾倒区规划并组织实施，优化海洋倾倒区分布，加强倾倒区的监测和监视，确保倾倒废弃物对海洋环境的影响

❶　渤海环境保护总体规划编制组：《渤海环境保护总体规划（2008—2020年）》，第二章第四节。

❷　措施根据：《海洋环境保护法》、《防治船舶污染海域管理条例》和《渤海环境保护总体规划（2008—2020）》。

❸　参见国家海洋局北海分局：《2008年渤海海洋环境公报》，第五章。

❹　参见国家海洋局北海分局：《2008年渤海海洋环境公报》，第五章。

符合国家标准。

（3）防治海洋工程污染：渤海内的海洋工程包括围填海、海上堤坝工程；人工岛、海上和海底物资储藏设施、跨海桥梁；海底管道、海底电（光）缆工程；海洋矿产资源勘探开发及其附属工程；海洋能源开发利用工程；大型海水养殖场、人工鱼礁工程；盐田、海水淡化等海水综合利用工程；海上娱乐及运动、景观开发工程等。这些工程中使用的汞、砷、镉、铅和石油类等物质也会对海洋造成严重污染。其中大型的海水养殖场和海洋石油勘探开发对海洋的污染应当引起我们足够的重视。养殖过程中，人工合成饵料的投入，残饵的分解，养殖生物排泄物的产生等，都使养殖水富含各种营养物质。当富含有机与无机营养物质的对虾养殖水大量排放到近岸水域后，造成了这些水域营养物质的增高和溶解氧的降低，引起了该区域的水质污染，导致富营养化。养殖水的大量排放是养殖区邻近海域赤潮大面积发生的一个不可忽略的重要因素。同时养殖业的污染也会对养殖业的可持续发展造成严重的影响。渤海的海上石油勘探、开采、运行过程中尽管采取了一些环保措施，但是仍在不同程度上会产生一些泄漏。❶

（二）恢复海洋生物资源和生态环境

1. 对围海造地进行严格管理。围海造地是渤海生态破坏的一大原因之一。在21世纪以前，为了建设盐池和进行滩涂养殖，已经围垦了大约2500平方千米。❷ 进入21世纪以后，渤海兴起了以建设工业开发区、滨海旅游区、新城镇和大型基础设施为目的的围填海造地热潮，包括河北省的曹妃甸、天津市塘沽区工业园、河北省大清河盐田扩建工程、天津北大防波堤建设、辽宁省的"五点一线"沿海经济带建设工程等将围海造地上千平方千米。大面积围海填海并非简单地减少海面面积，而是带来了很多无法预料的后果：曲折的海岸线被简单地填成直线，那些能净化海水和养育贝类生物的滩涂湿地被石块制的人工堤岸所取代。围海造地还严重毁坏了海洋生物的栖息地，造成海洋生物的生存空间被挤占，洄游通道被切断，产卵场被破坏，生存条件日趋恶化。近20年来，我国渤海珍稀濒危物种不断增加，濒危程度逐渐加剧。原盛产于渤海的真鲷、带鱼、梭子蟹、中国对虾、大黄鱼等特色经济渔业资源几近衰竭。渤海如今已经没有一种鱼类贝类

---

❶　马绍赛：《拯救渤海》，2009年6月6日中央电视台第二频道"中国财经报道"。
❷　马绍赛：《拯救渤海》，2009年6月6日中央电视台第二频道"中国财经报道"。

或者是螃蟹能够形成规模群体,相对于 20 世纪 80 年代初,渤海的物种至少少了 30 种以上,许多鱼类品种相继断档或者是濒临绝迹,有人甚至用"死海"来比喻现在的渤海。❶ 最易出问题的是在河流入海口的围海工程,这种工程往往会使得入海口变得狭窄,易造成海水倒灌、水灾内涝等多种灾害。荷兰曾经是一个热衷于围海造地的国家,荷兰人填出了 1/4 的国土面积,但是改变海岸线扩张国土的同时,海水污染、生物减少等生态问题也随之而来。这几年荷兰人正在填出来的土地上重造湿地滩涂,并把一部分土地归还大海。我国对于围填海活动也进行严格的管理。《海域使用管理法》规定,填海五十公顷以上的项目用海、围海一百公顷以上的项目用海、不改变海域自然属性用海七百公顷以上的项目用海、国家重大建设项目用海等需要国务院审批,其他项目应当由沿海省级人民政府来批准。我国是《湿地公约》的缔约国,"大连国家级斑海豹自然保护区"❷和辽宁双台河口湿地被列入国际重要湿地名录得到特别的保护。❸ 2009 年国家又出台了《建设项目填海规模指标管理暂行办法》,对 2009 年建设项目填海规模试行计划指标管理。国家发展改革委员会下发《关于加强围填海规划计划管理的通知》,正式建立围填海计划管理制度,该《通知》同时对区域建设用海和区域农业围垦用海规划管理、建设项目用海预审等制度做出了明确规定。

2. 控制捕捞强度。20 世纪 80 年代中期以来,我国海洋捕捞渔船增加经历了两个高峰期:第一次是 80 年代中后期。1985 年,党中央国务院下发了《关于放宽政策、加速发展水产业的通知》,决定取消水产品统购统销政策,放开水产品价格,中国渔业开始由计划经济向市场经济转轨,成为大农业中最早步入市场的先行者。集体承包责任制的推行,加上水产品价格放开带来的具有补偿性质的巨大经济效益,极大地调动了广大渔民的生产积极性和投资热情,渔区到处增船添网,捕捞能力迅速增加。捕捞强度剧增,使海洋渔业资源出现了明显的衰退,许多专家和有识之士普遍认识到捕捞渔船太多,捕捞强度太大,捕捞能力超过了渔业资源的再生能力,强烈呼吁国家采取切实有效的措施控制海洋捕捞渔

---

❶ 马绍赛:《拯救渤海》,2009 年 6 月 6 日中央电视台第二频道"中国财经报道"。

❷ "辽宁双台河口湿地"位于辽宁省辽东湾北部,面积 128 000 公顷,平均海拔 2 米,是中国高纬度地区面积最大的芦苇沼泽区,属于河口湿地。拥有大面积的碱蓬滩涂和浅海海域,是丹顶鹤、白鹤、黑嘴鸥、雁鸭类、鹭类以及多种雀形目鸟类的栖息地和繁殖地,也是全球斑海豹繁殖的最南限。

❸ "大连国家级斑海豹自然保护区"沿岸海底地势陡峭,坡度较大,均为基岩,水深多在 5～40 米,主要保护物种为斑海豹,被列入国家二级保护水生动物。

船的盲目增加,压缩捕捞强度,保护海洋渔业资源。在各种因素的综合促成下,控制捕捞渔船数、控制捕捞渔船功率数(当时称马力数)的"双控"制度应运而生。1987 年,经国务院批准,原农牧渔业部出台了《关于近海捕捞机动渔船控制指标的意见》,捕捞渔船数量有所减少。但到 1994 年下半年起,海洋捕捞生产经营状况全面好转,经济效益全面回升。受利益驱动,渔区掀起了第二次造船高峰,捕捞渔船数量又一次猛增,此轮捕捞强度增长一直持续到 1996 年。为了控制捕捞强度,经国务院同意,农业部又下发了《2003—2010 年海洋捕捞渔船控制制度实施意见》,全国的渔船数量减少了,在渤海捕捞的渔船数量也随之减少。除了减少船只以外,渤海的伏季休渔也对解决捕捞过度问题产生了一定的作用。此外对网具的限制、划定禁捕区、禁捕期等措施也起到一定的控制作用。

3. 海洋生物资源的养护。人工放流和建设海洋人工鱼礁是养护海洋渔业资源和重建海洋生态系统的重要措施。增殖放流见效快,每年五月底六月初放流,两三个月以后,渔民就可以捕捞了。人工放流在渤海区域已经有 20 多年的历史了,每年国家和地方政府都会为此投入大量的人力和财力。甚至有的渔民说,如果没有增殖放流,渤海可能已经无鱼可捕了。❶ 但是增殖放流也有一些问题需要解决:第一要解决好局部利益和整体利益之间的关系。❷ 第二个问题是放流的品种问题。如果放流外来的种类,有可能造成外来物种入侵,对资源造成更大的破坏。所以渤海近几年来放流的都是一些渤海原有品种,比如海蜇、对虾、牙鲆等。第三个问题是放流苗种的生态位和数量。渤海的生态系统有很多生态位,所以应当放流不同营养层次的品种,这样整个系统才能协调起来。❸ 建设海洋人工鱼礁和海洋牧场对于渔业资源的恢复和增长也有很大的作用。近几

---

❶ 王云中:《拯救渤海》,2009 年 6 月 6 日中央电视台第二频道"中国财经报道"。

❷ 黄渤海渔政局局长刘园林说:"对整个渤海的增殖,我自己的评价是局部好转,有些地方效果非常明显,但是各省都从自己的一些利益出发,每个地方放流的品种既然是地方自己的投入,那地方就会考虑到是不是能够得到回捕,能不能有更好的回报。所以各地放流的时候自然不会放那些游得很远的品种,都会选择在家门口放游泳能力不大的品种,这样地方的回捕就会最多。结果是对整个渤海全局的生物资源的状况影响不大。"引自:《拯救渤海》,2009 年 6 月 6 日中央电视台第二频道"中国财经报道"。

❸ 农业部渔业局局长李建华说:"2009 年,中央财政投入了一亿元来对渤海生物资源进行养护,在这一个亿里面一大部分用作资源的增殖放流。要把渤海的增殖放流作为 2009 年全国放流重点,资金、力量要相应地倾斜集中,要加强渤海增殖放流的规划,现在这项工作我们已经委托给黄渤海区渔政局。而关于渤海的增殖放流、资源养护的有关科研工作,由黄渤海水产研究所牵头组织环渤海三省一市的科研力量来做。农业部已经颁布了《增殖放流管理规定》,其中对苗种的采购和招标都做了规定。

年来不少养殖户和渔业公司都采购一种三角形的水泥构件,然后把它们投到海里,大量的海洋生物可以附着在它们之上或者在它们的庇护之下生长繁殖,这些人工渔礁能给藻类、贝类等众多的海洋生物创造一个良好的生态环境。建设海洋牧场则能产生较好的经济效益,2009 年渔业管理部门在渤海三省一市各建设 4 个海洋牧场示范区,扩大了海底植被的覆盖面积,建造了海底森林,同时这种海洋牧场也是治理污染、净化水质的非常重要的手段。❶

(三)进行海洋功能区划,协调海洋开发利用与保护的关系

海洋功能区划是指按照海洋功能区的标准,将海域划分为不同类型的功能区,是为海洋开发、保护与管理提供科学依据的基础性工作。通俗地讲,海洋功能区划就是依据海洋资源条件、环境状况和地理位置等自然属性,结合海洋开发利用现状和社会发展需要等社会属性,合理界定海洋资源利用的主导功能和使用范围。

我国的《海洋功能区划技术导则》将海洋功能区划分为港口航运区、渔业资源利用和养护区、矿产资源利用区、旅游区、海水资源利用区、海洋能利用区、工程用海区、海洋保护区、特殊利用区和保留区等 10 个一级类,以及进一步细分的 33 个二级类。2000 年的《全国海洋功能区划》确定了渤海以下重点海域的开发利用要点:(1)辽东半岛西部海域,包括辽宁省大连市老铁山角至营口市大清河口的毗邻海域,本海域以发展港口及海上交通运输业、渔业资源利用和养护为主。(2)辽河口邻近海域,包括辽宁省营口市大清河口至锦州市后三角山的毗邻海域。本海域以油气资源的开发与利用、渔业资源的利用、增殖与恢复以及盐业挖潜与技术改造为主。(3)辽西—冀东海域,包括辽宁省锦州市后三角山至河北省唐山市涧河口的毗邻海域。本区海域以港口运输、油气资源勘探开发和渔业资源利用的用海为主。(4)天津—黄骅海域,包括河北省涧河口至冀鲁交界的毗邻海域。本海域以港口建设、油气开发和渔业资源的用海为主。(5)莱州湾及黄河口毗邻海域,包括冀鲁交界至烟台市的龙口市的毗邻海域。本海域以油气勘探开发与养殖业的用海为主。(6)庙岛群岛海域,包括山东省烟台市的长岛县和蓬莱市毗邻海域。本海域重点发展水产养殖、海岛特色旅游等。

---

❶　王中云:《拯救渤海》,2009 年 6 月 6 日中央电视台第二频道"中国财经报道"。

根据国家的要求,渤海沿海各地加快了海洋功能区划的编制和审批工作。目前,河北、天津、山东、辽宁的海洋功能区划已经省级人民政府批准实施。大部分市县(市)完成了海洋功能区划编制工作。

海洋功能区划为涉海部门、各沿海地区合理利用海洋和有效保护海洋提供了科学依据,为海洋管理科学化、综合化、规范化和法制化提供了基础,有利于促进合理开发和有效保护海洋资源,推动海洋经济发展,取得良好的经济、社会和生态环境效益,实现海洋资源可持续利用,加快海洋经济发展。❶ 需要指出的是:渤海海域的海洋功能区划不是按照行政区划进行的,特别是辽西—冀东海域和天津—黄骅海域更是跨越了省级行政区划。这就意味着对相关海域的开发利用需要相邻各行政区加强合作与协同。

三、渤海海域保护的基本措施

我国的《海洋环境保护法》对海洋污染防治和海洋生态保护作出了系统性规定。在污染防治方面,《海洋环境保护法》规定了海洋环境规划制度、环境标准制度、建设项目环境影响评价制度、污染物排放申报和控制制度等,并对防治海岸工程项目对海洋环境的污染损害、防治倾倒废弃物对海洋环境的污染损害以及防治船舶及其有关作业活动对海洋环境的污染损害作出了专章规定。在海洋生态保护方面,《海洋环境保护法》规定了海洋自然保护区和特别保护区制度,要求引进海洋动植物物种应进行科学论证,避免对海洋生态系统造成危害;开发利用海洋资源应当根据海洋功能区划合理布局,不得造成海洋生态环境破坏;开发海岛及周围海域的资源应当采取严格的措施,保护海岛地形、岸滩、植被以及海岛周围海域生态环境免受破坏;并对海岸生态建设和生态渔业等作出了规定。我国的《渔业法》也对捕捞业、养殖业以及渔业资源的增殖和保护作出了全面规定。我国的《海域使用管理法》还规定了海洋功能区划以及海域使用的申请审批制度等,以促进海域的合理开发和可持续利用。此外,我国还专门针对渤海的生物资源养护出台了《渤海生物资源养护规定》,对包括捕捞、养殖、增殖、人工鱼礁、休闲渔业和生态保护等内容作出了规定。上述这些法律规定和有关制度措施同样适用于渤海海域保护。但是这些措施主要是从行业管理的角度

---

❶ 傅金龙、沈锋:《海洋功能区划与主体功能区划的关系探讨》,载《海洋开发与管理》2008 年第 8 期。

出发的,而渤海海域的保护更多的是强调将渤海作为一个整体来进行保护,为此在充分发挥上述制度措施的基础上,渤海海域的保护更应注重综合性手段和方法的使用,并注重上述各项措施之间的联系,建立有效的制度协同机制。

第六章　基于近岸陆域的渤海保护

渤海作为一个半封闭型内海,深受来自陆域社会经济活动的影响。环渤海的辽宁省、河北省、山东省和天津市是我国经济社会快速发展的地区,是我国新的区域经济增长点。本章主要就渤海近岸陆域的经济社会发展及对渤海的影响问题进行分析,并就相关渤海保护的内容进行探讨。

第一节　渤海近岸陆域的经济社会发展

环渤海经济圈被誉为中国经济增长的第三极,从经济的角度看,对于环渤海经济圈的区域范围存在不同的理解,一般认为包括北京、天津、辽宁、河北、内蒙古、山西、山东,共五省二市。但从地理空间看,环绕渤海的我国省级行政区域则主要包括辽宁、河北、山东和天津,共三省一市。渤海近岸陆域一般是指环绕渤海的三省一市。从城市的角度看,环渤海的城市主要包括辽宁省的大连市、营口市、盘锦市、锦州市、葫芦岛市;河北省的唐山市、秦皇岛市、沧州市;山东省的滨州市、东营市、潍坊市、烟台市(莱阳和海阳两县市除外)以及天津市,共 13 个沿海城市。本节主要以该 13 个环渤海的城市为例,分析渤海近岸陆域的经济社会发展情况。

一、天津市

天津市地处华北平原东北部,环渤海湾的中心,东临渤海,北依燕山。天津市域面积 11 760.26 平方千米,疆域周长约 1 290.8 千米,海岸线长 153 千米,陆界长 1 137.48 千米。市辖 16 个区、县,到 2007 年底,全市常住人口为 1 115 万人。❶ 天

---

❶　资料来源于天津政务网关于天津市的介绍,http://www.tj.gov.cn/zjtj/qurk/xzqh/,2011 年 5 月访问。

津的经济和社会发展保持了较高的速度,根据《2010 年天津市国民经济和社会发展统计公报》,2010 年天津全市生产总值突破 9 000 亿元。据初步核算,并经国家统计局评估审定,全市生产总值(GDP)完成 9 108.83 亿元,按可比价格计算,比上年增长 17.4%。分三次产业看,第一产业实现增加值 149.48 亿元,增长 3.3%;第二产业增加值 4 837.57 亿元,增长 20.2%;第三产业增加值 4 121.78 亿元,增长 14.2%。三次产业结构为 1.6∶53.1∶45.3。

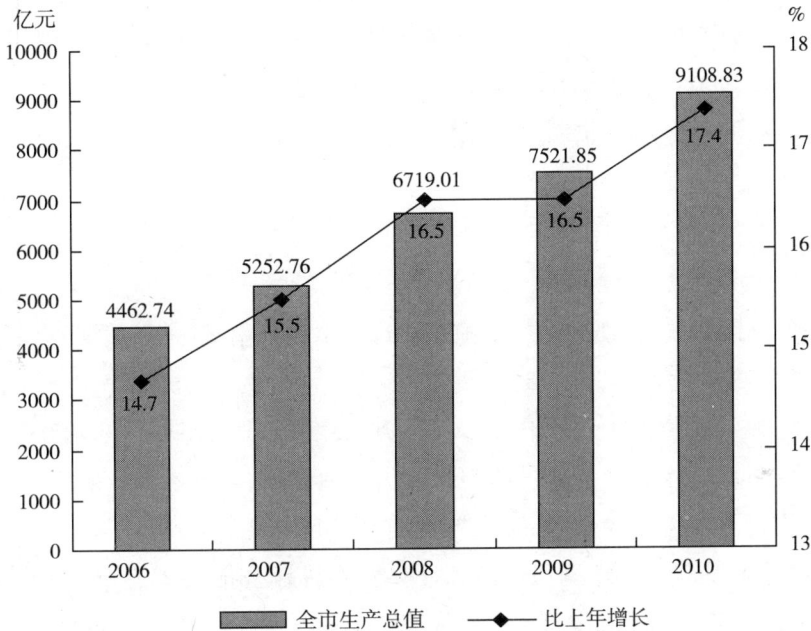

图 6-1　"十一五"时期天津市生产总值及增长速度

天津市 2010 年全市农业总产值完成 319.01 亿元,粮食生产再获丰收。全市粮食种植面积 467.67 万亩,总产量 159.74 万吨,连续 7 年增产。全市工业增加值完成 4 410.70 亿元,总产值突破 17 000 亿元,达到 17 016.01 亿元,增长 31.4%;其中规模以上工业总产值 16 660.64 亿元,增长 31.7%。在规模以上工业总产值中,轻工业 2 712.40 亿元,增长 23.6%;重工业 13 948.23 亿元,增长 33.4%。

天津已经形成了比较完善的工业体系,航空航天、石油化工、装备制造、电子信息、生物医药、新能源新材料、轻纺和国防是天津市的八大优势产业,产业集中度较高,2010 年八大产业完成工业总产值 15 268.58 亿元,占全市规模以上工业的比重为 91.6%。

城市建设和环境保护方面,天津市注重城市建设,并于 2007 年提出建设"生态城"的目标,城市基础设施和生态环境得到改善。2010 年,天津市城市自来水供水总量 7.7 亿吨,比上年增长 9.8%。全市用电量 645.74 亿千瓦时,增长17.4%,其中城乡居民生活用电 67.41 亿千瓦时,增长 4.3%。环境空气质量达到或好于二级良好水平天数 308 天,占总监测天数的 84.4%。饮用水源地水质达标率连续第九年保持 100%。污水集中处理率达到 83%。城镇生活垃圾无害化处理率达到 91%。2010 年末共有环境监测站 21 个,自然保护区 8 个,自然保护区面积 9.11 万公顷。全市林木覆盖率达到 21.3%,比上年末提高 0.5 个百分点。

二、大连市

大连市地处欧亚大陆东岸、中国东北辽东半岛最南端,东濒黄海,西临渤海,南与山东半岛隔海相望,北依辽阔的东北平原。全市总面积 12 574 平方千米,2005 年海岸线总长度 1 787 千米,人工岸线长度 785 千米❶。大连市辖 3 个县级市、1 个县和 6 个区。另外,还有开发区、保税区、高新技术产业园区 3 个国家级对外开放先导区,长兴岛临港工业区和花园口经济区。❷

根据《2010 年大连市国民经济和社会发展统计公报》,大连市 2010 年全年生产总值 5 158.1 亿元,按可比价格计算比上年增长 15.2%。三次产业构成比例为 6.7∶51.3∶42,对经济增长的贡献率分别为 2.6%、64.7% 和 32.7%。

农业生产方面,全年现价农林牧渔及服务业总产值 629 亿元,按可比价格计算比 2009 年(下同)增长 6.2%。农业优势产业作用突出,水产、畜牧、蔬菜、水果和花卉等五大优势产业产值占农林牧渔及服务业总产值的比重为 84.8%。

大连作为东北地区重要的工业城市,肩负着两大历史责任。一方面,它的综合实力和工业经济、大中型骨干企业在辽宁省、东北地区占据重要地位;另一方面,大连是国家首批沿海开放城市之一,区位口岸、对外开放、城市环境和工业基

---

❶ 摘自新浪大连论坛,http://dalian.sina.com.cn/news/jiaodian/2009—12—29/080433954.html。

❷ 资料来源于:《自然地理》,http://www.dl.gov.cn/gov/atodl/intro/2011/705367_427753.vm? d_id=705367,2011 年 5 月访问。

础等优势日益凸显,已成为东北地区对外开放的窗口。为此,大连市提出了建设"一个中心、四个基地"新型产业群的构想,一个中心即是国际航运中心,"四个基地",即石化产业基地、船舶工业基地、现代装备制造业基地、电子信息及软件产业基地。2010年"四个基地"工业增加值1 544.1亿元,增长25.3%。其中,石化工业470亿元,增长8.1%;现代装备制造业757.2亿元,增长29.2%;船舶制造业184.4亿元,增长42.6%;电子信息工业132.5亿元,增长42.2%。

在城镇建设方面,2010年完成城镇固定资产投资4 554.4亿元,除了进行道路、桥梁的建设和维护外,还加强对污水处理厂、垃圾焚烧厂、中水回用工程等基础设施的建设。2010年完成城市供水旧管网改造185公里,煤气旧管网改造158.2公里,新建煤气管网5公里,新增供热面积485万平方米。

环境保护方面,全年大气环境质量基本保持稳定。空气中二氧化硫、二氧化氮、一氧化碳和可吸入颗粒物年均值全部达到国家二级标准,空气污染指数(API)Ⅱ级以上(优良)天数361天,占总天数的98.9%,其中Ⅰ级(优)天数135天。饮用水源水质良好,各水源地水质达标率100%。区域环境噪声均值范围为50.8—54.8分贝,质量等级为较好。截至2010年末,累计建成29家污水处理厂,污水处理能力113.8万吨/日,其中有4座污水处理厂在本年形成减排能力。中心城区污水处理率达到90%以上,县市区城市污水处理率达到80%。实施重点污染企业的远程、实时监控,已安装废水、废气自动监控系统123套。全市燃煤电厂机组脱硫率达到99.4%。加强了城市园林绿化建设,人均公共绿地面积13平方米,绿化覆盖率45%。

三、营口市

营口市位于辽东半岛西北部,大辽河入海口左岸。西临渤海辽东湾,与锦州、葫芦岛隔海相望;北与大洼、海城为邻;东与岫岩、庄河接壤;南与瓦房店、新金相连。市域总面积5 365平方千米,海岸线长96千米。❶ 营口市辖四区、两市,2010年末全市总人口达到235.5万人。❷

营口市矿产资源较丰富,辽宁省最大的金矿和中国最大的菱镁矿位于营口。

---

❶ 资料来源于营口之窗关于营口概况的介绍,http://www.ykwin.com/gk/#3,2011年5月访问。
❷ 资料来源于《2010年营口市国民经济和社会发展统计公报》。http://www.yingkou.gov.cn/center/2011/04/11/133813.htm,2011年5月访问。

营口是中国最早兴办近代工业的城市之一,是中国轻纺工业基地。全市拥有 40 多个行业,3 000 多家企业,主要产品 700 多种,针织、棉纺、锦纶、66 号长丝生产居全国首位。营口是东北著名的大米、水果和水产品生产基地。

近年来营口市抓住国家实施东北老工业基地振兴战略和辽宁沿海经济带开发开放战略的契机,打造项目载体,优化产业结构,做大经济总量。目前营口主要发展以冶金、装备制造、石化、镁质材料、新型建材、纺织服装为代表的六大产业集群,并进而带动整体工业发展。据统计,六大产业集群累计实现增加值 313.53 亿元,增长 20.9%,占全市规模以上工业的 79.2%,对全市工业经济增长的贡献率为 71.1%,拉动规模以上工业增长 17 个百分点。❶

2010 年营口市全年实现生产总值 1 002.4 亿元。其中,第一产业增加值 77.2 亿元,增长 6.0%;第二产业增加值 554.8 亿元,增长 18.5%;第三产业增加值 370.4 亿元,增长 19.0%。三次产业增加值占生产总值的比重为 7.7:55.3:37.0。人均生产总值 42 604 元,按可比价格计算,比上年增长 17.3%。2010 年全年农林牧渔业总产值 133.3 亿元,按可比价格计算,比上年增长 6.1%。全年全部工业增加值 497.8 亿元,按可比价格计算,比上年增长 18.0%。六大产业集群实现工业增加值同比增长 22.2%❷;装备制造产业增加值比上年增长 33.9%,占规模以上工业增加值的比重达到 17.2%;冶金产业增加值比上年增长 16.3%,占规模以上工业增加值的比重为 14.4%;石化产业增加值比上年增长 13.2%,占规模以上工业增加值的比重为 10.4%;镁质材料产业集群增加值比上年增长 20.5%,占规模以上工业增加值的比重为 21.8%;纺织服装产业集群增加值比上年增长 21.6%,占规模以上工业增加值的比重为 7.7%;新型建材产业集群增加值比上年增长 26.5%,占规模以上工业增加值的比重为 6.8%。

城市建设和环境保护方面,2010 年营口市城镇投资完成 880.8 亿元,占投资总量的 89.6%,增长 31.6%。年末城市用水普及率达到 98.1%;供气普及率达到 95.4%;建成区绿化覆盖率达到 41.5%;污水处理率达到 74.5%;生活垃圾无害化处理率达到 93.5%。城市人均拥有道路面积达到 7.88 平方米;人均公园绿地面积达到 10.61 平方米;市区环境空气优良天数达到 362 天,优良天数比

---

❶ 高汉雷、徐鑫:《六大产业拉动营口工业加速跑》,载《辽宁日报》2009 年 11 月 9 日。
❷ 马绍赛:《拯救渤海》,2009 年 6 月 6 日中央电视台第二频道"中国财经报道"。

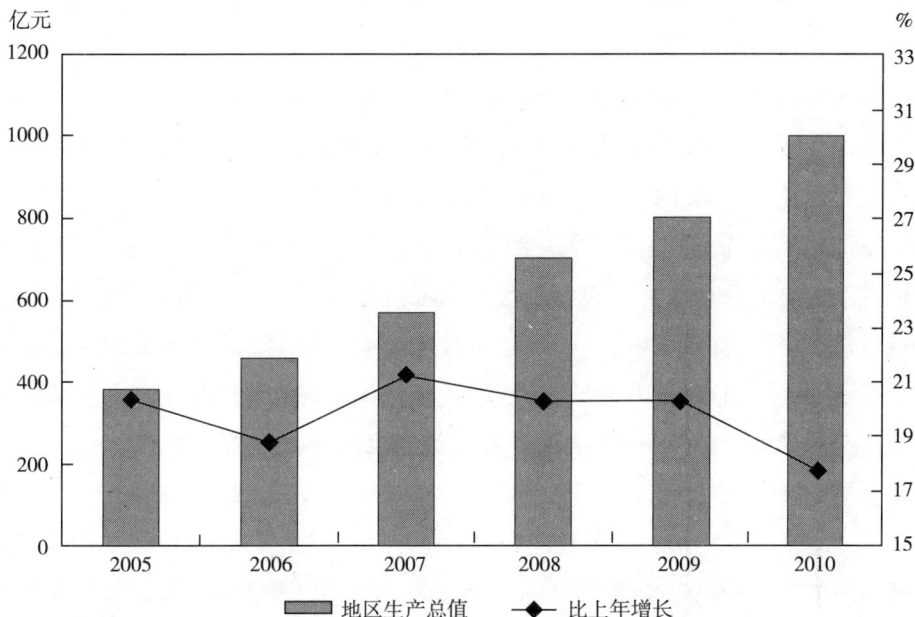

图6-2　"十一五"营口市生产总值及其增长速度

例为98%,其中环境空气优级天数为115天。饮用水源水质良好,其中石门水库、玉石水库水质达到地下水Ⅲ类标准,城乡居民饮用水安全得到保障。城市功能区噪声总达标率为100%。

四、盘锦市

盘锦市位于辽宁省西南部,辽河三角洲中心地带,东北邻鞍山市辖区,东南隔大辽河与营口市相望,西北邻锦州市辖区,南临渤海辽东湾。总面积4 071平方千米,占辽宁省总面积的2.75%,辖2区2县。❶ 2009年末全市户籍总人口130.0万人。❷ 2009年盘锦市全年地区生产总值685.3亿元,按可比价格计算,比上年增长10%。其中,第一产业增加值73.8亿元,增长7.6%;第二产业增加值471.5亿元,增长7.1%,其中工业增加值432.7亿元,增长5.5%;第三产业增加值140亿元,增长21.5%。三次产业分别拉动经济增长0.8、5.0和4.2个

---

❶　资料来源于中国盘锦政府门户网站关于盘锦概况的介绍,http://www.panjin.gov.cn/pj/zjpj/zgpj/gk/2011/04/19/47715.html,2011年5月访问。

❷　资料来自《2009年盘锦市国民经济和社会发展统计公报》。

百分点。三次产业增加值占地区生产总值的比重分别为 10.8%、68.8% 和 20.4%。年人均生产总值 51 701 元，按可比价格计算，比上年增长 8.8%。

盘锦市矿产资源丰富，富有石油、天然气、井盐、煤、硫等矿藏。2000 年底，辽河油田累计探明石油储量 21 亿吨，天然气 1 784 亿立方米。中国第三大油田——辽河油田坐落于此。2002 年生产原油 1 351 万吨，天然气 11.31 亿立方米。原油品类有稀油、稠油和高凝油。年处理天然气 5.62 亿立方米，为石化工业提供了可靠的原料资源。在盘山县的胡家西部、甜水南部、羊圈子、东郭，地下埋藏着盐卤资源，深度 60—100 米，盐卤水厚度 47—77 米，按年开采 360 万立方米计算，可开采数百年。在晒制的原盐中，氯化钠含量在 95.5% 以上，质量达到海盐特级品标准。此外，盘锦市的芦苇资源、草原资源也很丰富。

盘锦土地资源丰富，2005 年耕地面积 12.88 万公顷，占土地总面积的 31.32%。其中，水田 10.96 万公顷（占耕地面积的 85%），旱田 1.92 万公顷（占耕地面积的 14.10%）。平均每人占有耕地 0.10 公顷。❶ 2009 年全年粮食产量 114.5 万吨，比上年增加 0.9 万吨，增长 0.8%。其中，水稻产量 104.9 万吨，增长 2.5%。盘锦大米闻名于国内外，是盘锦市主要出口商品之一。

在工业方面，盘锦市重点发展农产品加工、石化及精细化工、塑料加工、沥青及防水卷材、石油装备制造以及船舶修造等六大产业集群。2009 年全年六大产业集群实现增加值 195.22 亿元，比上年增长 36.1%，占规模以上工业增加值的比重为 47.7%。其中，农产品加工产业增加值 18.89 亿元，增长 41.9%；石化及精细化工产业增加值 112.24 亿元，增长 27.6%；塑料加工及配套产业增加值 6.88 亿元，增长 76.5%；沥青及防水卷材产业增加值 83.95 亿元，增长 22.4%；石油装备制造产业增加值 36.41 亿元，增长 64.0%；船舶修造及配套产业增加值 11.44 亿元，增长 25.7%。

城镇建设和环境保护方面，2009 年完成城镇投资 474.9 亿元，增长 44.5%。全市生活饮用水水源地水质达标率 100%。全市环境空气质量达到国家二级标准，达标天数占全年的 95.07%。全市有国家级自然保护区 1 个，自然保护区面积 12.8 万公顷，占辖区面积的 33.3%。2009 年末城市污水处理厂日处理能力

---

❶ 资料来源于中国盘锦政府门户网站关于盘锦自然资源的介绍，http://www.panjin.gov.cn/pj/zjpj/zgpj/gk/2011/04/19/47715.html，2011 年 5 月访问。

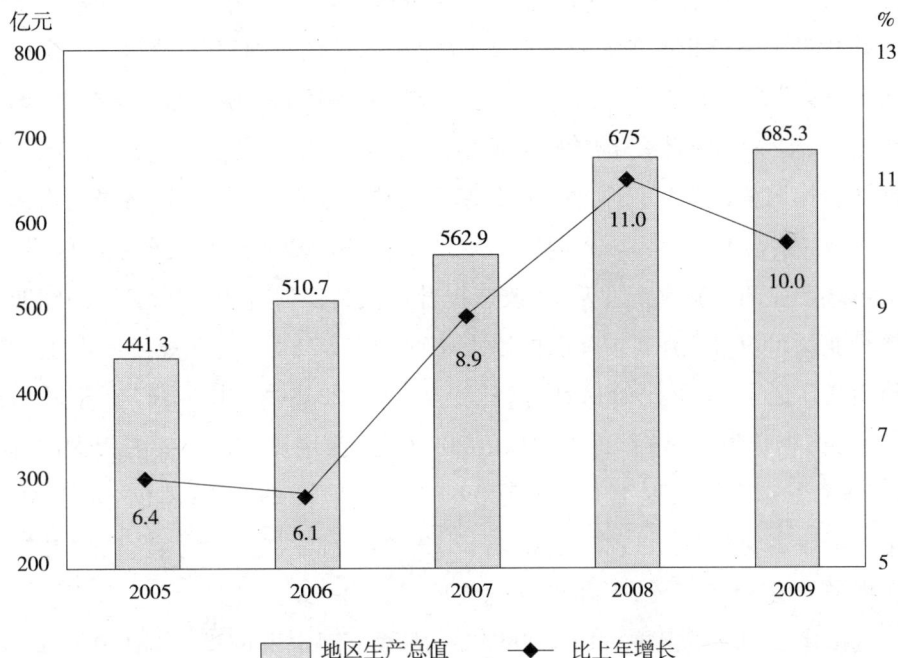

图6-3　2005—2009年盘锦市生产总值及其增长速度

达10万立方米,污水处理厂集中处理率达到61.63%。集中供热面积2 260万平方米。建成区绿化覆盖率达到39%。

五、锦州市

锦州市位于辽宁省的西南部、"辽西走廊"东端,是连接华北和东北两大区域的交通枢纽,下辖黑山、北镇、凌海、义县和凌河区、古塔区、太和区、经济技术开发区、松山新区等9个县(市)区,总面积10 301平方千米,人口310万人。❶

2009年锦州市全年实现地区生产总值(GDP)790.1亿元,按可比价格计算,比上年增长16.0%。其中,第一产业增加值133.1亿元,增长7.0%;第二产业增加值351.7亿元,增长20.4%,其中,工业增加值306.2亿元,增长19.5%;第三产业增加值305.4亿元,增长15.3%。三次产业构成比为16.8︰44.5︰

❶　资料来源于锦州市人民政府门户网站关于锦州概况的介绍,http://www.jz.gov.cn/lnjz/jzgl/jzgl/jzgl.html,2011年5月访问。

38.7。人均生产总值为 25 741 元,按可比价格计算,比上年增长 15.8%。

　　锦州是中国东北重要的老工业基地城市。20 世纪 60 年代曾以"大庆式新兴工业地区"著称于世,曾创造出第一支半导体晶体管、第一块石英玻璃、第一根锦纶丝、第一台电子轰击炉等 21 项新中国第一的产品。如今,锦州市积极进行产业结构调整,"324"产业格局已经基本形成。所谓"324"产业格局是指建设石化工业、新型材料工业、农产品加工业三个优势产业基地和汽车零部件产业、电子信息产业两个新兴产业基地,改造提升机械装备制造、电力、医药、纺织四个传统行业。2009 年,全市共有规模以上工业企业 921 户,实现规模以上工业增加值 269.0 亿元,按可比价格计算,比上年增长 22.3%。其中,轻工业增加值 62.0 亿元,增长 34.6%;重工业增加值 207.0 亿元,增长 19.3%。三大支柱行业中,农副食品加工业实现工业增加值 39.0 亿元,增长 29.6%;黑色金属冶炼及压延加工业实现增加值 44.3 亿元,增长 19.0%;石油加工、炼焦及核燃料加工业实现增加值 40.5 亿元,下降 0.1%。❶

　　城镇建设和环境保护方面,2009 年完成城镇固定资产投资 281.9 亿元,增长 41.4%。全年供水日综合生产能力达 82.6 万立方米,供水管道长度 861 公里,供水总量 14 925 万立方米。全市人工煤气供气总量达 7 323.2 万立方米,液化石油气供气总量达 7 500 吨,天然气供气总量 967.0 万立方米。集中供热面积达 2 715.9 万平方米,其中住宅 2 224.4 万平方米。城市园林绿地面积 2 597 公顷,公园绿地面积 874 公顷,绿化覆盖面积 3 956 公顷,建成区绿化覆盖率 38.8%,比上年提高 0.8 个百分点。环境空气综合污染指数为 3.77,城市环境空气质量达到或优于国家二级标准的天数为 347 天,优良率为 95.1%,比上年提高了 0.3 个百分点。海洋环境质量明显改善,近岸海域功能区达标率为 50%。全年工业污染源治理完成项目 10 个,总投资 1.9 亿元。饮用水质达标率为 100%。城市区域环境噪声达标覆盖率为 95.6%。

六、葫芦岛市

　　葫芦岛市地处辽宁省西南部,东邻锦州,西接山海关,南临渤海辽东湾,与大

---

❶ 资料来源于《2009 年锦州市国民经济和社会发展统计公报》,http://www.hld.gov.cn/government/ShowArticle.asp? ArticleID=19874,2011 年 5 月访问。

连、营口、秦皇岛、青岛等市构成环渤海经济圈,扼关内外之咽喉,是中国东北的西大门,素有"关外第一市"之称。❶ 葫芦岛市辖龙港、连山、南票 3 个市辖区,绥中、建昌 2 个县及兴城 1 个县级市。2010 年末全市总人口 281.8 万人。❷

2010 年葫芦岛市全年地区生产总值(GDP)实现 531.4 亿元,比上年增长 15.5%(按可比价格计算,下同)。其中,第一产业增加值 66.1 亿元,增长 9.0%;第二产业增加值 243.5 亿元,增长 17.9%;第三产业增加值 221.8 亿元,增长 14.7%。第一、第二和第三产业增加值占地区生产总值的比重分别为 12.4%、45.9%、41.7%。三次产业对地区生产总值增长的贡献率分别为 1.0%、8.2%和 6.3%。人均生产总值 18 850 元。

葫芦岛市土地总面积 10 415 平方千米,农用地面积 7 271.02 平方千米,占土地总面积的 69.8%;耕地 2 259.08 平方千米,占农用地面积的 31%;园地 1 087.18 平方千米,占农用地的 15%;林地 3 088.35 平方千米,占农用地的 42%;牧草地 627.28 平方千米,占农用地的 9%;其他农用地 209.13 平方千米,占农用地的 3%。❸ 葫芦岛市人均耕地较少,但园地面积大,发展水果生产具有优势。葫芦岛市的农作物以玉米、大豆、花生为主。2010 年全年农林牧渔业总产值完成 137.6 亿元,比上年增长 17.5%;农林牧渔业增加值完成 66.1 亿元,增长 9.0%。

葫芦岛市成矿地质条件优越,钼、铅、锌、锰等储量丰富,是国家重要的有色金属基地。钼矿为该市优势矿种,累计探明金属量 40 万吨,矿石 3.4 亿吨,钼产量居全国第二位。此外,煤、石油、天然气、核能、地热能、油页岩等能源矿产资源丰富。

葫芦岛市是国家重要的重化工基地,以石油化工、有色金属、机械造船、能源电力为其四大支柱产业。2010 年全年四大支柱产业完成工业总产值 700.2 亿元(占规模以上工业的 81.1%),比上年增长 27.7%。其中,石油化工产业完成工业总产值 289.8 亿元(占规模以上工业的 33.6%),增长 37.8%;船舶机械产

❶　资料来自葫芦岛市政府网站葫芦岛市综述,http://www.hld.gov.cn/government/ShowArticle.asp?ArticleID=19874。

❷　资料来源于《2010 年葫芦岛市国民经济和社会发展统计公报》,http://www./n.gov.cn/zfxx/tjgb2/shizfgzbg/hlds/201103/t20110328_639959.html,2011 年 5 月访问。

❸　资料来源于葫芦岛市政府门户网站关于土地资源的介绍,http://www.hld.gov.cn/government/ShowArticle.asp?ArticleID=1574,2011 年 5 月访问。

业完成工业总产值 178.7 亿元(占规模以上工业的 20.7%),增长 19.8%;有色金属产业完成工业总产值 171.0 亿元(占规模以上工业的 19.8%),增长 18.3%;能源电力产业完成工业总产值 60.7 亿元(占规模以上工业的 7.0%),增长 37.1%。全年四大支柱产业完成出口交货值 34.7 亿元(占规模以上工业的 82.0%),增长 23.9%。

城镇建设方面,2010 年城镇固定资产投资完成 368.8 亿元,增长 58.0%。绿地面积达 2 806.5 公顷,公共绿地面积为 595.5 公顷,人均公共绿地面积为 12.3 平方米,城区绿化覆盖率达 42.6%。全市供水主管线达 678.4 千米,城区供水综合生产能力 33.5 万立方米/日,年供水总量为 0.4 亿吨。

城市的供用水方面,2007 年全市总供水量 5.38 亿立方米。其中,地表水供水量 1.88 亿立方米,占总供水量的 35.0%;地下水供水量 3.37 亿立方米,占总供水量的 62.6%。另外废污水处理回用及海水利用 0.13 亿立方米,占总供水量的 2.4%。从水资源的使用情况看,农田灌溉用水量 2.79 亿立方米,占总用水量的 51.9%;林牧渔畜业用水量 0.79 亿立方米,占总用水量的 14.7%;工业用水量 0.86 亿立方米,占总用水量的 15.9%;城镇公共用水量 0.15 亿立方米,占总用水量的 2.9%;居民生活用水量 0.77 亿立方米,占总用水量的 14.3%;生态环境用水量 0.015 亿立方米,占总用水量的 0.3%。❶

环境保护方面,2010 年全年减排化学需氧量 3 736 吨,减排二氧化硫 19 146 吨。全市建立了 8 座污水处理厂和 1 个污水收集管网系统,组织重点污染源企业安装在线自动监控设施,对流经市区的连山河、五里河、茨山河进行了大规模综合整治,三条河的水质由劣Ⅴ类变成了Ⅴ类。环境空气质量良好,全年环境空气质量优良天数为 353 天,达标率达 96.7%。加强自然生态保护区的管理,已建立 9 个自然生态保护区。

七、秦皇岛市

秦皇岛市地处河北省东北部,南临渤海,北依燕山,东接辽宁省葫芦岛市,西近京津。秦皇岛市辖北戴河、山海关、海港区三个市辖区和抚宁、昌黎、卢龙、青

---

❶ 资料来源于葫芦岛市政府门户网站:http://www.hld.gov.cn/government/ShowArticle.asp? ArticleID = 1575,2011 年 5 月访问。

龙满族自治县四个县,总面积 7 812.4 平方千米。❶ 2009 年末全市户籍总人口 287.24 万人。❷

2010 年全市完成地区生产总值 930.49 亿元,按可比价格计算比上年增长 12.3%,增幅较上年提高 2.8 个百分点。第一产业实现增加值 126.42 亿元,增长 5.8%,增幅与上年持平;第二产业实现增加值 366.31 亿元,增长 14.5%,增幅较上年提高 3.8 个百分点;第三产业实现增加值 437.75 亿元,增长 11.8%,增幅较上年提高 2.5 个百分点。三次产业之比为 13.6∶39.4∶47.0,对 GDP 增长的贡献率分别为 4.2%、48.2% 和 47.6%。

全市土地面积 11 687 348.5 亩,其中农用地 7 901 934.6 亩,占辖区总面积的 67.61%。2010 年全年实现农林牧渔服务业总产值 227.30 亿元,比上年增长 6.5%。全市粮食播种面积 14.71 万公顷,比上年增长 4.4%,粮食总产量达到 86.82 万吨,同比增长 5.8%。

秦皇岛市境内矿产资源较为丰富,种类较为齐全。目前,已发现各类矿产 56 种,已开发利用的有 26 种,已探明储量的有 22 种。优势矿种有金、铁、水泥灰岩及非金属建材。各类矿产地包括矿产点 1 000 余处,主要分布在北部山区及柳江盆地地区。全市现在已开发利用的矿种主要有金、铁、煤、水泥灰岩、花岗岩及建筑砂石、矿泉水、地热等 20 多种。

工业方面,秦皇岛市以装备制造业为核心的技术密集型产业作为全市重要战略支撑产业,得到精心培育,同时在钢铁、玻璃等行业加大了高技术含量产品的生产。2010 年全年实现全部工业增加值 319.80 亿元,比上年增长 15.6%,增幅同比提高 6.0 个百分点。

秦皇岛旅游业发达,该市提出旅游立市战略,坚持全市、全年、全方位发展旅游,全产业融合旅游,积极调整旅游产业结构,加快转变旅游发展方式,扎实推进环京津休闲旅游产业带建设,旅游业成为一大亮点。2010 年实现旅游总收入 147.38 亿元,增长 16.0%。

城市建设与环境保护方面,2010 年城镇固定资产投资完成 409.67 亿元,增长 24.5%。全年城市空气环境质量达到二级标准以上天数为 354 天,全年化学

---

❶ 资料来源于秦皇岛市政府网,http://www.qhd.gov.cn/newdefault.asp,2011 年 5 月访问。

❷ 资料来源于秦皇岛市政府门户网站,http://www.qhd.gov.cn/newdefault.asp,2011 年 5 月访问。

需氧量排放量 2.18 万吨,比上年削减 5.92%;二氧化硫排放量 6.45 万吨,比上年削减 0.4%,生态市建设全面推进。

八、唐山市

唐山市地处环渤海湾中心地带,南临渤海,北依燕山,东与秦皇岛市接壤,西与北京、天津毗邻,是联接华北、东北两大地区的咽喉要地和走廊。现辖 2 个县级市 6 县 6 区和芦台经济技术开发区、汉沽管理区,其中 2 市 6 县 6 区分别是:路北区、路南区、古冶区、开平区、丰南区、丰润区、遵化市、迁安市、滦县、滦南县、乐亭县、迁西县、玉田县、唐海县,面积 13 472 平方千米。❶ 2010 年末全市户籍总人口 735.00 万人❷。全市实现地区生产总值 4 469.08 亿元,比上年增长 13.1%,比"十五"末增长 87.6%,"十一五"期间年均增长 13.4%。分产业看,第一产业增加值 387.84 亿元,增长 4.9%;第二产业增加值 2 632.43 亿元,增长 14.6%;第三产业增加值 1 448.81 亿元,增长 12.3%。按常住人口计算,全市人均生产总值达到 59 667 元(按年平均汇率折合 8 814 美元),比上年增长 12.5%,比"十五"末增长 81.9%,"十一五"期间年均增长 12.7%。三次产业增加值结构由"十五"末的 11.6:57.3:31.1 调整为 8.7:58.9:32.4。❸

唐山市地貌多样,土质肥沃,是多种农副产品的富集产区,被称为"京东宝地"。北部山区盛产板栗、核桃、苹果、红果等干鲜果品,"京东板栗"驰名中外;中部平原盛产玉米、小麦、水稻、花生等农副产品,素有"冀东粮仓"之美誉;南部沿海既是渤海湾的重要渔场,又是原盐的集中产区,南堡盐场是亚洲最大盐场。❹ 2010 年唐山市全年完成农业总产值 658.9 亿元,比上年增长 4.9%,其中,蔬菜、瘦肉型猪、板栗、水产品、花生、牛奶、果品等七大龙头型经济产值占农业总产值的比重达 69.3%,比"十五"末提高 3.1 个百分点。农业产业化经营率

---

❶ 资料来源于唐山政府网,http://www.tangshan.gov.cn/,2011 年 5 月访问。

❷ 资料来源于《2010 年唐山市国民经济和社会发展统计公报》,http://www.tangshan.gov.cn/,2011 年 5 月访问。

❸ 资料来源于《2010 年唐山市国民经济和社会发展统计公报》,http://www.tangshan.gov.cn/,2011 年 5 月访问。

❹ 资料来源于唐山市政府门户网站关于唐山国土资源的介绍,http://www.tangshan.gov.cn/html/tangshanshiqing/2010/0505/370.shtml,2011 年 5 月访问。

达 63.9%,比"十五"末提高 20.7 个百分点。❶

唐山市矿产资源丰富,矿业经济发达。煤炭、铁、石油、金和非金属矿产为优势矿产。金属矿产由铁矿、锰矿、铬矿、金矿、银矿、铜矿、铝土矿、钼矿、锡矿、汞矿等资源组成;非金属矿产由石灰岩、白云岩、玻璃用石英砂岩、耐火粘土、铁矾土、油石、柘榴石、石墨、蛇纹岩、膨化土、海泡石粘土、硅藻土、硼矿、草煤、紫色页岩等资源组成。能源资源十分丰富,主要有煤炭、石油、天然气资源。风能、太阳能、地热能资源也具有广泛的开发远景。❷

唐山工业已形成煤炭、钢铁、电力、建材、机械、化工、陶瓷、纺织、造纸等支柱产业,五大产业基地分别为精品钢材、基础能源、优质建材、装备制造和化工。机电一体化、电子信息、生物工程、新材料四个高新技术产业群体扎实起步。现有开滦、唐钢、冀东水泥、机车车辆、三友碱业、唐山陶瓷等一大批大型骨干优势企业。2010 年唐山市全部工业完成增加值 2427.40 亿元,比上年增长 15.0%,比"十五"末增长 96.1%,"十一五"期间年均增长 14.4%。规模以上工业增加值 2 245.47 亿元,增长 16.3%,比"十五"末增长 1.2 倍,"十一五"期间年均增长 17.2%。❸

城市建设方面,2010 年全年城市基础设施建设投资 51.98 亿元,人均城市道路面积 15.12 平方米。全市集中供热面积 4 500 万平方米,集中供热普及率达到 80.5%,城市燃气普及率达到 100%。城市日供水能力达到 118 万吨,自来水普及率保持 100%。环境质量方面,唐山市拥有城市公园绿地面积 2 980 公顷;人均公园绿地面积 15.12 平方米;建成区绿化覆盖面积 10 764 公顷;绿化覆盖率达 46%,比上年提高 0.68 个百分点。全年投入重点污染源治理项目资金 60 亿元。单位 GDP 能耗降低率达到 3.5%,比 2005 年累计降低 20.2%。化学需氧量排放总量 7.64 万吨,二氧化硫排放总量 24.96 万吨,分别比 2005 年削减 17% 和 19.7%。城市污水日处理能力 79.9 万吨,污水处理率达到 94.1%。全市生活垃圾无害化处理率 91.3%,其中市中心区生活垃圾无害化处理率达 100%。城市环境空气质量二级及优于二级天数达到 330 天,比 2005 年增加 14 天。

---

❶ 资料来自《2010 年唐山市国民经济和社会发展统计公报》。

❷ 资料来源于唐山市政府门户网站关于唐山国土资源的介绍,http://www.tangshan.gov.cn/html/tangshanshiqing/2010/0505/370.shtml,2011 年 5 月访问。

❸ 资料来源于《2010 年唐山市国民经济和社会发展统计公报》。

九、沧州市

沧州地处河北省东南部,东临渤海,北靠京津,与山东半岛及辽东半岛隔海相望。❶ 沧州市设新华区、运河区 2 个区,辖黄骅市、任丘市、泊头市、河间市 4 个市,沧县、青县、东光县、海兴县、盐山县、肃宁县、南皮县、吴桥县、献县和孟村回族自治县 10 个县,面积 13 419 平方千米。2010 年末全市总人口 730.89 万人。❷ 2010 年,沧州市全年生产总值(GDP)完成 2 203 亿元,同比增长 14.5%,比全省增速高 2.3 个百分点。其中,第一产业增加值完成 252.6 亿元,增长 6.0%;第二产业增加值完成 1117.1 亿元,增长 14.1%;第三产业增加值完成 833.3 亿元,增长 17.4%。三次产业结构为 11.5∶50.7∶37.8。❸

沧州有耕地 1 241.4 万亩,草地 60 万亩,是河北省粮、棉、油集中产区之一,京津无公害蔬菜主要供应基地和中国北方知名的优质牧草基地、畜牧生产基地。沧州是著名的"鸭梨之乡"和"金丝小枣"之乡。金丝小枣、冬枣、鸭梨等土特产以其优良的品质驰名中外,是传统的出口创汇产品,全市年产红枣近 43.5 万吨,鸭梨 46.5 万吨。❹ 2010 年农林牧渔业总产值完成 454.6 亿元,同比增长 6.57%。❺

沧州的石油、天然气资源丰富。石油化工、管道装备制造、机械制造、纺织服装、食品加工是沧州的主导产业。2010 年石油化工业完成增加值 364.77 亿元,增长 14.9%;管道装备制造业完成 132.8 亿元,增长 19.6%;五金机电业完成 152.18 亿元,增长 29.8%;纺织服装业完成 42.82 亿元,增长 16.9%;食品加工业完成 22.26 亿元,增长 9.3%。各产业在规模以上工业增加值中所占比重共计达到 88.5%,其中石油化工产业所占比重达到了 45.2%。❻

城镇建设方面,2010 年城镇固定资产投资完成 1 022.2 亿元,增长 32.03%。全市城镇人均居住建筑面积 32.83 平方米,同比增长 2.92%,城市化

---

❶ 资料来源于沧州市政府网站关于沧州地理位置的介绍,http://www.cangzhou.gov.cn/zwbz/czgk/dllz/27868.shtml。

❷ 资料来源于《2010 年沧州市国民经济和社会发展统计公报》。

❸ 资料来源于《2010 年沧州市国民经济和社会发展统计公报》。

❹ 资料来源于沧州市政府门户网站关于沧州资源优势的介绍,http://www.cangzhou.gov.cn/zwbz/czgk/zyys/27888.shtml。

❺ 资料来源于《2010 年沧州市国民经济和社会发展统计公报》。

❻ 资料来源于《2010 年沧州市国民经济和社会发展统计公报》。

率达到45%。环境保护方面,二氧化硫浓度年平均值 0.035 毫克/立方米,二氧化氮浓度年平均值 0.025 毫克/立方米,可吸入颗粒物浓度年平均值 0.083 毫克/立方米,全年达到或好于二级的天数 329 天。工业固体废物处置利用率 100%,危险废物处置利用率 100%,集中式饮用水水源地水质达标率 100%。

十、滨州市

滨州市位于黄河下游的鲁北平原,地处黄河三角洲腹地,北临渤海湾,东与东营市接壤,南和淄博市毗邻,西同德州市和济南市搭界,西北与河北省隔漳卫新河相望。现辖滨城区、惠民县、阳信县、无棣县、沾化县、博兴县、邹平县六县一区和滨州经济开发区、滨州高新技术产业开发区、滨州北海经济开发区。❶ 2009 年末户籍总人口 377.50 万人。❷ 2009 年全市实现生产总值(GDP)1 350.90 亿元,按可比价格计算,比上年增长 13.4%,增幅比上年提高 0.3 个百分点。第一产业实现增加值 135.93 亿元,增长 5.5%;第二产业实现增加值 788.70 亿元,增长 12.7%;第三产业实现增加值 426.27 亿元,增长 17.4%。三次产业结构由上年的 9.92∶60.94∶29.14 调整为 10.06∶58.38∶31.56。人均生产总值达到 36 568 元(按年均汇率折算为 5 353 美元),增长 12.9%。❸

滨州市 2008 年底全市土地总面积 1 416.70 万亩,其中农用地 936.93 万亩(其中耕地 666.88 万亩、园地 51.63 万亩、林地 25.01 万亩、其他农用地 183.05 万亩)。滨州大力发展现代农业和生态农业,至 2009 年已建成 88 个市级农业标准化基地。国家级农业产业化重点龙头企业 2 家,全国农产品加工示范化企业 5 家,省级重点龙头企业 33 家,市级重点龙头企业 213 家。2009 年全年农林牧渔业总产值 262.95 亿元,按可比价格计算增长 4.5%。

滨州全市已探明的矿藏有 29 种,已开发利用的有 19 种,主要矿产资源包括铜矿、建筑石料、麦饭石,石油、天然气资源丰富。滨州产业发展方面的基本格局是:重点建设家纺服装基地、新型生态化工基地、先进装备制造业基地和绿色食品深加工基地等四大产业基地,培育新材料、新能源、新医药、新信息、海洋开发、

---

❶　资料来源于滨州市政府网站关于滨州概况的介绍,http://www.binzhou.gov.cn/bz/jsp/preview1.jsp? ColumnID＝91&TID＝20070604120132824893981。

❷　资料来源于《2009 年滨州市国民经济和社会发展统计公报》。

❸　资料来源于《2009 年滨州市国民经济和社会发展统计公报》。

节能环保等六大战略性新兴产业,扶持家用纺织、精细化工、装备制造零部件、有色金属深加工、果蔬食品、家具厨具、电子信息、轻工工艺、建筑材料、生物医药等十大特色产业集群。2009 年规模以上工业企业实现工业增加值 763.48 亿元,增长 15.6%。其中,规模以上纺织业、农副食品加工业和化学原料及化学制品制造业等重点行业完成增加值 431.33 亿元,对全市工业增长的贡献率超过五成。

城镇建设方面,以建设生态滨州为理念,2009 年城市基础设施建设完成投资 23 亿元,其中市区 9.51 亿元。城市道路长度达 1 549.52 公里,增长 32.7%。新增集中供热面积 155.5 万平方米。全年供水总量达到 1.24 亿立方米,综合生产能力 63 万立方米/日,污水集中处理能力 32.5 万立方米/日。燃气普及率达到 100%,用水普及率 100%。市区路灯总数达 2.44 万盏,总线路 270 公里,好灯率和亮灯率始终保持在 98% 以上。荣获"山东省园林城市"称号,园林绿化养护面积 350 公顷,城区绿化覆盖率达 37.0%,城区绿地率达 31.1%,人均公共绿地面积达 12.9 平方米。环境保护方面,全市城镇污水处理厂和重点污染源综合达标率 99.0%,全市 8 个省控河流断面,COD 平均浓度为 45.56mg/L,下降 28.8%,氨氮平均浓度为 4.72mg/L,下降 21.3%,省控以上河流断面综合达标率保持 98%。加大环境保护投资,投资 1.81 亿元新增污水处理能力 13.75 万方/日;投资 1.13 亿元配套建设氨氮治理工程 23 套;投资 6 927 万元新增炉外脱硫设施 6 套;投资 4 000 万元对两家钢铁行业烧结机实施了脱硫工程。饮用水源地达标率 100%。❶

十一、东营市

东营市东、北临渤海,西与滨州市毗邻,南与淄博市、潍坊市接壤。南北最大纵距 123 公里,东西最大横距 74 公里,总面积 7 923 平方千米。2010 年末户籍人口 184.87 万人。2010 年全年地区生产总值 2 359.94 亿元,比上年增长 13.4%。分产业看,第一产业增加值 87.38 亿元,增长 4.5%;第二产业增加值 1 712.20 亿元,增长 13.4%;第三产业增加值 560.36 亿元,增长 14.5%。三次

---

❶ 滨州的资料主要根据滨州市政府门户网站信息以及《2009 年滨州市国民经济和社会发展统计公报》整理而来。

产业比重由上年的 3.6∶73.9∶22.5 调整为 3.7∶72.6∶23.7,服务业比重提高 1.2 个百分点。

东营市土地资源丰富,全市土地总面积 1200 万亩。其中耕地、园地、林地、牧草地等农用土地共 500 万亩,水域及未利用土地 550 万亩。2010 年全市实现农林牧渔业总产值 169.64 亿元,比上年增长 4.5%。

东营市矿产资源丰富,已发现石油、天然气、地热、地下卤水、岩盐、矿泉水、贝壳矿、地下淡水、砖瓦用粘土、油页岩、煤、石膏、伴生碘、溴、锂共 15 种矿产,占全省已发现矿种(150 种)的 10%。其中,已查明资源储量的矿产 8 种,石油、天然气、地热资源是东营市优势矿产。东营市已形成了石油化工业、精细化工业、盐化工业、橡胶制品业、造纸业、纺织业、机械电子业、食品加工业八大支柱产业,其中石油化工业和橡胶制品业目前初步形成了产业集群。❶ 2010 年规模以上工业完成总产值 6 235.65 亿元,比上年增长 23.3%。

东营市注重城市建设和生态环境建设,全市建有环境监测站 6 个,其中二级站 1 个。2010 年全年化学需氧量减排 5 500 吨,二氧化硫减排 20 000 吨。全市环境空气质量优良率达到 94.8% 以上,城市饮用水源地水质达标率继续保持 100%,近岸海域功能区达标率 100%。各类噪声均符合相应功能区划要求。

十二、潍坊市

潍坊市地处山东半岛西部,南依沂山,北濒渤海,东连青岛,西接淄博、东营,南与临沂、日照接壤。下辖 12 区、县(县级市),全市总面积 1.61 万平方千米。至 2011 年 2 月,全市年末户籍总人口 868 万人。

2010 年潍坊市生产总值(GDP)完成 3 090.9 亿元,按可比价格比上年增长 13.3%。其中第一产业增加值 330.5 亿元,增长 4.3%;第二产业增加值 1 720.3 亿元,增长 13.2%;第三产业增加值 1 040.1 亿元,增长 16.0%。一、二、三产业分别拉动 GDP 增长 0.4、7.7 和 5.2 个百分点。按常住人口计算,人均 GDP 达到 34 250 元(按年末汇率折算为 5 172 美元),比上年增长 12.1%。三次产业结构调整为 10.69∶55.66∶33.65。

潍坊注重发展现代农业,推行农业的产业化和标准化建设,2010 年全年完

---

❶ 黄新颖、刘慧:《东营市产业集群发展对策研究》,载《才智》2008 年第 13 期。

成农林牧渔业总产值 654.8 亿元,按可比价格增长 4.3%。

潍坊市现已发现金、银、铁、煤、石油、蓝宝石、重晶石、沸石、膨润土、花岗岩等矿产种类 58 种,已探明储量的有 36 种,开采利用的 42 种。工业方面,装备制造业发展迅猛,全市装备制造业企业达 1 438 家,实现主营业务收入 2 187.57 亿元、利润总额 188.02 亿元、利税总额 254.66 亿元,分别增长 38.3%、57.7%、53.8%,高于全市平均水平 7.1、11.9、11.9 个百分点,完成工业增加值 535.62 亿元,增长 28.4%,高于全市平均水平 13 个百分点。电子信息产业增长潜力大,全市电子信息企业 151 家,全年完成主营业务收入 149.5 亿元,增长 65.2%,占规模以上工业比重为 1.9%,实现利润总额 129.3 亿元,增长 88.4%,利税总额 156.5 万元,增长 84.7%,分别高于全市 42.6 个和 42.8 个百分点。高耗能行业增速回落,全市耗能总量排在前七位的重点耗能行业发展势头有所减缓,其中电力热力的生产和供应业、黑色金属冶炼及压延加工业、石油加工及炼焦业、造纸及纸制品业主营业务收入增速低于全市平均水平。

城镇建设和环境保护方面,2010 年城镇固定资产投资完成 1 751.96 亿元,增长 24.8%。村镇建设投资 120 亿元,其中基础设施投资 45 亿元,小城镇发展实力进一步增强。潍坊市区空气质量良好率提高 5%,全市 6 条污染河流全部达到恢复鱼类生长目标,六大空气污染片区基本解决空气异味问题。工业废水排放达标率达到 98% 以上,城市污水集中处理率达到 80%;二氧化硫去除率达到 70%,工业固体废物综合利用率达到 93.5%,危险废物安全收贮、处置率达到 100%。受保护地区面积达 2 394.6 平方千米,占全市国土面积的 15.1%。

十三、烟台市

烟台市地处山东半岛东部,濒临黄海、渤海,与辽东半岛及日本、韩国、朝鲜隔海相望。烟台山海相拥,风光旖旎,四季分明,景色秀美。烟台市辖 4 区、1 县、7 个县级市和国家级经济技术开发区、保税港区、高新技术产业园区,全市总面积 13 746.5 平方千米,2010 年末,全市户籍人口 651.14 万人。

2010 年全市实现生产总值(GDP) 4 358.46 亿元,按可比价格计算,比上年增长 14.1%。其中,第一产业增加值 334.49 亿元,增长 3.5%;第二产业增加值 2 566.49 亿元,增长 12.1%;第三产业增加值 1 457.48 亿元,增长 20.3%。第一产业增加值占生产总值的比重为 7.7%,比上年下降 0.1 个百分点;第二产业增加值比重为 58.9%,下降 1.2 个百分点;第三产业增加值比重为 33.4%,上升 1.3 个百分点。人均生产总值 62 264 元,增长 14.5%。

烟台是中国北方的水果基地。近年来,烟台市积极推进农业的产业化和标准化建设。2010 年全市年销售收入过 500 万元的农业产业化龙头企业 1 000 多家,其中过亿元龙头企业有 108 家,出口创汇 1 000 万美元以上的企业有 55 家。建成农业标准化生产基地达到 450 万亩。2010 年全年农林牧渔业增加值达到 334.49 亿元,比上年增长 3.5%。

烟台地下矿藏十分丰富,已发现矿产 70 多种,探明储量的有 40 多种,黄金储量和产量均居全国首位,菱镁矿、钼、滑石储量均居全国前 5 位。沿海大陆架储有丰富的石油和天然气资源,属"富集型"油区。在工业方面,烟台制定实施了汽车、电子信息、黄金、轻工食品、船舶、装备制造、化工和医药、纺织 8 个行业调整振兴规划,形成了汽车、电脑、手机、葡萄酒、黄金等优势特色产业。2010 年全年生产汽车 27.8 万辆、微型电子计算机 696.42 万台、手机 2 371.96 万部、葡萄酒 27.14 万千升。核电装备制造、现代化工、新型冶金、生物制药等新兴产业蓬勃兴起。2010 年全市规模以上工业企业全年实现增加值 2 382.38 亿元,增长 16.1%。其中,食品、机械、黄金、电子四大支柱产业全年实现主营业务收入 6 611.11 亿元,增长 23.0%,对全市工业生产增长的贡献率为 61.0%。

城镇建设和环境保护方面,全市加强城市生态建设,建成省级以上环境优美乡镇 45 个,环境优美乡镇比例达到 45%。2010 年末实有林地面积 55.33 万公顷,森林覆盖率达到 40%。全市城镇人均公共绿地面积增加到 13.6 平方米,市区城市绿化覆盖率达到 39.6%。各类自然保护区 23 处,自然保护区覆盖率达到 13.1%。新建改建了套子湾、辛安河二期等 14 个城市污水处理厂,城市污水日处理能力达到 76.2 万吨,生活垃圾日处理能力达到 2 270 吨。空气环境质量良好。2010 年市区二氧化硫年均值为 0.041 毫克/立方米,符合国家二级标准,市区二氧化氮年均值为 0.039 毫克/立方米,符合国家一级标准。可吸入颗粒物年均值为 0.082 毫克/立方米,符合国家二级标准。2010 年全市饮用水水源地水质保持稳定,地表水水源地除总氮外,均达到地表水 Ⅲ 类标准;地下水水源地均符合地下水 Ⅲ 类标准;湖库型水源地富营养化指标为中营养,达到评价要求。全市主要水库均符合地表水 Ⅲ 类标准;全市主要河流均满足各自功能区的要求;近岸海域水质以一类、二类海水为主,100% 的测点达到近岸海域功能区要求。

第二节　渤海近岸陆域经济社会发展对渤海的影响

渤海近岸陆域对渤海海洋环境的保护主要应当体现在陆源污染物的防治、海岸资源的利用、入海河流水量的调节及入海河流生态和物种的保护上。

一、渤海近岸陆域经济社会发展带来的压力

渤海近岸陆域 13 个沿海地市的辖区面积 13.6 万平方千米,占全国土地面积的 1.4%。2008 年末总人口 0.7 亿,占全国人口的(全国 13 亿人)5%。地区生产总值 2.7 万亿,占全国 GDP 的 9.1%(2008 年全年国内生产总值 30 万亿元)❶。这就意味着这片仅占全国土地 1.4%的土地要养活近 5%的人口,其人口密集、经济发达特征十分显著。但是这一区域的环境容量和生态承载力在一定时期和一定的技术水平下是相对固定的,虽然近年来地方政府和居民开始意识到环境生态对于渤海周边地区可持续发展的重要性,并逐步加强了环境的治理力度,然而,在经济增长方式没有改变、人口密度增大、资源开发力度越来越大的情况下,渤海近岸陆域的经济快速发展肯定会对渤海带来严重的影响。虽然"十五"期间,渤海水质未出现明显恶化,但形势仍不容乐观。从总体上看,中部海域水质状况良好,绝大部分水质指标满足二类海水水质标准,但近岸海域污染严重,沧州、天津、营口、盘锦等沿海城市尤为突出,无机氮、活性磷酸盐和石油类存在不同程度超标。除溢油风险外,海上污染源基本得到控制,污染物主要来自陆域(占 80—90%),其中 30—40%污染物来自 13 个沿海市。❷

(一)农业发展和面源污染

渤海近岸陆域也是中国重要的农业基地,耕地面积达 1 000 多万公顷,粮食产量占全国的 10%以上。粮食作物主要有玉米、水稻、小麦、甘薯、花生等。林果资源有苹果、梨、葡萄、山楂、水蜜桃、板栗、核桃等。世界粮食危机的发生和国内食品价格的大幅上涨,使得环渤海各个市对包括粮食生产在内的整个农业生产越来越重视。特别是一些大中城市,采取了许多扶持政策来支持城郊农业的

---

❶　数字来自作者个人计算(首先将渤海沿岸 13 个城市 2008 年的总人口和总 GDP 通过各个城市的相加求出,然后将 2008 年沿渤海城市的 GDP 除以 2008 年全年国内生产总值 30 万亿元得来。)

❷　参见渤海环境保护总体规划编制组:《渤海环境保护总体规划(2008—2020 年)》。

发展,确保城市粮食、蔬菜、水果、奶产品和渔产品的供应。

在发展农业的过程中,化肥、农药、地膜的使用对粮食的增产发挥了重要的作用,但是在部分地区,由于不合理使用,也造成了一定程度的农业面源污染。如剧毒农药的使用、过量化肥的施撒、不可降解的地膜年年弃置于田间、露天焚烧秸秆等都会向环境排放污染物。养殖业的快速发展,在为人民群众提供大量畜禽和水产品的同时,也造成了一定程度的面源污染。渤海沿岸河流众多,有40多条。这些污染物、农药、致病微生物等就随着地表径流和河流进入了渤海。2008年,渤海陆源入海排污口主要污染物为氨氮、COD$_{Cr}$、石油类和磷酸盐等。❶其中氨氮和磷酸盐的重要来源是渤海近岸陆域的农业。全国第一次污染源普查结果表明,在农业源污染中,比较突出的是畜禽养殖业污染问题,畜禽养殖业的化学需氧量总氮和总磷分别占农业源的96%、38%和56%。农业源的污染问题,我们认为要按照现代农业和可持续发展的要求,用发展和引导的办法来解决。在发展农业生产的同时,最大限度地减少农业生产带来的环境污染问题。近年来,我国在治理农业面源污染方面做了大量的工作,比如说我们大力发展农村沼气,大力推广测土配方施肥,实施农村清洁工程,都取得了比较好的效果。❷

（二）城市及工业发展和渤海污染防治

工业化和城市化是我国走向现代化的两大标志。改革开放以来,我国城市化进程明显加快,目前已进入到高速城市化的起飞线上。我国城市化大致经历了两个阶段:第一阶段即计划经济阶段,从1949年到1978年的30年。这一阶段是我国进入工业化的发展时期。第二阶段即改革开放阶段,从1978年开始到现在。这个时期,我国国民经济高速发展,促进了我国城市化的持续快速发展。到1998年,我国拥有城市668个,城市人口达到3.7亿人,城市化率达到30.4%。2007年全国平均城镇化水平为44.96%。❸根据各国经验表明,城市化率在30—70%左右的区间是城市化高速发展的区间。据此可认为,我国的城市化已进入高速发展的阶段。而渤海近岸陆域所在的省市城市化水平平均起来又要高于全国,2007年为48.65%,尤其是天津市,2007年达到76.31%,辽宁市

---

❶　参见国家海洋局北海分局:《2008年渤海海洋环境公报》,第一章。

❷　《农业部门采取三方面举措应对农业面源污染治理问题》,http://news. xinhuanet. com/politics/2010—02/09/content_12958719. htm,2011年5月访问。

❸　何广顺等:《基于区域经济发展的渤海环境立法研究》,海洋出版社2009年版,第66~78页。

则达到 59.20%。❶ 这种现象跟沿海地区经济高速发展、人口的趋海移动是分不开的。渤海近岸陆域城市化进程的加快,会带来一系列的环境问题。

第一是水资源问题。水是城市存在和发展的基础,渤海近岸陆域城市规模不断扩大,必然增加城市生活用水。由资源禀赋决定的该地区产业都是高耗水行业,随着城市化进程的推进,渤海近岸陆域城市生产用水量亦在不断增加。城市发展规模越大意味着基础设施相对完备,管道煤气或天然气普及率越高,则家庭热水器普及率也越高,家庭生活用水量也相对较高,公共市政用水量(如绿地、消防等)也高于农村地区。因此,城市发展规模将使人均生活用水量大幅度提高,城市化水平对城市用水的长期增长趋势有极大的影响。第二产业特别是制造业是渤海近岸陆域目前无可替代的主导产业,城市化进程也是在第二次产业发展的基础上推动起来的。因此,第二产业的结构特点直接影响到该区城市用水量。从整体上来看,该地区制造业中重工业比重较高、轻工业比重较低。渤海近岸陆域工业主要集中于 14 个行业,主要分为以下几类:第一,采矿业,包括黑色金属矿采选业、石油和天然气开采业、非金属矿采选业。这些行业反映了此区较为丰富的自然资源禀赋优势。第二,原材料工业,以黑色金属冶炼及压延加工业、橡胶制品业、石油加工、炼焦和燃料加工业、非金属矿物制品业、化学原料及化学制品制造业几个行业为代表,这几个典型的原材料工业行业分别与前述几个占相对优势的采矿行业一一对应,在相当程度上可以看做资源禀赋优势在产业链上的一种延续,这是该区的主导产业。第三,装备制造业,主要包括专用设备制造业和通用设备制造业。❷ 由以上的产业结构特点可以看出,环渤海地区主导产业的布局都是高耗水行业,随着经济水平进一步发展,优势产业会进一步强化,使得用水也会大量增长。以炼油工业为例,目前环渤海经济区已上马和规划中的炼油项目就有近 2.4 亿吨,按照每吨炼油耗水 1 吨的平均水平计算,到 2020 年环渤海经济区就新增淡水需求 2.4 亿吨/年,这将给环渤海经济区资源供给带来沉重的压力。从 20 世纪 80 年代开始,渤海入海河流淡水入海量明显减少,水环境基础条件逐年降低。1980 年前后时段相比,陆地河流入海水量减少 379 亿立方米,减少 47%。这种状况不但导致了渤海盐度明显升高,河口环

---

❶ 何广顺等:《基于区域经济发展的渤海环境立法研究》,海洋出版社 2009 年版,第 66~78 页。

❷ 周立群、谢思全:《环渤海区域经济发展报告》,社会科学文献出版社 2008 年版,第 148~186 页。

境改变,多数水生生物产卵场退化和消失,同时还导致海水入侵面积扩大,地下水矿化度和氯离子浓度增高,淡水咸化、水质变差,失去了原有使用价值。辽宁省环渤海地区和山东半岛滨海地区海水入侵面积达 1 300 平方千米,占全国90% 以上。❶ 这种现象与渤海近岸陆域城市发展速度过快有重要的关系。

第二是水环境的污染。据环保部公布的数据,2008 年全国废水排放总量为572.8 亿吨,比上年增加 2.7%。其中工业废水排放 241.9 亿吨,生活污水排放330.1 亿吨。与水资源污染相对立的是,我国污水处理能力和处理技术都远远达不到要求。据中国可持续发展战略报告组统计,全国有 1/3 以上设市城市没有污水处理厂。水体污染严重,加之污水处理的能力和质量都无法达到要求,导致生态系统遭到严重破坏,给我国的工业发展、城市化进程以及经济社会的发展都带来非常严重的危害。❷ 渤海近岸陆域的城市发展也面临着同样的问题。如前所述,渤海陆源入海排污口超标排放情况依然严重,超标率为82%,❸主要是城市的市政排污口和工业排污口。

第三是固体废弃物污染。固体废弃物污染是指人类在生产过程和社会生活中产生的工业废渣和生活垃圾等,固体废弃物的数量猛增以及不当堆积或者随意遗弃都会造成对环境的严重污染。我国固体废弃物污染防治工作面临着以下3 个大问题。首先,固体废弃物产生量大,增长速度极快。2008 年,我国产生的工业固体废弃物为 190 127 万吨,比上年增加 8.3%,并且随着工业化进程的加快,工业固体废弃物的产生量还会保持高速增长,而城市生活垃圾产生量也将以每年 8—10% 的速度递增。其次,对固体废弃物的处置能力不强,垃圾围城现象严重,造成的危害十分巨大。许多工业废物和生活垃圾长年露天堆积,甚至排入水中,不仅占用大量的土地,而且经过日晒雨淋导致可溶成分分解有害物质并排放到空气中、水中以及渗入地下,污染水源和空气,影响土壤性质,造成周围环境极度恶化。最后,固体废弃物处置标准不高,无害化处理低,不少固体废弃物仅仅做到集中堆放,焚烧或者填埋,没有实现对废物的无害化处理甚至循环再利用。2008 年监测结果显示,渤海重点监测海域以中小块垃圾为主,特大块垃圾极少。垃圾种类以生活垃圾为主,主要为塑料类、木制品类及烟头等垃圾。海滩

---

❶ 渤海环境保护总体规划编制组:《渤海环境保护总体规划(2008—2020 年)》,第一章。

❷ 甘卫星、朱光婷:《城市化的环境危机及其对策》,载《环境保护》2010 年第 11 期。

❸ 国家海洋局北海分局:《2008 年渤海海洋环境公报》,第五章。

垃圾和海面漂浮垃圾主要来源于人类海岸活动和娱乐活动,占海洋垃圾总量的一半以上。❶ 所以如果来自近岸海域的陆源得到了控制,进入到渤海的30—40％的陆源污染物将得到控制,海洋垃圾的数量也会随之减少。

第四是空气污染。我国除少数沿海城市外,大部分城市的空气质量不能令人满意。在中国开展环境统计的333座城市中,仅有118座城市达到国家空气质量二级标准,占统计城市数的35.4％。❷ 城市交通的发达是城市化的内在要求,其对于经济发展、人们生活以及维系社会安定等方面都是不可缺少的根本条件。但是,就我国来看,城市交通污染是城市环境恶化不可忽视的因素。首先,汽车排放的尾气加重了大气污染。我国已经成为全球第二大汽车消费国。截至2009年8月,我国机动车保有量约为1.8亿辆,与前一年同期相比增长9.28％,其中私人轿车保有量约2400万辆,同比增长31.46％。城市汽车数量庞大并且持续大幅度增加造成交通污染日益严重。汽车排放的尾气中含氮氧化物和挥发性有机物,此外我国城市的煤烟污染也很严重,酸雨现象仍然经常发生。来自空气中的污染是陆源污染的一部分,所以防治陆源污染也要防治渤海近岸陆域城市空气污染。

二、渤海沿海经济带的发展及其对渤海的影响

随着环渤海地区城市化的加快,在产业布局方面出现了"趋海性"发展的特点,渤海也迎来了新的开发热潮。目前,环渤海区域的辽宁沿海经济带、河北曹妃甸循环经济示范区、天津滨海新区以及黄河三角洲生态经济区、山东半岛蓝色经济区都已纳入国家总体战略规划,此外河北沧州渤海新区也在加快建设。具体而言:

1. 辽宁沿海经济带。辽宁沿海经济带位于我国东北地区,毗邻渤海和黄海,包括大连、丹东、锦州、营口、盘锦、葫芦岛6个沿海城市所辖行政区域,陆域面积5.65万平方千米,海岸线长2 920千米,海域面积约6.8万平方千米。2008年末,常住人口约1 800万人,地区生产总值6 950亿元,人均地区生产总值38 605元。2009年7月国务院批复了《辽宁沿海经济带发展规划》,确立了

---

❶ 国家海洋局北海分局:《2008年渤海海洋环境公报》,第二章。

❷ 《城市化过程中的环境保护政策》,来源于 http://zhidao.baidu.com/question/9146177.html。

辽宁沿海经济带"一核、一轴、两翼"的总体布局,即以大连为核心,以大连—营口—盘锦为主轴,以盘锦—锦州—葫芦岛渤海沿岸为渤海翼,以大连—丹东黄海沿岸及主要岛屿为黄海翼。其中渤海翼的发展主要包括:(1)加快锦州滨海新区建设,重点发展石油化工、新材料、制造业、船舶修造等产业,建设锦州湾国家炼化基地和国家石油储备基地。(2)加快盘锦石油装备制造业发展,重点发展石油装备制造与配件、石油高新技术、工程技术服务等相关产业,建成我国具有较强竞争力的石油装备制造业基地。(3)加快葫芦岛北港工业区建设,重点发展石油化工、船舶制造与配套、有色金属、机械加工、医药化工和现代物流等产业。加快培育其他基础好、潜力大的园区发展,推进具备条件的产业园区尽快形成规模。

2. 河北曹妃甸循环经济示范区。曹妃甸是环渤海地区唯一不需要疏浚航道和开挖港池即可建设大型深水码头的天然港址,曹妃甸与陆地间广阔的浅滩为临港工业的发展提供了得天独厚的条件。2008 年 1 月,国务院批复了《曹妃甸循环经济示范区产业发展总体规划》,明确提出要建立以现代港口物流、钢铁、石化、装备制造等四大产业为主导,电力、海水淡化、建材、环保等关联产业循环配套,信息、金融、商贸、旅游等现代服务业协调发展的产业体系,把曹妃甸建设成为依托京津冀、服务环渤海,面向世界的国家级临港产业循环经济示范区。

3. 天津滨海新区。天津滨海新区位于天津东部沿海,是环渤海经济圈的中心地带,是亚欧大陆桥最近的东部起点,也是中国邻近内陆国家的重要出海口。规划面积 2 270 平方千米,海岸线 153 千米,常住人口 202 万。天津滨海新区具有良好的生态环境和丰富的资源储备,拥有水面、湿地 700 多平方千米;1200 平方千米盐碱荒地可供开发;已探明渤海海域石油资源总量 100 多亿吨,天然气储量 1 937 亿立方米。2006 年 6 月国务院发布了《国务院推进天津滨海新区开发开放有关问题的意见》,提出依托京津冀、服务环渤海、辐射"三北"、面向东北亚,努力将滨海新区建设成为我国北方对外开放的门户、高水平的现代制造业和研发转化基地、北方国际航运中心和国际物流中心,逐步成为经济繁荣、社会和谐、环境优美的宜居生态型新城区。2008 年 3 月,国务院批复《天津滨海新区综合配套改革试验总体方案》,支持天津滨海新区在企业改革、科技体制、涉外经济体制、金融创新、土地管理体制、城乡规划管理体制、农村体制、社会领域、资源节约和环境保护等管理制度以及行政管理体制等十个方面先行试验重大的改革开放措施。天津滨海新区包括先进制造业产业区、临空产业区、滨海高新技术产业开发区、临港工业区、南港工业区、海港物流区、滨海旅游区、中新天津生态城、中心商务区九大产业功能区和世界吞吐量第五位的综合性贸易港口——天津港。在功能区布局和产业发展方面，滨海新区实施"一核双港、九区支撑、龙头带动"的发展策略。"一核"指滨海新区商务商业核心区，由于家堡金融商务区、响螺湾商务区、开发区商务及生活区、解放路和天碱商业区、蓝鲸岛生态区等组成。"双港"指天津港的北港区和南港区。"九区支撑"指通过滨海新区九个功能区的产业布局调整、空间整合，打造航空航天、石油化工、装备制造、电子信息、生物制药、新能源新材料、轻工纺织、国防科技等 8 大支柱产业，形成产业特色突出、要素高度集聚的功能区，成为高端化、高质化、高新化的产业发展载体，支撑新区发展，发挥对区域的产业引导、技术扩散、功能辐射作用。"龙头带动"指通过加快"一核双港九区"的开发建设，凸显天津滨海新区作为新的经济增长极的龙头带动作用，在加快天津发展，促进环渤海地区经济振兴，推动全国区域协调发展中发挥更大作用。

4. 黄河三角洲高效生态经济区。黄河三角洲位于渤海南部的黄河入海口沿岸地区，规划范围包括山东省的东营市、滨州市，潍坊市的寒亭区、寿光市、昌邑市，德州市的乐陵市、庆云县，淄博市的高青县和烟台市的莱州市，共 19 个县（市、区），陆地面积 2.65 万平方千米。2009 年 12 月，国务院批准《黄河三角洲高效生态经济区发展规划》，提出建设全国重要的高效生态经济示范区、特色产业基地、后备土地资源开发区以及环渤海地区重要的增长区域的功能定位，在空间布局上形成核心保护区、控制开发区和集约开发区合理分布的总体框架。其中核心保护区主要包括自然保护区、水源地保护区和海岸线自然保护带，约占区域面积的 14% 左右。该区域以维护生态安全为主，严格限制各类开发建设活动；控制开发区主要包括沿海岸线的浅海滩涂、高效生态农业区以及黄河现行和备用入海流路。该区域主要是综合开发利用滩涂资源，因地制宜发展农副产品生产和加工、观光休闲农业等产业，在资源环境承载能力相对较强的特定区域，适度发展低消耗、可循环、少排放的生态工业。集约开发区主要包括陆域沿海防潮大堤内以盐碱荒滩地为主的成块连片未利用地和国家级及省级开发区、城镇建设用地，该区域是集聚产业、人口的重要区域和推进工业化、城镇化的重点开发空间，其基本产业布局是依托"四点"，建设"四区"，打造"一带"。"四点"即东营、滨州、潍坊港和烟台港莱州港区,要强化东营港的区域中心港地位,加强莱州港区建设,加快滨州港、潍坊港扩能。"四区"即东营、滨州、潍坊北部、莱州四大临港产业区,要依托港口和铁路交通干线,加强基础设施建设,大力发展临港物流和现代加工制造业,推动生产要素的合理流动和优化配置,促进产业集群式发展。"一带"即以四个港口为支撑,以四大临港产业区为核心,以经济技术开发区、特色工业园区和高效生态农业示范区为节点,形成西起乐陵、东至莱州的环渤海南岸经济集聚带。

5. 山东半岛蓝色经济区。山东半岛蓝色经济区规划范围包括山东全部海域和青岛、东营、烟台、潍坊、威海、日照6市及滨州市的无棣、沾化2个沿海县所属陆域,海域面积15.95万平方千米,陆域面积6.4万平方千米。2011年1月4日,国务院正式批复了《山东半岛蓝色经济区发展规划》。按照规划,山东半岛蓝色经济区以海洋为特色,意在打造具有较强国际竞争力的现代海洋产业集聚区、具有世界先进水平的海洋科技教育核心区、国家海洋经济改革开放先行区以及全国重要的海洋生态文明示范区。在空间布局方面,一是以青岛为龙头,以烟台、潍坊、威海等沿海城市为骨干,提升胶东半岛高端海洋产业集聚区的发展水平;二是壮大黄河三角洲高效生态海洋产业集聚区和鲁南临港产业集聚区两个增长极;三是优化海岸与海洋开发保护格局,构筑海岸、近海和远海三条开发保护带;四是优化沿海城镇布局,培育青岛—潍坊—日照、烟台—威海、东营—滨州三个城镇组团。在产业发展方面,基本思路是以培育战略性新兴产业为方向,以发展海洋优势产业集群为重点,强化园区、基地和企业的载体作用,加快发展海洋第一产业,优化发展海洋第二产业,大力发展海洋第三产业,促进三次产业在更高水平上协同发展。其中强调了海洋第二产业的支柱作用,重点发展海洋生物、装备制造、能源矿产、工程建筑、现代海洋化工、海洋水产品精深加工等产业。

6. 沧州渤海新区。渤海新区包括黄骅市、海兴县、中捷产业园区、化工产业园区和南大港产业园区,面积2 375平方千米,海岸线130千米,总人口54.6万。❶ 沧州渤海新区的产业发展按照"港口导向、港产联动、突出特色和港口、产

---

❶ 资料来源于沧州市政府网关于沧州行政区划的介绍,http://www.cangzhou.gov.cn/zwbz/czgk/hzgg/xfggk/27870.shtml,2011年5月访问。

业、城市、腹地协调推进"的思路,重点打造精石油化工、装备制造、电力能源、港口物流四大产业,力争把渤海新区打造成为我国北方化工产业基地、河北南部钢铁工业基地、中国管道装备制造业基地、华北地区重要的电力能源生产基地和国际化区域物流中心。❶

上述渤海沿海经济带的发展对渤海造成了直接的影响,这些影响主要体现在:

第一,从产业布局上看,辽宁沿海经济带、河北曹妃甸循环经济示范区、天津滨海新区以及沧州渤海新区等集中发展石油化工、装备制造、有色金属、港口物流等对环境影响大的产业,渤海面临的环境风险进一步加大。而尽管黄河三角洲高效生态经济区强调了"生态"概念,但是如何实现生态保护和经济发展的协同问题将会进一步凸显,而山东半岛蓝色经济区则更是突出了发展海洋经济的思想,如何保护渤海生态,实现持续开发利用将是需要认真考虑的问题。

第二,沿海经济带的开发加大了对滨海区域生态环境的破坏。例如,沿海经济开发加剧了湿地破坏。其中,位于辽河三角洲的盘锦滨海湿地、海河三角洲的天津近岸湿地和黄河三角洲湿地破坏最为严重。沿海地区生态防护林体系未建成,其中山东、河北两省环渤海地区的森林覆盖率仅为16.4%和16.8%,低于全国平均水平。❷

第三,沿海经济带的开发普遍采用了填海造陆的方式,不仅直接改变了渤海的自然形态,同时也对渤海生态环境带来重要影响。

国家海洋局北海分局发布的《2009年渤海海洋环境公报》对渤海沿岸经济开发活动给予了高度关注,并进行了专门分析。透过《公报》中的相关数据,我们不难感受到渤海沿海经济开发给渤海环境带来的巨大压力。

---

❶ 资料来源于沧州市政府网关于渤海新区产业规划的说明,http://www.cangzhou.gov.cn/jjbz/bhxg/cy/cygg/31917.shtml,2011年5月访问。
❷ 渤海环境保护总体规划编制组:《渤海环境保护总体规划(2008—2020年)》,第一章。

表 6-1　2009 年渤海热点开发区域开发情况 ❶

热点开发区域		填海面积（平方千米）	占用岸线（千米）	在建项目	主要产业	环境压力
辽宁沿海经济带	长兴岛临港工业区	12.40	14.8	23 个	港口、造船业、装备制造业	影响斑海豹生境
	营口沿海产业基地	6.50	9.6	14 个	冶金、精细化工、高新技术产业、装备制造业	环境污染、湿地萎缩、岸线平直化
	锦州湾沿海经济区	9.30	12.5	17 个	电子、石化工业、船舶制造及配套	重金属污染
河北曹妃甸循环经济区		21.51	1.59	60 个	钢材深加工、液体化学品码头、物流中心	深水航道淤积
沧州渤海新区		9.23	1.12	2 个	通用散杂货码头	淤积
天津滨海新区		29.00	5.17	5 个	化工、旅游、港口物流、机械制造、能源	淤积、环境污染
山东半岛蓝色经济区		6.83	—	—	交通运输、工业、旅游、能源	淤积、环境污染

　　具体而言,辽宁沿海经济带 2009 年填海面积 28.20 平方千米。海水环境质量方面,长兴岛临港工业区水质状况较好,营口附近海域和锦州湾沿海经济区周边海域水质较差,其中锦州湾沉积物环境较差,受到重金属污染,生物群落结构异常,生物种类较少,多样性指数较低。河北曹妃甸循环经济区 2009 年填海面积 21.51 平方千米,沧州渤海新区填海面积 9.23 平方千米。其中曹妃甸附近海域随着大规模的填海造陆开发,水质状况发生明显改变,PH 和盐度值明显增高,大部分站位悬浮物浓度较大,在 16.2—103mg/L 之间。天津滨海新区填海面积 29.00 平方千米。新区附近海域水质状况较差,氮磷比偏高,污染严重区域分布在临港工业区和临港产业区中间海域;沉积物质量状况较差,个别站位多氯联苯超第三类海洋沉积物质量标准;部分生物体内重金属镉、铅、砷和六六六超标;海洋生物多样性指数偏低。山东半岛蓝色经济区规划中,渤海区域集中集约利用海陆总面积约 870 平方千米,其中需要填海造陆约 160 平方千米。2009 年

❶　国家海洋局北海分局:《2009 年渤海海洋环境公报》,第六章,2010 年 5 月。

填海面积 6. 83 平方千米。山东省渤海海洋海水环境营养盐结构失衡、富营养化较重。

第三节 基于近岸陆域渤海保护的任务、途径和措施

基于近岸陆域的渤海保护主要是指在近岸陆域范围内,根据近岸陆域经济社会发展对渤海的影响来确定保护的任务、途径和措施。

一、近岸陆域渤海保护的主要任务

如上节所述,渤海近岸陆域的经济社会活动对渤海的影响是全方位的,最为突出的影响体现在渤海污染、自然形态改变以及生态环境的破坏方面。为此,与之相对应,近岸陆域渤海保护的主要任务即是削减对渤海的污染排放,减少对渤海湿地、自然岸线等自然形态的破坏,防止渤海近岸陆域生态环境的退化等。

二、近岸陆域渤海保护的基本途径

(一)防止近岸陆域对渤海的污染。近岸陆域的污染对渤海造成直接的影响,使渤海碧海行动计划未能按期完成。到"十五"末期,仍有 40% 的规划项目未得到有效实施。规划内已完成的治污项目运行效率较低,已建成的城镇污水处理设施运行负荷率在 60% 以下的项目占 22%,垃圾无害化处理率仅为 28.8%。❶ 国家海洋局北海分局发布的《2009 年渤海海域环境公报》显示,2009年渤海沿岸实施监测的陆源入海排污口(河)共 100 个,其中工业排污口 32 个,市政排污口 15 个,排污河 26 个,其他排污口 27 个。渤海沿岸设置在旅游区的排污口 13 个,设置于港口航运区 24 个,养殖区 44 个,其他海洋功能区 19 个,50% 以上的排污口设置在海洋保护区、渔业资源利用与养护区、旅游区等海洋功能区。从排污口附近海域的海水环境质量情况看,2009 年监测与评价结果显示,73% 的重点排污口临近海域水质不能满足所处海域的海洋功能区要求,40%的重点排污口临近海域水质劣于第四类海水水质标准。

从近岸陆域的污染源看,首要的仍然是来自工业的污水污染。为此,需要加

---

❶ 渤海环境保护总体规划编制组:《渤海环境保护总体规划(2008—2020 年)》,第一章。

强工业污染排放的控制,尤其是加强对沿岸经济带工业污染的控制,在企业推行清洁生产,建设生态产业区和循环经济示范区,减少工业对渤海的污染排放。其次,需要加强对城镇污水排放的控制。虽然如同上一节所述,渤海沿海十三市都强调了对城市污水的集中处理,污水集中处理率均保持在较高的水平,但是经过集中处理的污水是否达标排放仍然是未知数,而且排放总量如何也无相关统计。此外,除了城市污水之外,城市面源污染、生活垃圾等造成的固体废物污染以及空气污染等也是需要认真解决的污染源。第三,由于近岸陆域都是重要的农业基地,并具有广阔的农村区域,因此调整沿海地区农业用地结构,控制化肥和农药使用量,做好农业和农村污染防治也是防治渤海污染的重要内容。这方面,可以结合我国开展的可持续发展试验区建设、生态市建设以及环保模范城市建设等活动进行整体型建设和推进。

(二)控制和减少渤海沿岸经济开发对渤海自然形态和生态环境的破坏。随着渤海沿岸经济开发的持续升温,沿海湿地、滩涂等生态环境受到破坏,填海造陆对渤海造成的影响尤其突出。为此严格控制填海造陆的规模,减少对渤海自然形态和生态环境的破坏就十分重要。对此,主要应该做好以下几点:

1. 做好沿海经济带的综合发展规划,在发展经济的同时,尽量保有渤海湿地、海岸等自然形态,减少对渤海生态环境的破坏。强化规划对经济开发的指导性和强制约束力,禁止随意更改规划。

2. 对渤海典型生态系统和生态环境包括天然岸线等加强保护。通过建立海洋自然保护区、海洋特别保护区以及风景名胜区等多种方式,对渤海自然形态和生态环境采取多种保护手段。

(三)加强近岸陆域生态修复力度,防止陆域生态环境的退化。以河北为例,受人类开发、不合理的采伐和盗伐等人为活动及自然条件的影响,河北省沿海森林、湿地覆盖率较低,2003 年仅为 9.5%。海岸防护林面积缩减,树种单一,局部地区防护林树木成片死亡,病虫害频繁发生,防护林生态系统较脆弱,抗干扰能力较低;天然湿地急剧减少,生物多样性受损,生态功能衰退,使湿地本应具有的涵养水源、净化环境、维持生物多样性和生态平衡等生态功能明显下降。[1]

---

[1]　宋素青、黄森:《河北省海洋经济持续发展面临的环境问题与对策》,载《海洋开发与管理》2007 年第 5 期。

因此,需要加强对近岸陆域生态环境的修复工作,加强湿地等重要生态系统修复,加强沿海防护林工程建设等。

三、近岸陆域渤海保护的主要措施

对于近岸陆域的渤海保护,我国的《海洋环境保护法》对于陆源污染防治做出了专章规定,包括达标排放、入海排污口设置要求、入海河流污染防治、陆源污染物排放单位的排污申报制度、对污水排放入海的禁限规定、沿海农田林场、化肥农药的使用、沿海城市生活污水排放、岸滩弃置、堆放和处理固体废物的污染防治以及大气污染防治等。对此国务院发布的《防治陆源污染物污染损害海洋环境管理条例》做出了进一步规定。此外,我国的《海域使用法》对海域使用做出了明确规定。这些规定同样适用于近岸陆域渤海保护。与此同时,从渤海的实际情况出发,近岸陆域的渤海保护还需要采取以下措施:

1. 入海污染物的总量控制制度。尽管我国《海洋环境法》已经原则上规定了入海污染物的总量控制制度,但一直没有可操作性配套法规出台。尤其是对于渤海而言,作为封闭性内海,其本身自净能力相对更弱,需要采取更为严格的污染物总量控制原则。

2. 完善环境影响评价制度。从规划和建设项目两个层面加强环境影响评价,控制经济发展规划和建设项目对渤海海洋环境的影响。

3. 完善我国的自然保护区制度。根据不同情况,设置保护程度不同的保护区制度,加强对渤海典型河口、湿地等生态系统的保护,保护渤海自然形态。

4. 健全入海河流排放监测系统,严格控制陆源污染物向海排放。

5. 加强对渤海沿岸重点区域和项目的环境风险管理,健全环境突发事件应急反应机制,防止突发事件对渤海造成的影响。

第七章 基于入海河流全流域的渤海保护

渤海作为一个半封闭型的内海,深受内陆河流的影响。从渤海入海河流的情况看,渤海沿岸主要入海河流约 45 条,分为海河、黄河、辽河三大流域,七个水系。其中,辽东半岛诸河水系、辽西沿海诸河水系、滦河水系和山东半岛诸河水系为省内或者基本上是省内水系,辽河水系、海河水系、黄河水系为跨省水系,这些入海河流对渤海产生着重要影响。随着海河、黄河、辽河流域的经济社会发展,汇入渤海的河流的水文和自然生态特征受到越来越多人类活动的影响并发生改变,进而影响到渤海的自然生态。本章主要是从分析渤海入海河流全流域的社会经济发展状况入手,揭示渤海入海河流全流域对渤海的影响,并据此确定入海河流全流域在渤海保护方面的任务。

第一节 渤海入海河流全流域的社会经济发展状况

渤海整个流域的面积约计 123 万平方千米,占整个国土面积的 12.8%,人口 3.2 亿,占全国人口的 25%。2008 年国内生产总值达到 9.2 亿,占全国国内生产总值的 30% 左右。❶ 渤海入海河流流域的经济社会发展在我国国民经济发展中占据主要地位。现分流域介绍如下:

一、黄河流域社会经济发展状况

黄河流域(包括黄河内流区,下同)总面积 79.5 万平方千米,流经青海、四

---

❶ 渤海流域的面积是作者根据黄河、辽河和海河流经的地区以上的市的面积相加得来,其 GDP 是 2008 年流经的地区以上市 GDP 的和。

川、甘肃、宁夏、内蒙古、陕西、山西、河南、山东等九省(区)。全河划分为龙羊峡以上、龙羊峡至兰州、兰州至头道拐、头道拐至龙门、龙门至三门峡、三门峡至花园口、花园口以下、黄河内流区等二级流域分区。❶

黄河流域土地资源丰富,适宜发展农业和林业。据统计,黄河流域总土地面积 11.9 亿亩(含内流区),占全国国土面积的 8.3%。其中大部分为山区和丘陵,分别占流域总面积的 40% 和 35%,平原仅占流域总面积的 17%。由于地貌、气候和土壤的差异,形成了复杂多样的土地利用类型,不同地区土地利用情况差异很大。流域内共有耕地 1.79 亿亩,人均 1.83 亩,为全国人均耕地的 1.5 倍。据 1991 年统计,黄河流域共有荒地 2 541.41 万亩(含河口三角洲),是全国开发条件较好的后备耕地资源。大部分地区光热资源充足,农业生产发展潜力很大。流域内有林地 1.53 亿亩,牧草地 4.19 亿亩,林地主要分布在中游,牧草地主要分布在上中游,林牧业发展前景广阔。❷ 其中,西宁、兰州和天水以北,长城以南的广阔黄土高原,以及汾渭盆地、宁夏河套平原、下游沿黄平原和涅水、姚河等支流河谷地区,水热条件较好,土地资源丰富,适于多种作物生长,是黄河流域重要的农耕区。而在以上这些地区中,宁蒙河套平原、汾渭盆地和下游沿黄地区,土地肥沃,灌溉条件好,人口多,农业生产水平较高,成为黄河流域三大农业生产基地,也是重要的商品粮基地。较大支流的河谷川地,人口相对集中,水土条件较好,产量较高,是当地的"粮仓"。❸ 黄河流域的粮食作物主要包括小麦、玉米、谷子、水稻等,经济作物主要有棉花、花生、油菜、胡麻等油料作物以及甜菜等。

黄河流域矿产资源丰富,在全国已探明的 45 种主要矿产中,黄河流域有 37 种。其中储量占全国总储量 32% 以上的优势矿产包括稀土、石膏、玻璃用石英岩、铌、煤、铝土矿、钼、耐火材料等 8 种。黄河流域上中游地区的水能资源、中游地区的煤炭资源、中下游地区的石油和天然气资源都十分丰富,在全国占有极其重要的地位,被誉为我国的"能源流域"。其中,流域可开发水能资源总装机容量 3 344 万千瓦,年发电量约 1 136 亿千瓦时,在我国七大江河中居第二位。已

---

❶ 水利部黄河水利委员会:《2008 年黄河水资源公报》。
❷ 黄河水利委员会黄河志总编辑室编:《黄河流域综述》,河南人民出版社 1998 年版,第 191 页。
❸ 黄河水利委员会黄河志总编辑室编:《黄河流域综述》,河南人民出版社 1998 年版,第 193 页。

探明煤炭储量 4 492.4 亿吨,占全国煤炭储量的 46.5%。❶ 流域内已探明的石油、天然气主要分布在胜利、中原、长庆和延长 4 个油区,其中胜利油田是我国的第二大油田。

黄河流域丰富的矿产资源有利于该区冶金行业的发展,钢铁业以及铜、铅、锌、稀土、铝土等有色冶金业比较发达。此外,新中国成立以来,黄河流域的化学工业、机械工业、轻纺工业以及建材工业等也都有了长足的发展。

黄河流域的城市包括甘南州、宁夏回族自治州、兰州市、白银市、中卫市、吴忠市、银川市、石嘴山市、乌海市、巴彦淖尔市、包头市、呼和浩特市、鄂尔多斯市、忻州市、榆林市、临汾市、吕梁市、西安市、延安市、运城市、太原市、渭南市、三门峡市、洛阳市、焦作市、郑州市、新乡市、开封市、菏泽市、济宁市、泰安市、濮阳市、聊城市、济南市、淄博市、滨州市、东营市等 37 个主要城市。

从黄河流域的经济发展情况看,上游区域经济相对发展较弱,即位于中国西部的青海、四川、甘肃、宁夏、山西和陕西地区,这些地区在 2000 年以前,经济非常不发达,水土流失严重,是我国最不发达和最贫穷的地区。黄河中下游城市相对发达。位于黄河中下游的三门峡市、洛阳市、焦作市、泰安市、济南市除了是重要的旅游城市外,机械电子、石油化工、冶金、建材、轻纺、食品等工业也非常发达。河南省的郑州市除了是全省的经济、文化中心以外,还是全国最大的油石基地之一。山东省的省会城市济南在机械纺织、钢铁、化工、轻工、食品、建材等优势工业的基础上,根据国家产业政策,适时地把机(高性能、高附加值机械产品和冶金产品)、车(先进的重型汽车、改装车、摩托车)、电(新型电子产品和高档家用电器)、化(现代生物医药化工、精细化工和化纤)作为四大主导产业发展,提高了全市工业经济运行质量和效益。

为了促进西部经济发展,国家提出了西部大开发战略。2001 年 3 月,九届全国人大四次会议通过的《中华人民共和国国民经济和社会发展第十个五年计划纲要》对实施西部大开发战略进行了具体部署。2006 年 12 月 8 日,国务院常务会议审议并原则通过《西部大开发"十一五"规划》,目标是努力实现西部地区经济又好又快发展,人民生活水平持续稳定提高,基础设施和生态环境建设取得新突破,重点区域和重点产业的发展达到新水平,教育、卫生等基本公共服务均

---

❶ 黄河水利委员会黄河志总编辑室编:《黄河流域综述》,河南人民出版社 1998 年版,第 206 ~ 207 页。

等化取得新成效,构建社会主义和谐社会。

西部大开发战略的实施,大大促进了黄河流域经济社会发展。❶ 我们可以通过以下数据的对比来说明。在 2000 年以前黄河流域经济社会发展相对落后,据 2000 年资料统计,黄河流域人口 11 008 万人,占全国总人口的 8.7%;城市化率 26.4%,低于全国平均水平;国内生产总值 6 365 亿元,占全国的 6.8%,经济发展水平较低。牧业也比较落后,人均占有粮食和畜产品都低于全国平均水平。❷ 随着国家西部战略的实施,黄河流域经济社会的发展脚步明显快于全国平均水平。黄河流经城市的总面积达到 63 万平方千米,人口平均密度为每平方米 208 人。2008 年总人口超过了 1.3 亿,占全国的 10%。地区国内生产总值约 3.2 万亿,占全国总 GDP(300 670 亿元)的 10.5%,比例大大高于 2000 年。人均 GDP 约为 23 907 元,略微高出全国平均水平(22 640 元)。❸

西部大开发战略尤其对黄河中上游区域的发展带来巨大影响。例如,黄河中上游城市甘南州有着丰富的旅游资源,旅游业发展很快。白银市、吴忠市、银川市、乌海市、巴彦淖尔市、兰州市、包头市、呼和浩特市等在利用黄河灌溉发展农业的基础上,还大力发展了工业,成为国家重要的有色金属、能源、建材、化工基地。甘肃省的省会城市兰州和内蒙古自治区的省会城市呼和浩特就是典型的例子。兰州已形成以石油、化工、机械、冶金四大行业为主、门类比较齐全的工业体系,成为我国主要的重化工、能源和原材料生产基地之一。硝酸合成橡胶、硅铁、铝、石墨、电机、石油铅机和粗精纺毛呢等产品产量均处国内领先地位。兰州是享有盛名的瓜果城,白兰瓜、黄河密瓜、西瓜、籽瓜等瓜果久负盛名,百合、玫瑰、黑瓜子、水烟等土特产品蜚声中外,远销世界其他国家和地区。而呼和浩特市则是内蒙古重要的工业城市,也是我国重要的毛纺工业中心之一,同时也是一个因盛产乳产品而闻名遐迩的城市。由于工业的快速发展,城市化水平也不断提高。黄河中游流经的忻州市、延安市成为国家的重要旅游城市,榆林市、临汾市则拥有大量的煤炭资源。作为陕西省省会城市的西安是中国中西部地区最大

---

❶ 西部大开发的范围包括重庆、四川、贵州、云南、西藏自治区、陕西、甘肃、青海、宁夏回族自治区、新疆维吾尔自治区、内蒙古自治区、广西壮族自治区等 12 个省、自治区、直辖市,面积 685 万平方千米,占全国的 71.4%。2002 年年末人口 3.67 亿人,占全国的 28.8%。其中属于黄河流域的省和自治区包括四川、陕西、甘肃、青海、宁夏回族自治区、内蒙古自治区等。

❷ 资料来源于《黄河近期治理开发规划》(水利部规计〔2002〕226 号)。

❸ 数据来源于中国统计局官方网站 http://www.stats.gov.cn/,2011 年 5 月访问。

和最重要的科研、高等教育、国防科技工业和高新技术产业基地,也是中国重要的机械制造中心、电子信息产业基地、航空航天工业的核心基地,是中国科技实力最强、工业门类最齐全的特大型中心城市之一。

二、辽河流域经济社会发展状况

辽河流域位于我国东北地区的西南部,包括辽河和浑太河两大水系,跨越河北、内蒙古、吉林和辽宁四省(自治区),流域面积 21.96 万平方千米。其中,流经城市的总面积为 26.5 万平方千米。流域包括重要的历史名城和著名的旅游城市承德,森林资源丰富的内蒙古自治区通辽市、赤峰市,辽宁东部的铁岭市、阜新市,吉林省南部的辽源市、四平市,国家老牌的重工业和能源基地鞍山市、沈阳市、抚顺市和本溪市,以及滨海城市盘锦市和营口市。2009 年年底前,辽河流经城市人口近 4 000 万人,平均人口密度为 151 人/平方千米。2008 年年底国内生产总值超过 1.1 万亿元,●人均 25 000 元,高出全国平均水平(22 640 元人民币元)的 10%。

辽河流域土地面积广阔,类型多样,是我国最重要的农业生产基地。流域内大部分地区处于暖温带、中温带,气候温暖湿润,无霜期长,土壤肥沃,平均年降雨量 300—1 200 毫米,农作物可以一年一熟或者两年三熟。流域内约有 8 000 万亩耕地,占全国耕地总面积的二十分之一,是重要的玉米、水稻产区。此外,芝麻、小麦、杂粮、向日葵、麻类等经济作物也在全国占重要地位。辽河流域森林、草原、滩涂水面广阔,发展林业、畜牧业、水产业条件优越,是我国主要的农业、畜牧业和水产业基地。❷ 流域内主要粮食作物有高粱、玉米、水稻、大豆、谷子、红薯、马铃薯等,经济作物有棉花、花生、烟草、柞蚕丝、甜菜等。

辽河流域森林资源比较丰富,森林覆盖率高于全国的平均水平。野生动植物资源丰富,有兽类近 120 种,鸟类 360 种,野生植物 2 000 多种,其中包括 600 多种名贵的中药材。

辽河流域矿产资源丰富,保有储量居全国前三位的矿产就达 40 多种。其中,铁、锰储量分别占全国储量的 1/4 和 1/10,有色金属中镓、镉、锗和稀土占全

---

❶ 此数据为作者将 2008 年辽河流经的地区以上城市的人口、GDP 通过相加计算而得。

❷ 韩增林、王利著:《奔腾到海大辽河——辽河与辽河流域》,辽海出版社 2000 年版,第 10 页。

国储量的 1/5 至 1/8,非金属矿中化工原料矿产钾长石和硼储量居全国一半以上。金刚石储量占全国 53%,冰洲石储量近占全国 1/3。❶

辽河流域是我国传统的老工业基地,经过多年建设,形成了以重工业为主体的工业体系。重工业中,冶金、化工、建材等原材料工业占 60%,机械工业也有很大优势。在工业布局方面,以辽宁省为中心,地跨吉林省、内蒙古自治区、河北省,建成了以钢铁、机械、石油、化工等为主导部门的工业基地,被称做"中国的鲁尔区"。其中,辽宁省以钢铁、有色冶炼、机械、石油化工、建材、纺织为主体;吉林省部分地区以行走机械、化工产品、森林工业为优势;内蒙古东部以煤、电、木材及畜产品加工为主;河北承德地区则以钢铁工业、轻工业地位比较突出。❷

以辽河流域为代表的老工业基地是新中国工业的摇篮,"一五"时期的 156 个重点项目中就有 58 项在东北。在我国社会主义工业化初期,为建设独立、完整的国民经济体系,推动我国工业化和城市化进程做出了历史性贡献。同时东北老工业基地积聚了全国很大一部分工业资产存量和大中型骨干企业,拥有众多关系国民经济命脉的战略产业和骨干企业,是我国重化工业的重要基地,也是重要的农副产品生产基地。东北地区木材提供量占全国的 1/2,商品粮占全国的 1/3。东北地区拥有普通高校 154 所,占全国 11.3%;本科院校 78 所,占全国 12.4%;专业技术人才 210 万人,占全国 10%。❸

20 世纪 80 年代初期,东北地区的 GDP 占全国总量的 14.3%,工业总产值及重工业产值分别占全国总量的 16.7% 和 20% 以上。2002 年,东北三省总人口为 1.2 亿,占全国 8.3%,GDP 则占全国总量的 11.25%。东北三省的原油产量和木材提供量分别占全国近一半,商品粮占全国 1/3,汽车产量占全国 1/4,其中重型卡车产量占全国 1/2,造船产量占全国 1/3,钢产量占全国 1/8。其中,辽宁省的造船产量居全国第 2 位,内燃机车、变压器、工业锅炉产量均居全国第 3 位。东北还拥有大庆油田、第一汽车制造厂、沈阳飞机制造厂、鞍山钢铁公司、大连造船厂、哈尔滨电站设备制造公司等在全国处于领先地位的大型骨干

---

❶ 韩增林、王利著:《奔腾到海大辽河——辽河与辽河流域》,辽海出版社 2000 年版,第 86 页。

❷ 韩增林、王利著:《奔腾到海大辽河——辽河与辽河流域》,辽海出版社 2000 年版,第 134~135 页。

❸ 资料来源于《国务院关于振兴东北老工业基地的发展战略简介》,http://www. 0437. gov. cn/ad/2006/03/shengwu/dispArticle. Asp? ID=238,2011 年 5 月访问。

企业。

为了促进老工业基地在新时期的发展,2002 年中央的十六大提出"支持东北地区等老工业基地加快调整和改造,支持资源开采型城市发展接续产业"的战略方针。2003 年 10 月,中共中央、国务院又发布了《关于实施东北地区等老工业基地振兴战略的若干意见》,明确了实施振兴战略的指导思想、方针任务和政策措施。

实施东北地区等老工业基地振兴战略以来,东北地区经济社会发展加快,2008 年东北三省地区生产总值占全国的比重升至 8.62%,生产总值增长率(按地区统计后折算的增长率)为 13.4%,超过全国平均水平 1.7 个百分点。具体情况看,主要表现在:

一是国民经济保持较快增长。2008 年辽宁省完成 GDP 13 461.6 亿元,比上年增长 13.1%;吉林省完成 GDP 5 226.08 亿元,比上年增加 16.1%;内蒙古自治区全年生产总值 7 761.8 亿元,按可比价格计算,比上年增长 17.2%,均超过全国平均增幅。2008 年全年国内生产总值 300 670 亿元,比上年增长 9.0%。

二是粮食种植面积大幅增加,农民收入增长加快。减免政策的实施极大调动了农民种粮的积极性,粮食种植面积扩大。东北三省农作物总播种面积比 20 世纪 80 年代末增加近万亩,绿色、无公害食品种植面积大幅增加,农民的收入也大幅度增加。

三是工业发展势头良好。辽宁和吉林的重工业显现了强劲的发展势头。2008 年,辽宁省规模以上工业产值达到 6 603.1 亿元,比上年增加 17%;吉林省规模以上工业产值达到 2 491.28 亿元,比上年增加 18.6%;内蒙古自治区全年全部工业增加值 3 798.6 亿元,比上年增长 23.1%。其中,规模以上工业企业完成增加值 3 450.25 亿元,比上年增长 24.5%。这三个省已经连续多年工业增长达到 10% 以上,增幅均超过 2008 年全国规模以上工业平均增加值。2008 年全年全国全部工业增加值 129 112 亿元,比上年增长 9.5%,规模以上工业增加值增长 12.9%。

四是民营经济投资增长较快,并已成为参与国企改制的中坚力量和安置下岗职工的重要渠道。2000 年以来,黑、吉、辽三省民营经济投资均大幅度增加,外商投资大幅度增加。东北三省合同外资金额和实际使用外资金额均大大高于全国吸收外资平均增幅。

21 世纪初国家实施振兴东北老工业基地的策略以来,辽河流域的工农业得到了巨大的发展,尤其是在铁、成品钢和生铁生产方面均居全国前列。工业门类主要包括石油化工、冶金、电子、机械、建材、煤炭、电力、轻纺、医药等。钢、生铁、钢材、纯碱、烧碱等工业品产量在全国占较大比例,原油、天然气、原煤、机床、冶金设备、矿山设备、变压器、汽车等产品在全国也占有重要的位置。钢铁工业以鞍山为重点。沈阳、抚顺等地是重要的有色冶金基地,生产铜、铅、铝等。能源工业除了拥有相当规模的煤炭、电力外,还有辽河油田等全国最大的炼油基地。化工以辽阳石化、鞍山焦化等闻名。沈阳与京津沪并称为我国的四大机械中心。轻纺业以纺织、造纸、家用电器等较为重要。

三、海河流域经济社会发展状况

海河流域地跨 8 个省(自治区、直辖市),行政区划包括北京、天津两市全部,河北省绝大部分,山西省东部,河南省、山东省北部,内蒙古自治区和辽宁省一小部分。流域包括 26 个地级市,有市辖区 100 个、县级市 32 个、县(自治县、旗)198 个。❶

2005 年,海河流域人口 1.34 亿,占全国总人口的近 10%。其中,城镇人口5 022 万人,城镇化率为 37%。流域平均人口密度为 421 人/平方千米,其中平原地区为 648 人/平方千米。

海河流域人口密集,大中城市众多。自 1980 年以来,海河流域城镇人口稳步增加,农村人口数则呈下降趋势,城镇人口占总人口的比重逐年增大。目前海河流域有地级以上城市 26 个,包括首都北京、直辖市天津,以及石家庄、唐山、秦皇岛、廊坊、张家口、承德、保定、邯郸、邢台、沧州、衡水、大同、朔州、忻州、阳泉、长治、安阳、新乡、焦作、鹤壁、濮阳、德州、聊城、滨州等大中城市。❷

海河流域主要社会经济发展指标如下:

---

❶ 任宪韶、户作亮、曹寅白主编:《海河流域水利手册》,中国水利水电出版社 2008 年版,第 8 页。
❷ 任宪韶、户作亮、曹寅白主编:《海河流域水利手册》,中国水利水电出版社 2008 年版,第 8 页、13 页。

表7-1　海河流域2005年经济社会发展指标❶

| 行政区 | 人口（万人） | | | 国内生产总值（亿元） | 耕地面积（万公顷） | 有效灌溉面积（万公顷） | 粮食产量（万吨） |
	城镇	农村	合计				
北京	1237.50	300.50	1538.00	6814.50	23.34	18.15	94.90
天津	666.10	376.90	1043.00	3663.90	41.45	35.52	137.50
河北	1802.30	4971.72	6774.02	9950.31	602.90	463.94	3428.92
山西	489.62	681.43	1171.05	1500.18	138.09	43.94	391.23
河南	442.63	797.50	1240.13	1626.42	71.41	54.73	485.27
山东	359.13	1164.17	1523.30	2076.37	154.46	128.73	1 000.41
内蒙古	21.95	81.57	103.52	112.48	29.72	8.38	47.43
辽宁	2.98	19.42	22.40	11.81	1.75	1.10	7.87
合计	5022.21	8393.21	13415.42	25755.97	1063.12	754.27	5593.53

　　海河流域土地、光热资源丰富,适于农作物生长,是我国三大粮食生产基地之一。主要粮食作物有小麦、大麦、玉米、高粱、水稻、豆类等,经济作物以棉花、油料、麻类、烟叶为主。2005年有效灌溉面积754.27万公顷,占耕地面积的71%,实际灌溉面积636.2万公顷;粮食总产量5 594万吨,人均粮食占有量417公斤。河北山前平原、鲁北、豫北地区是主要产粮区,粮食产量占流域总产量的3/4。20世纪90年代以来,在发展粮食生产的同时,油料、果品、水产品、肉类、禽蛋、鲜奶等林牧渔业产品的产量取得了较高幅度的增长,大中城市周边农业转向为城市服务的高附加值农业。❷

　　海河流域广阔,自然资源丰富。煤炭、石油、天然气、铁矿等自然资源丰富。已探明的矿产资源90多种,是我国矿产资源种类较为齐全的地区,其中煤炭储量占全国的45%。

　　海河流域是我国重要的工业基地和高新技术产业基地,工业门类众多,技术水平较高,在国家经济发展中具有重要战略地位。主要行业有冶金、电力、化工、机械、电子、煤炭等,形成了以京津唐和京广、京沪铁路沿线城市为中心的工业生产布局。20世纪90年代以来,以电子信息、生物技术、新能源、新材料为代表的

❶　任宪韶、户作亮、曹寅白主编:《海河流域水利手册》,中国水利水电出版社2008年版,第14页。

❷　任宪韶、户作亮、曹寅白主编:《海河流域水利手册》,中国水利水电出版社2008年版,第13页。

高新技术产业发展迅速,已在流域经济中占有重要地位。2000 年高新技术产业产值约占流域工业产值的 10%,其中北京、天津超过 20%,形成了北京中关村、天津滨海新区等高新技术产业基地。❶

20 世纪 80 年代以来,海河流域社会经济持续发展,1998 年流域国内生产总值(GDP)9 674 亿元,占全国的 12%;人均 GDP 7 922 元,高出全国平均水平(6 270 元)的 1/4。工业总产值 1.37 万亿元。1980—1998 年,流域总人口增长 24%,城镇化率增加 9 个百分点。GDP 从 1980 年 984 亿元增加到 1998 年的 7 501 亿元(按 1990 年不变价计),翻了近三番。其中,北京市增长 14 倍,天津市增长 13 倍,河北省增长 19 倍。工业总产值从 1980 年的 1 107 亿元增加到 1998 年 1.29 万亿元,翻了三番半。其中,北京市增长 6 倍,天津市增长 9 倍,河北省增长 20 倍。在有效灌溉面积基本稳定的基础上,粮食总产量翻了近一番,从 1980 年的 2 769 万吨增加到 1998 年的 5 390 万吨,其中河北省粮食产量增长近一倍。流域人均粮食占有量从 283 千克增加到 442 千克,增长 56%。❷

第二节 渤海入海河流全流域对渤海的影响

渤海入海河流流域经济社会的发展加大了对水资源的需求,不仅造成了水资源的紧缺,同时也造成了严重的污染。而河流入海径流量的减少乃至断流以及河流水质的恶化都对渤海生态健康带来直接的影响。

渤海入海河流的情况可以归纳为两点:一是流域淡水入海量明显减少,水环境基础条件逐年降低。1980 年前后时段相比,陆地河流入海水量减少 379 亿立方米,减少 47%。这种状况不但导致了渤海盐度明显升高,河口环境改变,多数水生生物产卵场退化和消失,同时还导致海水入侵面积扩大,地下水矿化度和氯离子浓度增高,淡水咸化、水质变差,失去了原有使用价值。辽宁省环渤海地区和山东半岛滨海地区海水入侵面积达 1 300 平方千米,入侵面积占全国 90% 以上。❸

---

❶ 任宪韶、户作亮、曹寅白主编:《海河流域水利手册》,中国水利水电出版社 2008 年版,第 13 页。
❷ 根据水利部黄河水利委员会网站资料整理而来。
❸ 渤海环境保护总体规划编制组:《渤海环境保护总体规划(2008—2020 年)》,第一章。

表7-2　2009年主要河流代表水文站与实测水沙特征值❶（节选部分）

河流	代表水文站	控制流域面积	年径流量（亿立方米）		年输沙量（万吨）	
			多年平均	2009年	多年平均	2009年
黄河	潼关	68.22	349.9	206.5	111 000	11 200
淮河	蚌埠＋临沂	13.16	290.7	177.8	1170	177
海河	石匣里＋响水堡＋张家坟＋下会	5.22	15.62	2.402	1 870	0.203
辽河	铁岭＋新民	12.76	32.80	12.54	1690	27.6

二是陆域入海污染物排污总量居高不下，部分区域海洋功能受损。根据国家环保部发布的《2009年中国环境状况公报》，流入渤海的诸水系中，黄河、辽河为中度污染，海河为重度污染，淮河为轻度污染。流入渤海的水系在我国七大水系中污染最为严重。在流入渤海的污染物中，70%以上的入海污染物排入到敏感的海洋类型功能区，导致自然保护区、旅游区和渔业区现状达标率分别仅为79.8%、68.5%和58.8%。重点海湾沉积物污染严重，特别是汞、铅、砷、铜、石油烃和滴滴涕的污染，使渤海局部海域生物质量下降，多种持久性有机污染物均有检出。❷ 下面从水各流域水资源状况、水资源开发利用情况以及水质状况等进行具体分析。

一、黄河流域状况

（一）黄河流域的自然生态脆弱、水土流失严重。黄河是我国的第二大河，发源于青藏高原巴颜喀拉山北麓海拔4 500米的约古宗列盆地，流经青海、四川、甘肃、宁夏、内蒙古、陕西、山西、河南、山东9省（区），在山东垦利县注入渤海。干流河道全长5 464公里，流域面积79.5万平方千米。全河划分为龙羊峡以上、龙羊峡至兰州、兰州至头道拐、头道拐至龙门、龙门至三门峡、三门峡至花园口、花园口以下、黄河内流区等二级流域分区。与其他江河不同，黄河流域上中游地区面积占流域总面积的97%。流域西部地区属青藏高原，海拔在3 000米以上；中部地区绝大部分属黄土高原，海拔在1 000—2 000米之间；东部属黄

---

❶　数据来源于水利部：《2009年中国河流泥沙公报》。
❷　渤海环境保护总体规划编制组：《渤海环境保护总体规划（2008—2020年）》。

淮海平原,河道高悬于两岸地面之上,洪水威胁十分严重。❶黄河从源头到内蒙古自治区托克托县河口镇为上游,河长 3 472 千米;河口镇至河南孟津间为中游,河长 1 206 千米;孟津以下为下游,河长 786 千米。❷黄河汇集了 40 多条主要支流和 1 000 多条山川小溪,主要支流有白河、黑河、湟水、祖厉河、清水河、大黑河、窟野河、无定河、汾河、渭河、洛河、沁河、大汶河等。黄河流域的降雨量低且极具变化性,而且拥有世界上最大的黄土高原,由此造成该流域非常脆弱的生态环境。严重的土壤侵蚀造成黄河水高浓度的黄色泥沙含量并沿河堆积,导致黄河成为世界上最混浊的河流。黄河具有以下特点:

(1)水少沙多,水沙异源。黄河多年平均天然径流量 580 亿立方米,流域面积占全国国土面积的 8.3%,而年径流量只占全国的 2%。流域内人均水量 527 立方米,为全国人均水量的 22%;耕地亩均水量 294 立方米,仅为全国耕地亩均水量的 16%。再加上流域外的供水需求,人均占有水资源量更少。多年平均输沙量 16 亿吨,多年平均含沙量 35 公斤每立方米,均为世界大江大河之最。56% 的水量来自兰州以上,90% 的沙量来自河口镇至三门峡区间。

(2)河道形态独特。黄河下游河道为著名的"地上悬河",是海河流域与淮河流域的分水岭,现行河床一般高出背河地面 4—6 米,比新乡市高出 20 米,比开封市高出 13 米。河道上宽下窄,最宽达 24 公里,最窄处仅 275 米,排洪能力上大下小。河势游荡多变,主流摆动频繁。河道内滩区为行洪区,居住人口 179 万人,防洪任务十分艰巨。

(3)水土流失严重。黄河流经世界上水土流失面积最广、侵蚀强度最大的黄土高原,水土流失面积 45.4 万平方千米,占黄土高原总面积的 71%。年侵蚀模数大于 8 000 吨每平方千米的极强度水蚀面积 8.5 万平方千米,占全国同类面积的 64%;年侵蚀模数大于 15 000 吨每平方千米的剧烈水蚀面积 3.67 万平方千米,占全国同类面积的 89%。

(4)洪水灾害频繁。据记载,从先秦时期到民国年间的 2 540 多年中,黄河共决溢 1 590 多次,改道 26 次,平均三年两决口,百年一改道,决溢范围北至天津,南达江淮,纵横 25 万平方千米。每次决口,水沙俱下,淤塞河渠,良田沙化,

---

❶ 《黄河近期治理开发规划》(水利部规计〔2002〕226 号)。
❷ 黄河上、中、下游的分界有多种说法,这里采用黄河水利委员会的划分方案。

生态环境长期难以恢复。

（二）黄河水资源相对贫乏，水资源开发利用程度高，入海径流减少。黄河流域多年平均水资源总量为 735 亿立方米（不包括内流区），其中，地表水资源量 659 亿立方米，占水资源总量的 89.7%，地下水资源量 399 亿立方米（指矿化度小于 2 克每升的浅层地下水），与地表水重复计算/地下水资源量为 323 亿立方米，与地表水不重复计算的地下水资源量为 76 亿立方米，占水资源总量的 10.3%。黄河流域水资源总量占全国水资源总量的 2.6%，在全国七大江河中居第 4 位。人均水资源量 905 立方米，亩均水资源量 381 立方米，分别是全国人均、亩均水资源量的 1/3 和 1/5，在全国七大江河中分别占第 4 位和第 5 位。从中可以看出，黄河水资源很贫乏。流域内水资源总量的地区分布很不均匀，兰州以上流域面积占全河流域面积的 29.6%，水资源总量却占全流域水资源总量的 47.3%。龙门至三门峡区间流域面积占全流域面积的 25%，水资源总量占全流域水资源总量的 23%。而兰州至河口镇区间流域面积占全河流域面积的 21.7%，水资源总量只占全流域水资源总量的 5%。由于流域水资源主要以降水形成，而每年 60—80% 的降水集中在 7—10 月，且多以暴雨出现，致使黄河径流在年内分配很不均匀，约 60% 的径流量集中在 7—10 月的汛期，每年 3—6 月的径流量只占全年的 10—20%，有些支流，汛期与非汛期径流量的分配更为悬殊。❶

黄河流域年径流量主要由大气降水补给。因受大气环流的影响，降水量较少，而蒸发能力很强，黄河多年平均天然年径流量 580 亿立方米，仅相当于降水总量的 16.3%，产水系数很低。黄河虽是我国第二大河，但天然年径流量仅占全国河川径流量的 2.1%、居全国七大江河的第四位。❷ 同时受人为因素影响，黄河实测径流量更少。2008 年黄河利津站实测径流量 145.60 亿立方米，扣除利津以下河段引黄水量 4.00 亿立方米，黄河全年入海水量 141.60 亿立方米，比上年的 199.80 亿立方米减少 29.1%，比 1987—2000 年均值 139.57 亿立方米偏多 1.5%，比 1956—2000 年均值 313.19 亿立方米偏少 54.9%。❸

从黄河水资源的开发利用情况看，1949 年以来，特别是 20 世纪 70 年代以

❶ 黄河水利委员会黄河志总编辑室编：《黄河流域综述》，河南人民出版社 1998 年版，第 130 页。
❷ 黄河水利委员会黄河志总编辑室编：《黄河流域综述》，河南人民出版社 1998 年版，第 127 页。
❸ 水利部黄河水利委员会：《2008 年黄河水资源公报》。

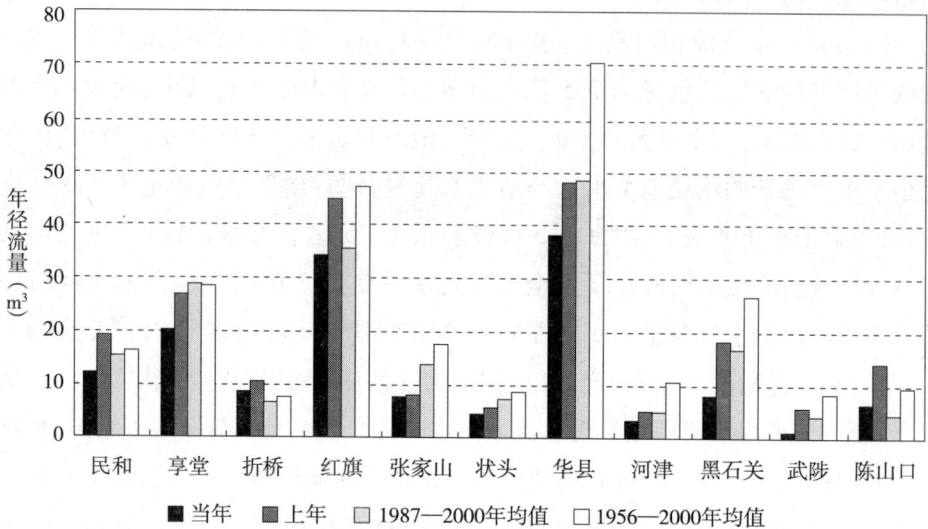

图7-1　2008年黄河主要支流控制水文站实测径流量比较图

来，沿黄地区对黄河水资源进行了大规模的开发利用。目前，流域内已建大、中、小型水库3 100余座，总库容574亿立方米；修建引水工程4 600余处，提水工程2.9万处；在黄河下游还兴建了向黄淮海平原地区供水的引黄涵闸、虹吸120多处。20世纪50年代初黄河供水范围主要集中在宁夏、内蒙古河套灌区、陕西关中地区、山西汾河流域，目前已扩大到沿黄九省区和河北省、天津市；引黄灌溉面积由1950年的80万公顷发展到目前的753万公顷，其中流域内507万公顷（纯井灌120万公顷），流域外246万公顷。灌溉面积发展最快的地区是下游引黄灌区，灌溉面积由20世纪50年代的30万公顷增至90年代的40多万公顷，而耗水量已由50年代的19亿立方米增至90年代的122亿立方米。此外，黄河还担负着沿黄50多座大中城市、420个县（旗）城镇人口、晋陕宁蒙部分地区能源基地和中原、胜利油田、天津市的供水任务。❶

　　据1988—1992年用水统计，黄河供水地区年均引用黄河河川径流量395亿立方米，耗用水量307亿立方米（其中流域外106亿立方米），流域内地下水开采量为110亿立方米。黄河河川径流利用率已达53%，与国内外大江大河相比，水资源利用程度属较高水平。用水的主要部门是农业，平均每年农灌引用黄

---

❶　蒋廉洁：《黄河流域水污染分析与水环境保护措施》，载《水资源保护》2006年第1期。

河河川径流量 362 亿立方米,耗用水量 284 亿立方米,占总耗用河川径流量的 92%。[1]

表 7-3 黄河流域 1998—2007 年供水量及结构表[2]（单位:亿立方米）

年份	1998	1999	2000	2001	2002	2003	2004	2005	2006	2007	平均值
降水量（mm）	462.5	398.4	381.8	404	404.2	555.6	421.8	431	407.2	484.1	429.61
供水量	497.12	516.82	480.68	474.55	494.93	429.12	444.75	465.01	512.1	484.88	480.00
地表水	370	383.97	346.1	336.79	359.5	296.04	312.02	332.01	374.92	354.13	346.55
地下水	127.12	132.85	134.58	137.76	135.43	133.08	132.73	133	137.18	130.75	133.45

表 7-4 黄河流域 1998—2007 年生产用水主要指标表[3]

（单位:亿立方米）

年份	1998	1999	2000	2001	2002	2003	2004	2005	2006	2007	10 年平均
生产用水	466.10	484.07	443.35	435.74	454.60	384.07	398.77	423.46	462.48	437.14	438.98
农业用水	405.10	425.94	378.93	373.54	389.81	317.06	334.47	358.03	393.31	367.59	374.38
地表水	334.6	349.05	302.75	294.24	312.4	240.29	258.07	280.83	313.84	294.49	298.06
地下水	70.5	76.89	76.18	79.3	77.41	76.77	76.4	77.2	79.47	73.1	76.32
工业用水	61.00	58.13	64.42	62.20	64.79	67.01	64.30	65.43	69.17	69.55	64.60
地表水	26.77	24.99	29.77	27.92	31.76	33.39	31.18	32.36	34.93	35.44	30.85
地下水	34.23	33.14	34.65	34.28	33.03	33.62	33.12	33.07	34.24	34.11	33.75

---

[1] 蒋廉洁:《黄河流域水污染分析与水环境保护措施》,载《水资源保护》2006 年第 1 期。

[2] 李欣、赵凤遥、李晓春:《黄河流域 1998—2007 年供用水状况分析》,载《河南水利与南水北调》2009 年第 9 期。

[3] 李欣、赵凤遥、李晓春:《黄河流域 1998—2007 年供用水状况分析》,载《河南水利与南水北调》2009 年第 9 期。

表 7-5　黄河流域 1998—2007 年生活用水主要指标表❶

(单位:亿立方米)

年份	1998	1999	2000	2001	2002	年份	2003	2004	2005	2006	2007
生活用水	30.99	33.56	37.33	38.81	40.33	生活用水	37.37	37.69	37.15	41.12	39.61
城镇用水	15.99	18.21	21.71	22.75	24.16	城镇公共	7.73	8.33	9.24	9.99	9.88
地表水	5.14	6.64	9.88	10.61	11.39	地表水	3.71	4.02	5.05	5.67	5.22
地下水	10.85	11.57	11.83	12.14	12.77	地下水	4.02	4.31	4.19	4.32	4.66
农村人畜	15.00	15.35	15.62	16.06	16.17	居民生活	29.64	29.36	27.91	31.13	29.73
地表水	3.46	4.10	3.70	4.02	3.95	地表水	12.07	12.03	10.96	13.60	12.27
地下水	11.54	11.25	11.92	12.04	12.22	地下水	17.57	17.33	16.95	17.53	17.46

从黄河水资源开发利用的空间和行业分布情况看,2008 年黄河流域各行政分区中,取水量以内蒙古的 93.68 亿立方米为最多,占总取水量的 19.1%;耗水量以山东的 76.37 亿立方米为最多,占总耗水量的 20.0%。各流域分区中,取水量和耗水量均以兰州至头道拐为最多,分别为 177.42 亿立方米和 120.70 亿立方米,相应占总取水量和耗水量的 36.1% 和 31.5%。2008 年黄河地表水取水量为 363.11 亿立方米,其中农田灌溉取水量 274.97 亿立方米,占地表水取水量的 75.7%;林牧渔畜 21.63 亿立方米,占 6.0%;工业 35.61 亿立方米,占 9.8%;城镇公共设施 5.14 亿立方米,占 1.4%;城乡居民生活 14.04 亿立方米,占 3.9%;其余为生态环境用水。黄河地表水耗水量为 296.14 亿立方米,其中农田灌溉耗水量 220.47 亿立方米,占地表水耗水量的 74.4%;林牧渔畜 19.00 亿立方米,占 6.4%;工业 29.14 亿立方米,占 9.8%;城镇公共设施 4.68 亿立方米,占 1.6%;城乡居民生活 11.36 亿立方米,占 3.8%;其余为生态环境耗水。地表水取水量以宁夏的 71.15 亿立方米为最多,占黄河地表水取水量的 19.6%;地表水耗水量以山东的 69.66 亿立方米为最多,占黄河地表水耗水量的 23.5%。在各流域分区中,地表水取水量和耗水量均以兰州至头道拐为最多,分别为 150.82 亿立方米和 101.87 亿立方米,相应占黄河地表水取水量和耗水量的 41.5% 和 34.4%。❷

---

❶　李欣、赵凤遥、李晓春:《黄河流域 1998—2007 年供用水状况分析》,载《河南水利与南水北调》2009 年第 9 期。

❷　水利部黄河水利委员会:《2008 年黄河水资源公报》。

表7-6　2008年黄河流域分区分行业地表水利用情况统计表❶

（单位：亿立方米）

流域分区	项目	合计	农田灌溉	林牧渔畜	工业	城镇公共	居民生活	生态环境
龙羊峡以上	取水量	1.88	0.88	0.74	0.12	0.01	0.12	0.01
	耗水量	1.57	0.76	0.63	0.08	0.01	0.08	0.01
龙羊峡至兰州	取水量	29.13	20.34	1.50	4.48	0.53	1.77	0.51
	耗水量	25.06	17.59	1.27	3.88	0.49	1.33	0.50
兰州至头道拐	取水量	150.82	126.91	11.88	7.66	1.00	1.67	1.70
	耗水量	101.87	82.44	10.36	5.42	0.78	1.33	1.54
头道拐至龙门	取水量	10.61	6.26	0.63	2.58	0.40	0.71	0.03
	耗水量	8.92	5.22	0.52	2.19	0.39	0.57	0.03
龙门至三门峡	取水量	48.38	33.79	2.56	5.56	1.50	4.16	0.81
	耗水量	40.48	29.43	2.20	3.96	1.35	2.75	0.79
三门峡至花园口	取水量	22.83	13.77	0.71	6.17	0.50	1.40	0.28
	耗水量	20.24	12.79	0.63	4.86	0.48	1.22	0.26
花园口以下	取水量	97.47	71.48	3.38	9.04	1.20	4.20	8.17
	耗水量	96.28	70.93	3.20	8.75	1.18	4.07	8.15
黄河内流区	取水量	1.99	1.54	0.23	/	/	0.01	0.21
	耗水量	1.72	1.31	0.19	/	/	0.01	0.21
合计	取水量	363.11	274.97	21.63	35.61	5.14	14.04	11.72
	耗水量	296.14	220.47	19.00	29.14	4.68	11.36	11.49

　　从上述黄河水资源开发利用的情况看，黄河流域水资源存在相对短缺的现象。黄河以占全国2%的河川径流量承担着全国15%的耕地面积和12%的人口以及50多座大中城市的供水任务，不断扩大的供水范围和持续增长的供水需求，使黄河水资源开发利用程度不断提升。一般认为，当径流量利用率超过20%时就会对水环境产生很大影响，超过50%时则会产生严重影响。❷ 而目前黄河流域水资源开发利用程度已达70%，直接导致了黄河入海径流的减少，甚至出现断流情况，并进而出现了污染加剧、地下水超采、河口生态环境恶化等

❶　水利部黄河水利委员会：《2008年黄河水资源公报》。

❷　姜文来：《中国21世纪水资源安全对策研究》，载《水科学进展》2000年第12卷第1期。

问题。

以黄河断流情况为例,从 20 世纪 70 年代以来,黄河下游经常断流。进入 90 年代,断流频次、天数及河段长度都呈增长趋势,影响日益严重。黄河经常性的断流出现始于 20 世纪 70 年代。从 1972 年至 1996 年的 25 年中,黄河下游共有 19 年发生断流,平均 5 年中有 4 年断流。其中断流天数最多的年份是 1996 年,共断流 136 天,占全年时间的 37%。断流河段最长的年份是 1995 年,断流从河口延伸到开封陈桥附近,河长约 683 公里,占整个下游河道长的 87%。❶ 尽管黄河水量的统一调度改变了断流局面,但水资源的供需矛盾依然存在。近十多年来,黄河流域每年实际缺水 25—30 亿立方米。随着人口的持续增长、城市化率的提高、工农业结构比例的变化,黄河流域工农业及居民生活用水将大幅度增长,水资源供需形势将愈加严峻。预测到 2010 年、2030 年、2050 年,黄河供水区总需耗用黄河水资源量将分别达到 520 亿立方米、590 亿立方米、640 亿立方米。在充分利用地下水和保证生态环境低限需水量的条件下,正常年份黄河流域将缺水 40 亿立方米、110 亿立方米、160 亿立方米。❷

(三)黄河流域污染严重。黄河流域的水资源短缺,加之流域经济社会发展迅速,使得流域内河流污染状况严重。

2009 年国家环保部发布的《中国环境状况公报》显示,黄河水系总体为中度污染。44 个国控监测断面中,Ⅰ—Ⅲ类、Ⅳ类、Ⅴ类和劣Ⅴ类水质的断面比例分别为 68.2%、4.5%、2.3% 和 25.0%。主要污染指标为石油类、氨氮和五日生化需氧量。黄河干流水质总体为优,与 2008 年相比,水质无明显变化。黄河支流总体为重度污染,与 2008 年相比,水质有所下降。主要污染指标为石油类、氨氮和五日生化需氧量。除伊河、洛河和沁河水质为优,伊洛河为轻度污染外,其余支流普遍污染严重。渭河下游西安段和渭南段,湟水河西宁下游段,汾河太原段、临汾段和运城段,北洛河渭南段,大黑河呼和浩特段以及涑水河运城段污染严重。省界河段为中度污染。11 个断面中,Ⅰ—Ⅲ类、Ⅴ类和劣Ⅴ类水质断面比例分别为 63.6%、9.1% 和 27.3%,主要污染指标为氨氮、五日生化需氧量和高锰酸盐指数。渭河渭南潼关吊桥断面(陕—豫、晋)、汾河运城河津大桥断面

---

❶ 黄河水利委员会黄河志总编辑室编:《黄河流域综述》,河南人民出版社 1998 年版,第 368 页。

❷ 曹惠提、郭艳、张会敏:《黄河流域水资源需求管理初探》,载《南水北调与水利科技》2007 年第 2 期。

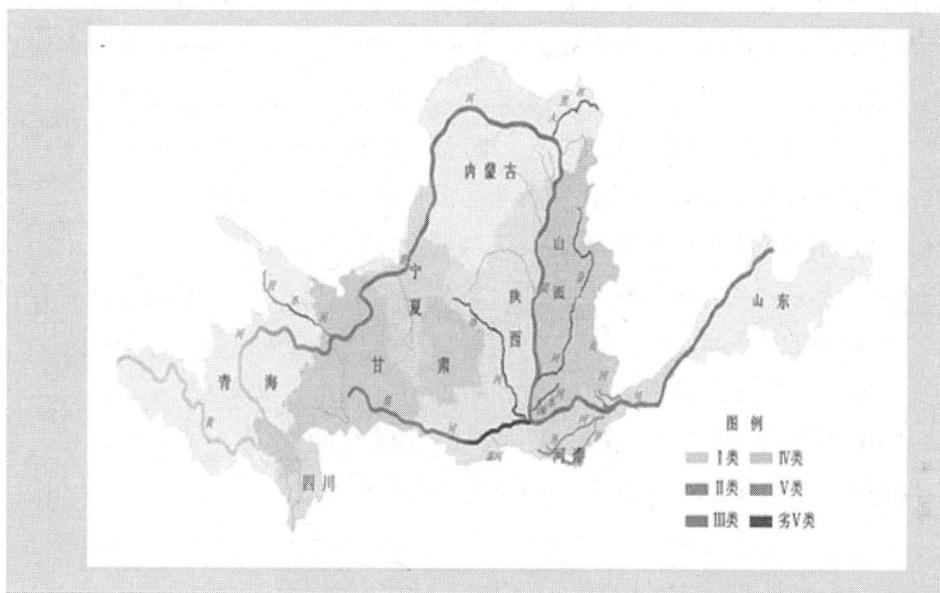

图 7-2　2009 年黄河水系水质状况

（晋—陕、晋）和涑水河运城张留庄断面（晋—陕、晋）污染严重。

　　黄河污染物中 70% 来源于黄河中上游地区。20 世纪 80 年代以前，黄河水质污染主要集中在兰州、包头等大城市和工业区附近的河段。随着工农业生产的快速发展，黄河污染已由局部发展到整个河流，且污染形势日益加剧。从青海经甘肃、宁夏至内蒙古，黄河沿岸能源、重化工、有色金属、造纸等高污染的工业企业林立，废污水排放量逐年增大。由于治理严重滞后，污水处理率偏低，不少企业未能实现达标排放，部分企业偷排偷放屡禁不止，导致每年排入黄河的废污水量不断增加。黄河两岸每年平均污水排放总量已由 20 世纪 80 年代的 20 亿多吨增加到目前的 40 亿吨，增加了近一倍；每年化学需氧量的排放量 140 万吨、氨氮排放量 14 万吨，分别超过了黄河水环境容量的 1/3 和 2.5 倍。❶ 大量废污水排入黄河，不但使原有污染河段未能得到有效控制，而且清洁水体相继被污染，近几年黄河五类、劣五类水质所占比重居高不下，因水质恶化而造成的事故时有发生。同时黄河支流污染形势更不容乐观，黄河支流中流经大中小城市的

---

❶　武雪萍、蔡典雄、梅旭荣、沈跃、谢晓红、张建君、赵全胜：《黄河流域农业水资源与水环境问题及技术对策》，载《生态环境》2007 年第 1 期。

河段绝大部分受到严重污染或重污染,主要支流渭河陕西河段和湟水西宁河段的部分河段河水因污染严重灌溉农田导致青苗死亡,一些季节河在枯水断流期间河道内积存大量废污水,一旦洪水来临,污染物随流而下,造成大面积水体污染;尚未断流的中小河流,受工矿企业排污污染的现象随处可见。同时随着国家西部开发进程的加快,旧的高污染行业还没有彻底治理,新的高污染项目又在上马。一些东部污染企业纷纷涌入西部,加剧了黄河污染形势。黄河从上而下每一个城市都是一个大污染源,在兰州、白银、石嘴山、巴彦淖尔、包头等地都存在着大大小小的排污口,泛着臭味的污水"哗啦啦"地流进黄河。

2008年黄河流域废污水排放量为40.06亿吨,其中城镇居民生活废污水排放量10.10亿吨,第二产业废污水排放量27.15亿吨,第三产业废污水排放量2.80亿吨,分别占总量的25.2%、67.8%和7.0%。[1]

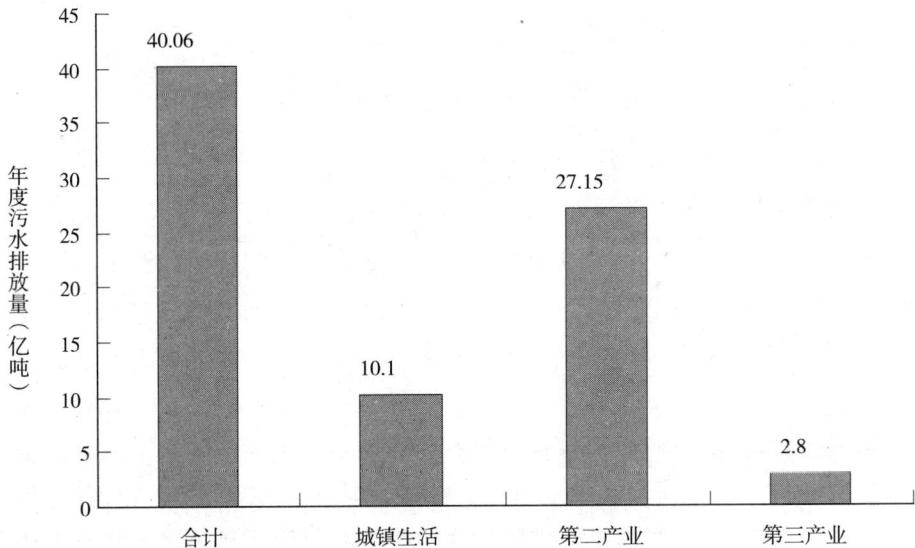

图7-3 2008年黄河流域废污水排放量柱状图

工业污染是黄河水污染的"大头",占全河废污水排放总量的73%。流域内一些大中城市、工矿企业也多分布在河流沿岸,工业生产技术落后,管理水平低,原材料消耗大。它们多以河水为供水水源,同时又将废污水、废弃物排入河道或

---

[1] 水利部黄河水利委员会:《2008年黄河水资源公报》。

沿岸堆放。不少老企业污染长期得不到治理,废污水处理率不高,加重了水环境的点源污染。沿黄河经济技术水平和产业层次都相对较低,地方政府在全国经济迅速发展的形势下,注重短期经济效益,过分强调经济增长速度,片面追求GDP 增长,不惜以牺牲环境为代价换取短期经济利益,没有正确处理经济增长与环境保护的关系,甚至包庇纵容违法排污行为,这些都造成了黄河流域污染不能有效得到控制。此外,受全国范围内产业升级与产业转移的影响,国家加大淮河流域水污染治理力度后,由于经济利益的驱动,一些污染严重的小型企业(如小造纸、小化工等)向西部转移,使黄河流域的重污染小企业数量急剧增加。这些企业不仅工艺落后、管理水平低、废污水及污染物排放量大,而且大都没有采取必要的污染治理措施。因此,废污水及污染物排放量大幅度增加,致使部分黄河支流污染严重,进而影响到黄河的纳污量。❶

农业面源污染是黄河流域水污染的另一个重要来源。黄河农业面源污染严重。黄河中上游农业耕作措施粗放,生产方式不合理。一是化肥、农药使用过量。近年来,黄河中上游地区农业生产过程中化肥、农药用量呈逐年加大的趋势。"十五"期间,宁夏农业化肥用量以年均9%的速度增长,但农作物对肥料的吸收利用率不足40%,过量化肥、农药流失到农田、水体,在造成土壤结构变差的同时,还通过农田径流渗入水体,造成水体富营养化污染。二是灌溉方法不当。由于黄河中上游绝大部分灌区灌溉设施不配套,目前普遍存在着灌溉方式落后、方法不当、灌溉制度不科学、管理水平低等现象,使田间灌水和肥料的利用效率低,深层渗漏严重,土壤中可溶性养分随水大量流失,不但造成河流、湖泊富营养化,而且使土壤盐渍化。三是动物粪便循环利用率低。黄河中上游地区生态环境恶劣,自然条件决定了各省采取降低农业比重,扩大畜产品生产规模来增加农民收入的策略,使畜禽粪便排放量逐年增加。目前宁夏每年大约有170万吨畜禽粪便。由于缺乏必需的粪尿污水处理设施,造成大量粪尿堆积村屯、道旁,造成环境污染,影响人畜健康。四是农田废弃物不合理处理。黄河中上游冬季漫长、气温较低,为增加收入,以使用农膜为主的保护性农业生产规模逐步扩大,而当地缺乏行之有效的农膜等废弃物的处理方法,这种持久性有机污染物的污染也在不断加剧。

---

❶ 蒋廉洁:《黄河流域水污染分析与水环境保护措施》,载《水资源保护》2006 年第 1 期。

此外,随着黄河流域城镇化的发展,城市非点源污染也逐渐成为黄河流域水污染的重要来源。

二、辽河流域状况

(一)辽河流域水资源短缺,水资源的时间和空间分布差异性大。辽河是中国东北地区南部的最大河流,是中国七大河流之一。发源于河北平泉县,流经河北、内蒙古、吉林和辽宁4个省区,在辽宁盘山县注入渤海。全长1 430公里,流域面积22.9万平方千米,是中华民族和中华文明的发源地之一。

辽河全长1 345千米,发源于七老图山脉的光头山,沿老哈河向东北流,在西安村附近汇入西拉木伦河后,称西辽河;由西向东流至小瓦房纳乌力吉木伦河后折向东南,于福德店纳入东辽河后,称辽河;此后继续南流,分别纳入左侧支流招苏台河、清河、柴河、泛河和右侧支流秀水河、养息牧河、柳河等,至六间房分成两股:一股西南行,称双台子河,在盘山纳绕阳河后入渤海;另一股南行,称外辽河,在三岔河与浑河、太子河汇合后称大辽河,于营口入渤海。自1958年外辽河于六间房处截断后,浑、太两河汇成大辽河,成为独立水系。❶

辽河流域地表水资源量31.27亿立方米,地下水资源量23.32亿立方米,重复水量8.49亿立方米,水资源总量46.10亿立方米。按2000年流域总人口566.6万人、耕地面积118.35万亩计算,人均占有水资源量813立方米,亩均占有水资源量259立方米。按国际通用概念,人均水资源低于1 000立方米的地区属于"贫水"区,据此,辽河流域属资源性缺水地区。❷

辽河流域多年平均径流量为14.8亿立方米,折合径流深64.7毫米,径流的区域分布趋势很不均匀。辽河流域径流主要分布在浑太河流域,多年平均值为6.62亿立方米,占辽河水系总径流量的44.7%。其次是辽河中下游地区,为4.16亿立方米,占28.1%。西辽河较少,为3.21亿立方米,占21.6%,东辽河最少,为0.829亿立方米,仅占5.6%。辽河流域径流呈现出由东南向西北递减的

---

❶ 资料来源于水利部松辽水利委员会网站关于辽河流域河流的介绍,http://www.slwr.gov.cn/slwlyjj/slwyhl/。

❷ 李波、赵宏兴、辛云峰:《合理开发利用水资源实现辽河流域水资源可持续发展》,载《农业与技术》2005年第6期。

规律。❶

　　在地表径流的时间序列上,季节性分配不均。辽河流域河流补给以雨水为主,因此径流的季节变化大。每年11月至次年3月,地表径流停止,河流主要靠地下水补给;3月至4月,江河解冻,形成融雪水径流,一般占年径流量的3%—5%;5月至6月初为河流汛前枯水期;6月至9月径流量最大,可占年径流量的70%,其中7月至8月降水集中,径流量占年径流量的50%以上;10月径流迅速回落。❷

　　辽河流域水资源地区分布极不均衡,时间上变化剧烈使得辽河流域的水资源短缺现象更为明显。

　　(二)辽河流域水资源开发利用强度高,水生态环境恶化。在辽河的干、支流上已经建有大型水库6座,地表水资源开发利用程度已经达到60%,而且适宜修建大型调蓄工程的地点均已开发完毕,本地区的地表水供水能力十分有限,新增地表水源难度较大。❸高强度水资源开发利用导致该地区水资源供需严重失衡,河川径流衰减十分严重。辽河中下游每年缺水约为30亿立方米,工业重镇沈阳、鞍山、本溪、辽阳、抚顺、营口、铁岭、盘锦等大中城市无一例外地都进入了全国100座严重缺水城市的行列。

　　从各部门用水情况分析,辽河流域国民经济各部门用水总量为38亿立方米,其中农业用水31亿立方米,城市工业与生活用水7亿立方米。按取水性质分,地表水取水22.9亿立方米,地下水取水15.1亿立方米。地下水供需基本平衡,流域地表水总供水量20.8亿立方米,其中区间水供水17.3亿立方米,水库供水3.5亿立方米,水库蒸发渗漏损失0.82亿立方米,流域地表水总缺水2.1亿立方米,水资源开发利用程度达60%。由于流域缺水,环境用水均被工业与生活用水挤占,河道内最小流量无法得到保证。❹

　　2008年辽河流域所在的辽宁、吉林、内蒙古三省份的工业产值、新鲜用水量及用水强度、主要污染物产生量及产生强度见表7-7。统计分析表明,2008年

❶　徐卫丽、贾晓霞等:《辽河流域水资源状况分析》,载《山西科技》2010年第5期。
❷　韩增林、王利著:《奔腾到海大辽河——辽河与辽河流域》,辽海出版社2000年版,第14页。
❸　李波、赵宏兴、辛云峰:《合理开发利用水资源　实现辽河流域水资源可持续发展》,载《农业与技术》2005年第6期。
❹　李波、赵宏兴、辛云峰:《合理开发利用水资源　实现辽河流域水资源可持续发展》,载《农业与技术》2005年第6期。

辽河流域工业企业共 4 672 个,工业总产值 97 915 834 元,新鲜用水总量为 115 240 吨,COD_{Cr} 产生总量为 448 379 吨,$NH_{3\_}N$ 产生总量为 20 806 吨。[1]

表 7-7　2008 年辽河流域分省份工业新鲜用水量和水污染产生情况[2]

| 项目 | 工业产值（万元） | 新鲜用水 | | COD_{Cr} | | $NH_{3\_}N$ | |
		用水量（万吨）	用水强度（吨/万元）	产生量（吨）	产生强度（千克/万元）	产生量（吨）	产生强度（千克/万元）
辽宁	90 734 906	98 874	10.90	382 585	4.22	19 452	0.21
吉林	2 493 234	5 603	22.78	40 405	16.21	520	0.21
内蒙古自治区	4 687 694	10 763	22.96	25 389	5.42	834	0.18
合计	97 915 834	115 240	11.77[1]	448 379	4.58[1]	20 806	0.21[1]

注:1)为平均值

一方面是水资源的短缺,一方面是水资源开发利用强度的提升,这些因素使得辽河流域水生态环境受到严重影响。受辽河流域兴建水库及农田引水等水利工程的影响,辽河水系各河流径流量急剧减少,水环境容量大大降低,河流作为自然系统的功能大大弱化,其结果导致水质逐渐恶化,有的河流甚至成为干涸的河床。20 世纪 80 年代以来,辽河流域相继出现了河道断流现象,发生断流的河流有 16 条。河流水量减少以及泥沙增多,破坏了河流的冲淤平衡,使得大量泥沙淤积在河道内,辽河干流从巨流河至六间房河段,平均每年淤高约 10 厘米,已成"悬河"。[3] 辽河的入海口——盘锦地区,进入 20 世纪七八十年代以来,自然环境发生了很大的变化,来水量明显偏少,由原来的平均水量 50 亿立方米减少到 30 亿立方米,入海口泥沙淤积、盐分积累,河口自然生态遭到破坏,以往常见的鱼虾之类的水中生物现在基本难寻踪影,河水也变得混浊不堪。由于辽河上游来水减少,甚至枯竭,导致盘锦地区的地下水资源形成"海水倒灌"现象,地表水和地下水的含盐度增高,加剧了土壤盐碱化。

---

[1] 孙启宏、韩明霞等:《辽河流域重点行业产污强度及节水减排清洁生产潜力》,载《环境科学研究》2010 年第 7 期。

[2] 孙启宏、韩明霞等:《辽河流域重点行业产污强度及节水减排清洁生产潜力》,载《环境科学研究》2010 年第 7 期。

[3] 王西琴、张远、刘昌明:《辽河流域生态需水估算》,载《地理研究》2007 年第 1 期。

（三）辽河流域污染严重。国家环保部发布的《2009 年中国环境状况》显示,辽河水系总体为中度污染。36 个国控监测断面中,Ⅰ—Ⅲ类、Ⅳ类、Ⅴ类和劣Ⅴ类水质的断面比例分别为 41.7%、13.9%、8.3% 和 36.1%。主要污染指标为五日生化需氧量、氨氮和石油类。辽河干流总体为中度污染。主要污染指标为五日生化需氧量、高锰酸盐指数和氨氮。老哈河水质为优,东辽河和西辽河为轻度污染,辽河为重度污染。辽河支流总体为重度污染。其中,西拉沐沦河为轻度污染,条子河和招苏台河为重度污染。主要污染指标为高锰酸盐指数、五日生化需氧量和氨氮。大辽河及其支流总体为重度污染。浑河沈阳段、太子河本溪段和鞍山段以及大辽河营口段污染严重。主要污染指标为石油类、氨氮和五日生化需氧量。大凌河总体为中度污染。主要污染指标为石油类、氨氮和高锰酸盐指数。3 个省界断面中,Ⅱ类水质、Ⅴ类水质、劣Ⅴ类水质断面各 1 个。

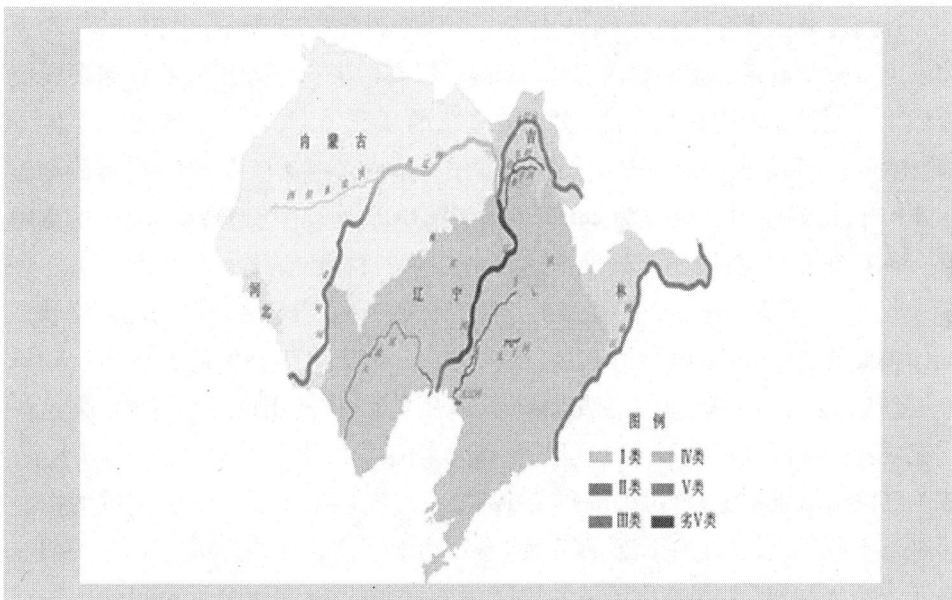

图 7-4　2009 年辽河水系水质状况

辽河中下游处于辽宁省工农业最发达、人口最密集的中部地区,既是缺水最严重的地区,也是污染最严重的地区。其中,铁岭、沈阳和盘锦段河水均为劣五类水质。而且辽河为季节性河流,在枯水期或断流期流淌的是工业废水和生活污水,并且已经从河流污染发展到水库污染,流域内十三座大中型水库的实际库容量仅为设计库容量的三分之一,其中只有两座水库水质符合国家三类标准,七座水库水质为四类,其余四座水库均为五类或劣五类,其中有些水库是以提供生活饮用水为主的。由于水库蓄水量严重不足,导致水中污染物浓度急剧上升,高锰酸盐指数上升加快,水库水质恶化明显加剧。有些水库已经丧失了供水功能。农业灌溉用水也受到了污染,有的地方生产的粮食达不到安全标准。近些年,随着城市化、工业化速度加快,生活、生产大量排放污水,辽河每年废污水的排放总量近20亿立方米,大部分未经处理,而集供水、排水、纳污、排污于一体的河道由于径流减少,排污能力不足,造成纳污量急剧增加,水质严重恶化,对城镇居民生活、生产和生态环境都造成了严重影响。现在盘锦市民的饮用水大多从附近的石山引来水源,而不是污染严重的辽河水。辽河水污染已由下游蔓延到中上游,由河槽扩散到水库,由城市扩散到农村,由地表侵入到地下,由局部河段发展到全流域。

辽河流域主要污染物为 COD、氨氮,点源污染以 COD 为主,占72.09%。火力发电、纺织、造纸、钢铁、石油石化等高耗水、高污染行业近年来的快速发展使流域水资源供需矛盾日益突出,水环境恶化的状况加剧,由此带来地下水位下降、地面沉降和水污染问题日益严重。辽宁省境内辽河流域点源 COD 排放量为44.61吨,点源 COD 入河量为28.27吨,点源 COD 处理率仅为36.63%,这与国家"十五"规划规定的"污水处理率达到45%"的目标还有很大差距。❶

此外,农业的面源污染问题突出。以吉林省为例,吉林省所属的辽河流域是全国重要的产粮区,多以种植玉米、水稻为主。由于多年种植的农作物比较单一,造成土壤肥力下降,病虫害发生频繁,农用化肥、农药用量逐年增加。但这些化肥农药的实际利用率不高,过量的氮磷元素随雨水或农田排水流入辽河水系,成为辽河流域水中氮、磷污染的重要来源之一。❷ 实际上整个辽河流域的面源污染都十分严重,在辽河干流、西辽河、东辽河地区,面源污染物的入河量要明显高于点源入河量,尤其是西辽河的氨氮污染,面源贡献率达到了89.5%。东辽河的 COD 和氨氮污染、东北环渤海诸河的氨氮、辽河干流的 COD 和氨氮、西辽河的 COD 面源入河量均占总污染物入河量的2/3以上。由此可见,面源污染的

---

❶ 王西琴、张艳会:《辽宁省辽河流域污染现状与对策》,载《环境保护科学》2007年第3期。
❷ 孙威、杨驰宇、张斌:《吉林省辽河流域水污染现状及对策》,载《吉林师范大学学报(自然科学版)》2003年第3期。

治理对辽河流域水质的改善至关重要。❶

三、海河流域状况

(一)海河流域水资源匮乏,供需矛盾突出。海河流域包括海河、滦河和徒骇马颊河 3 大水系、7 大河系、10 条骨干河流。其中,海河水系是主要水系,由北部的蓟运河、潮白河、北运河、永定河和南部的大清河、子牙河、漳卫河组成;滦河水系包括滦河及冀东沿海诸河;徒骇马颊河水系位于流域最南部,为单独入海的平原河道。海河各水系呈扇形分布,河流分为两种类型,一是发源于燕山、太行山迎风坡的河流,源短流急,泥沙量较少。二是发源于黄土高原、蒙古高原,河流源远流长,泥沙含量较多。两类河流相间分布。全流域总的地势是西北高东南低,大致分高原、山地及平原三种地貌类型。西部为山西高原和太行山区,北部为蒙古高原和燕山山区,面积 18.94 万平方千米,占 60%;东部和东南部为平原,面积 12.84 万平方千米,占 40%。

海河流域总体上属于资源型缺水地区。1956—1998 年水文系列总水资源量 372 亿立方米,人均总水资源占有量 305 立方米,仅为全国平均的 1/7,世界平均的 1/27,远低于人均 1 000 立方米的国际水资源紧缺标准;亩均水资源量 225 立方米,为全国的 1/8。在全国各大流域中,海河流域的人均、亩均水资源量最低。❷

海河流域在我国政治和经济领域居重要的战略地位,是我国经济发达地区和粮食生产基地,人均 GDP 高于全国平均水平 25%。水资源总量仅占全国的 1.3%,人均水资源占有量仅 305 立方米,比 2000 年全国人均用水量 430 立方米还少 125 立方米。❸ 系列(1956—2000 年)水资源供需分析表明,海河流域现状多年平均缺水量达 96.5 亿立方米,缺水率达 21%。其中,滦河及冀东沿海诸河缺水率 14%,海河北系缺水率 9%,海河南系缺水率 28%,徒骇马颊河缺水率 20%。❹

---

❶ 王西琴、张艳会:《辽宁省辽河流域污染现状与对策》,载《环境保护科学》2007 年第 3 期。
❷ 资料来源于水利部海河水利委员会主办的水信息网关于海河流域气象水文的介绍,http://www.hwcc.gov.cn/pub/hwcc/static/lygk/qxsw.htm,2011 年 5 月访问。
❸ 《海河流域水资源规划介绍》,http://www.hwcc.gov.cn/pub/hwcc/wwgj/jishupd/lvgh/szygh/index.html,2011 年 5 月访问。
❹ 毛慧慧、李木山、董琳:《论海河流域水利发展与经济社会协调发展》,载《海河水利》2011 年第 1 期。

从海河流域水资源的供需情况看,其基本特点是供水工程众多,水源复杂,以地下水为主;用水效率较高,工业万元产值综合取水量51立方米,农业灌溉综合定额311立方米/亩;水资源总开发利用强度大,开发利用率高达81%。经济社会发展对水资源的需求超过了流域水资源的承载能力,❶水资源供需矛盾突出。

以2008年海河流域的供用水情况为例,2008年海河全流域总供水量373.39亿立方米。其中,地表水源供水量123.1亿立方米,占33.0%;地下水源供水量240.6亿立方米,占64.4%;其他水源供水量9.69亿立方米,占2.6%。在地表水源供水量中,蓄、引、提及跨流域调水工程供水量所占比例分别为19.3%、33.7%、11.9%和35.1%。跨流域调水量为鲁北徒骇马颊河地区、豫北地区以及河北沧州、衡水地区的引黄水量,共计43.25亿立方米,占地表水源供水量的35.1%。在地下水源供水量中,浅层水、深层水、微咸水供水量所占比例分别为71.0%、27.9%、1.1%。

从行业用水情况看,农业用水量255.84亿立方米,占68.5%;工业用水量51.30亿立方米,占13.7%;生活用水量57.09亿立方米(其中城镇生活占57.2%),占15.3%;生态环境用水9.15亿立方米,占2.5%。❷可见,农业用水量仍是海河流域的主要用水行业。而从新中国成立初到1998年,海河流域人口翻了一番,从6000多万增加到1.22亿,生活用水需求超过工业用水量,表明人口增长对流域水资源的压力。此外,海河流域至少从统计指标中已经注意到生态环境用水的重要性,将其单独计算,但生态环境用水❸的总量偏低。

受水资源短缺的限制,海河流域一方面加大对地下水的开采和流域外调水力度,同时也不断提升对本流域水资源的开发利用强度,流域内兴建了大量水资源开发工程。全流域共有35座大型水库和109座中型水库,各水库2008年末蓄水总量为74.09亿立方米,较2007年末增加6.39亿立方米。❹这些开发工程在提高水资源开发利用率的同时,也造成下游地区来水量剧减,致使流域内断流

---

❶《海河流域水资源规划介绍》,http://www.hwcc.gov.cn/pub/hwcc/wwgj/jishupd/lvgh/szygh/index.html,2011年5月访问。

❷ 水利部海河水利委员会:《2008年海河流域水资源公报》。

❸ 生态环境用水包括城市环境和部分河湖、湿地的人工补水。

❹ 水利部海河水利委员会:《2008年海河流域水资源公报》。

300 天以上的河道占 50%，[1]海河河水入海水量剧减。根据实测资料,20 世纪 50 年代以来,海河流域 12 个主要河口入海水量总体上呈逐渐减少趋势,特别是枯水年减少得更为严重。20 世纪 50 年代平均入海水量 207 亿立方米,60 年代为 161 亿立方米,70 年代为 110 亿立方米,80 年代基本上都是枯水年,仅 27 亿立方米,90 年代略有回升,达到 55 亿立方米。[2]而 2008 年全流域入海水量仅为 24.74 亿立方米。[3]此外,海河流域水资源开发利用对渤海的影响还包括海口淤积,加之环境污染和过度养殖,使近海赤潮危害加重,对海洋生态和渔业资源产生直接影响。

(二)海河流域的污染严重。国家环保部发布的《2009 年中国环境状况公报》显示,海河水系总体为重度污染。64 个国控监测断面中,Ⅰ—Ⅲ类、Ⅳ类、Ⅴ类和劣Ⅴ类水质的断面比例分别为 34.4%、10.9%、12.5% 和 42.2%。主要污染指标为高锰酸盐指数、五日生化需氧量和氨氮。海河干流总体为重度污染,主要污染指标为氨氮。其他主要河流总体为重度污染,主要污染指标为五日生化需氧量、高锰酸盐指数和氨氮。主要河流中,淋河和永定河水质为优,滦河水质良好,漳卫新河为中度污染,大沙河、子牙新河、徒骇河、北运河和马颊河为重度污染。省界河段为重度污染。17 个断面中,Ⅰ—Ⅲ类、Ⅴ类和劣Ⅴ类水质断面比例分别为 47.1%、11.7% 和 41.2%。主要污染指标为氨氮、五日生化需氧量和高锰酸盐指数。

2008 年全流域废污水排放总量为 47.53 亿吨,其中工业和建筑业废污水排放量 25.95 亿吨,占 54.6%;城镇居民生活污水排放量 14.16 亿吨,占 29.8%;第三产业污水排放量 7.42 亿吨,占 15.6%。[4]可见,海河流域的污水主要还是来源于工业和建筑业,而随着城镇化和人口的增加,城镇生活污水的排放所占比重也在提升。

此外,海河流域作为我国重要的农业生产基地,来自于农业的面源污染也不容忽视。海河流域有国家粮食生产大县 33 个,有国家棉花生产大县 19 个。据统计,2007 年,海河流域农作物总播种面积为 1 667.4 万公顷,化肥施用量(折

---

[1] 尹发能、梁新贤:《浅论海河流域的生态恢复》,载《人民长江》2007 年第 2 期。
[2] 高建文:《国内外河口管理对海河流域河口开发治理的启示》,载《海河水利》2008 年第 5 期。
[3] 水利部海河水利委员会:《2008 年海河流域水资源公报》。
[4] 水利部海河水利委员会:《2008 年海河流域水资源公报》。

纯量)为 679.70 万吨,平均每公顷播种面积化肥施用量(折纯量)407.64 公斤,❶远远超过国际上单位播种面积化肥施用量每公顷 225 公斤的安全上限,存在着化肥严重过量施用的问题,这不仅导致化肥的浪费和化肥利用率的降低,也是造成水污染的重要原因之一。

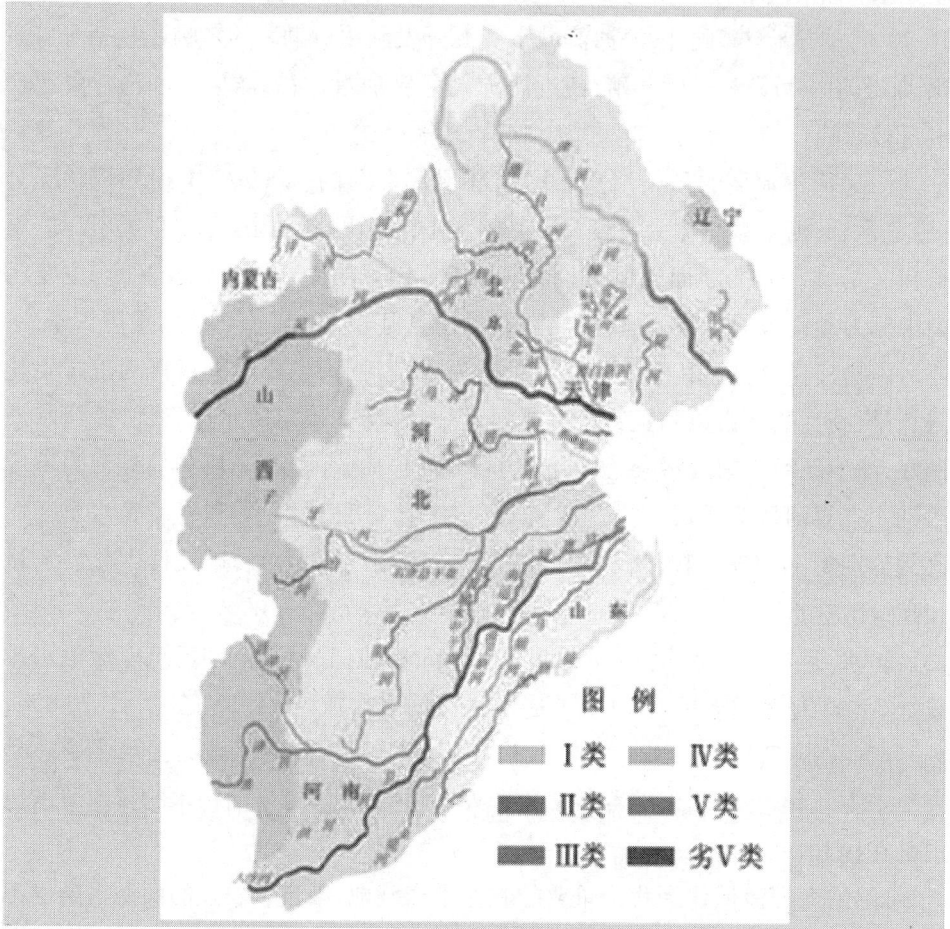

图 7-5   2009 年海河水系水质状况

---

❶   朱梅、吴敬学:《海河流域种植业非点源污染特征分析》,载《农业环境与发展》2010 年第 2 期。

第三节　基于入海河流全流域渤海
保护的任务、途径和措施

基于渤海入海河流全流域的保护主要是从入海河流全流域的角度出发来认识和分析渤海的保护问题,本节主要就渤海全流域保护的任务、途径和基本措施等进行分析。

一、全流域渤海保护的主要任务

如同上节所述,黄河、辽河、海河三大流域对渤海的影响主要体现在入海的水量和水质两个方面。首先,三大流域都是水资源短缺地区,水资源开发利用强度大,各水系入海水量都存在减少的趋势。入海淡水量的减少,使得渤海近岸海域盐度增高,生态环境发生改变,不利于鱼类产卵、孵化、幼体成长及成鱼索饵,甚至导致河口海洋生物大量灭绝,如大黄鱼和蟹类等已基本消失。以海河河口的生态需水量为例,研究表明,海河口、滦河口及漳卫新河口最低生态环境需水年度总量分别为 5.97 亿立方米,6.81 亿立方米和 4.96 亿立方米。近 20 多年来的海河口及漳卫新河口实际年均径流量已不能满足生态系统最基本的要求,河口生态环境基本特征已基本消失,生态环境发生了不可自然恢复的退化。[1] 其次,三大流域水污染严重,是渤海的重要污染源。在渤海的污染物中,有 80% 来自于地表径流。其中,辽河、海河、黄河三大流域的上游污染物排放量为环渤海 13 市的 3.5 倍。[2]

针对上述问题,渤海全流域保护的主要任务可归结为对入海水量的保有以及对入海河流水质的改善两个方面。

二、全流域渤海保护的基本途径

对于渤海河流水量保有和水质改善任务可以从以下几个途径入手:

(一)河流入海水量的调节

河流入海水量的大小一是受到来自降水量等自然因素的影响,二是受到来

---

[1]　孙涛、杨志峰、刘静玲:《海河流域典型河口生态环境需水量》,载《生态学报》2004 年第 12 期。

[2]　资料引自渤海环境保护总体规划编制组:《渤海环境保护总体规划(2008—2020 年)》。

自人类活动的影响。人类活动对入海径流量的影响主要有以下几方面：第一，随着流域内经济社会的发展和人口增加，生活和生产用水需求增加；第二，对于水资源的开发利用改变了河流水系的自然状况。黄河和辽河流域水资源开发利用率都超过70%，●大大超过了水资源开发利用的极限，打破了整个流域的水资源平衡，黄河、辽河、海河水系中上游就像大树的根系，主要支流呈扇形分布，这就给各地在支流上建水库提供了有利条件。各地为了加强流域的治理开发，相继在干、支流建成数百个大、中型水库。例如2001年年底竣工的黄河小浪底水库，库区全长130千米，总面积278平方千米，几乎能够完全控制黄河下游的供水。这些水利工程控制了河流洪涝灾害的发生，但如果不进行很好的调控，也会将下游的水治没了，把"活河"治成了"死河"。尽管如此，黄河、辽河和海河流域仍在上马新的拦蓄工程。其由于多年来无节制地引水截水，过度开发流域水资源，不考虑河流的承载能力，造成了流域水资源开发严重"透支"。第三是地下水的开采。受资源短缺的影响，地下水成为主要供水水源之一。流域中大规模打井，无节制地超采地下水，使得地下水位急速下降。这样的掠夺性开采，形成了大面积以城市为中心的地下水降落漏斗，地下水漏斗范围在不断扩大，水质不断恶化。地下水位区域性下降，不仅大幅度增加了开采地下水的投资，还产生了难以弥补的环境灾害。浅层地下水的污染使得人们对深层地下水的需求变得迫切，造成了不良的循环。地下水漏斗面积扩大的同时，由于地表水和地下水呈相互补给的关系，地表水的供应不足加上地下水的超采，会导致径流的下降。作为响应，枯季断流现象，甚至使全年的断流现象不断恶化。

针对上述人类活动对入海径流量的影响因素，在对河流入海水量进行调节时，应当做好以下几点：

1. 科学测算和确定维持渤海生态环境所需的入海径流量，并将保持该入海径流量作为生态环境用水的重要内容，纳入入海河流水资源的总体规划之中。

2. 制定中长期水资源供求规划。水资源的中长期供求规划应当根据水的供求现状、国民经济和社会发展规划、流域规划、区域规划，按照水资源供需协调、综合平衡、饱和生态、厉行节约、合理开源的原则制定。

● 夏本臣、刘艳、孙爽、张镜波：《东辽河流域农业产业结构优化及对策》，载《东北水利水电》2009年第11期；《滨城区黄河水资源引用中存在的问题及建议》，http://www.examda.com/jianzhu/jingyan/20090930/092832261.html，2011年5月访问。

3. 制定水资源的调配方案。统一制定流域内各行政区的分水方案,对流域内的水利工程实施统一调度,加强流域层次的宏观调控、协调与协商,精心调度水量,严格控制各地引水量。以断面流量定用水量,确保河流的入海水量。

4. 加强对河流水资源需求的管理,在保证流域经济社会发展的同时,减少对水资源的需求量,调整对地表水资源的开发利用强度,控制对地下水的开采规模和数量。水资源需求管理最根本、最直接的目的就是通过强化用水管理,实现高效用水。❶ 这方面重点是调整产业结构,结合流域特点,发展节水型产业,减少产业对水资源的消耗。第一产业的水资源经济效益最低,用水系数最大,第三产业水资源经济效益最高,用水系数最低。以黄河流域为例,研究表明黄河流域水资源直接消耗系数高于全国的主要原因是农业水资源直接消耗系数太高所致。全国农业水资源的直接消耗系数(立方米/万元)是:新鲜水 1 579.03、地表水 1 333.85、地下水 245.18;黄河流域农业水资源的直接消耗系数(立方米/万元)是:新鲜水 2 162.36、地表水 1 597.17、地下水 565.18。综上所述,对于黄河流域在水资源十分贫乏的情况下,重点是降低农业的直接消耗系数和消耗总量,一方面应该提高农业的灌溉技术,提高水资源的利用效率;另一方面应该调整农业的产业结构和种植业内部结构,增加用水系数小于种植业的畜牧业、林业和渔业的比重,在种植业内部应该种植节水性作物。当然在条件允许的情况下还可以适当控制农业的生产规模。❷ 除了发展节水型农业之外,还需要大力发展第三产业,提高第三产业的比重,并适当发展第二产业,重点发展高科技工业,合理调整高用水行业的比重。

另一方面是推进节水型社会建设,提高人们的节水意识,减少日常生活对水资源的浪费。第三是加强对水资源的重复利用率,提高再生水使用率,这不仅减少了对新鲜水的使用量,同时也有利于减少水污染。

(二)流域的水污染防治

对于流域水污染的防治主要是根据污染源进行的。从前述分析中可以看出,流域污染源主要包括三个方面:

第一,工业、建筑业等造成的污染。这种来自产业的污染仍然是三大流域污

---

❶ 曹惠提、郭艳、张会敏:《黄河流域水资源需求管理初探》,载《南水北调与水利科技》2007 年第 2 期。

❷ 郭菊娥、邢公奇、何建武:《黄河流域水资源空间利用结构的实证分析》,载《管理科学学报》2005 年第 6 期。

染防治的首要任务。一方面从工业布局看,三大流域的工业包括污染比较高的化工、冶炼、造纸等行业;另一方面,除了沿海地区工业水平较高之外,在广大的流域地区工业规模和技术水平存在不小的差距,工业废水达标排放率不是很高,需要进一步加大对工业污水的治理力度。

第二,关于城市污染排放。随着城镇化和人口的增加,城市污水排放在三大流域污水排放中都占据了重要地位。而就目前城市污水厂的建设情况看,城市污水处理能力不足。以黄河流域为例,截至 2005 年底,流域内建成污水处理厂25 座,处理能力 217 万吨/日,实际处理量仅 87 万吨/日,全流域城市污水处理率不到 30%,远低于全国平均水平。为此,需要加大对城市污水的处理力度。

第三,三大流域都是我国重要的农业生产基地。农业是黄河、辽河、海河中上游地区用水量最大的产业。尽管我国已经有《农业法》、《基本农田保护条例》、《农药管理条例》、《农药登记规定》、《农药安全使用规定》、《农药安全使用标准》等,对农药、花肥等的使用做了很全面的规定。但是由于农业作业形式粗放,很难管理,相关的污染很难控制。以化肥使用为例,中国的化肥施用量增长速度快,呈现逐年递增的趋势。1985 年全国化肥施用总量为 1 775.8 万吨,2002 年达 4 339.5 万吨,比 1985 年增长 1.4 倍,年平均增长率为 8%。❶ 与此同时,单位面积化肥施用量也呈逐年递增趋势。从区域化肥消费量看,按照从大到小的顺序依次为:黄淮海区(34.59%)、长江中下游区(22.01%)、东北区(11.23%),这三个区域均为我国粮食主产区,化肥消费总量占到了全国消费总量的 2/3 多。❷ 因此加强对流域农业面源污染的治理也是流域水污染治理的重要内容。

（三）流域生态修复

受水资源开发利用和水污染等多种因素的影响,渤海三大流域的自然生态条件发生改变,生态承受能力降低,从而对地表径流以及水体自净能力等产生不利影响。因此,加强对流域生态修复就成为保持流域入海水量和水质的重要途径。具体包括以下措施:

加大水土保持力度,减少水土流失。渤海三大流域都存在比较严重的水土

---

❶ 李明哲:《农田化肥施用污染现状与对策》,载《河北农业科学》2009 年第 5 期。
❷ 刘忠、隋晓晨:《中国区域化肥利用特征分析》,载《资源科学》2008 年第 6 期。

流失问题。以辽宁境内的辽河流域为例,水土流失面积共有 1.71 万平方千米,其中水力侵蚀面积 1.486 万平方千米,占流域水土流失面积的 86.9%;风力侵蚀面积 2 240 平方千米,占 13.1%。土壤侵蚀强度为轻度级 1.428 万平方千米,中度级 2 599 平方千米,强度级 202.5 平方千米,极强度级 22.9 平方千米。其水土流失地类分布:坡耕地水土流失面积为 6 620 平方千米,占流域水土流失总面积的 38.7%;荒坡及沟壑水土流失面积 4 889 平方千米,占 28.6%;林草覆盖度小于 90% 的疏林草坡地水土流失面积为 5 591 平方千米,占 32.7%。流域内年均土壤流失量 2 690.4 万吨。由于辽河流域水土流失严重,致使辽河洪水灾害频繁,新中国成立以来的 1951、1953、1960、1995 年等大洪水给辽宁经济造成了重大损失。❶ 根据水利部发布的《2006 年中国水土保持公报》显示,渤海三大流域中黄河流域的土壤侵蚀最为严重。而最近几年来,经过采取多种措施水土保持取得了很大的成绩,尽管由于土壤侵蚀量受降雨分布、地表状况等的影响,年际变化较大,不宜以短系列作为分析依据,但至少从 2005 年和 2006 年的实际情况看,土壤侵蚀量较之多年平均水平,三大流域都有了很大的改观。

开展水土保持,对于提高流域的生态承载力具有重要意义。有研究表明,黄土高原水土保持总计净增加黄河流域生态承载力 1 444.24 万公顷,除去 12% 的生物多样性用地面积后为 1 270.94 万公顷,每进行 1 公顷水土保持综合治理可以增加生态承载力 1.25 公顷。黄土高原水土保持可以增加当地生态承载力 1 122.70 万公顷,占净增加值的 77.74%,每进行 1 公顷水土保持综合治理可以增加当地生态承载力 0.97 公顷。黄土高原水土保持可以增加黄河下游地区生态承载力 321.54 万公顷,占净增加值的 22.26%,其中减沙 395.19 万公顷、减水 73.65 万公顷。❷

---

❶　李磊光:《辽河流域(辽宁段)水土流失现状及治理对策分析》,载《水土保持科技情报》2003 年第 1 期。

❷　赵建民、李靖、黄良、王志刚:《水土保持对黄河流域生态承载力的影响》,载《中国水土保持科学》2006 年第 6 期。

表7-8 2006年渤海三大流域土壤侵蚀量❶

流域名称	计算面积（万平方千米）	多年平均		2005 年		2006 年	
		径流量（亿立方米）	侵蚀总量（亿吨）	径流量（亿立方米）	侵蚀总量（亿吨）	径流量（亿立方米）	侵蚀总量（亿吨）
黄河	49.15	364.70	16.00	230.80	4.00	233.40	2.94
海河	18.20	16.90	2.01	4.85	0.02	4.62	0.10
辽河	22.00	35.02	1.53	33.80	0.77	11.50	0.22

加强流失生态恢复和修复工作。长期以来,为了发展经济,流域上游各地为发展经济大肆砍伐树木、侵占草地、森林、农田、滩地,造成植被破坏,土质疏松,泥沙俱下,地表沙漠化。黄河是世界上含沙量最高的河流,每年在入海河口会淤积出20平方千米的陆地。黄河中下段是地上河,所以中下游即使下雨,也无法流入黄河,难以进入渤海。辽河部分河段河床以每年10厘米的速度在增高。下游河段河底高层抬高,河水下泄不畅,河床集沙较厚,造成地表水大量渗漏,即使有降雨也很难产生径流,也难有多少水进入渤海。因此,加强流域上游的生态恢复就具有重要意义。这方面主要是采取退耕还林、封山禁牧等具体的做法以及根据流域特点,确立重点区域,通过建设水土保持过程和生态修复过程等方式来推进。

三、全流域渤海保护的主要措施

我国既有法律已经对流域水资源的保护以及水污染的防治做出了规定,并确立了一系列行之有效的措施和制度。例如,我国的《水法》对水资源的开发利用和保护规定了合理分配水量制度、水资源保护制度、饮用水源保护制度、节约用水制度等。《水法》规定省自治区直辖市人民政府有关行业主管部门应当制定本行政区域内行业用水定额,报同级水行政主管部门和质量监督检验行政主管部门审核同意后,由省自治区直辖市人民政府公布,并报国务院水行政主管部门和国务院质量监督检验行政主管部门备案。县级以上地方人民政府发展计划主管部门会同同级水行政主管部门根据用水定额、经济技术条件以及水量分配

---

❶ 水利部:《2006 年中国水土保持公报》。

方案确定可供本行政区域使用的水量,制定年度用水计划,对本行政区域内的年度用水实行总量控制。"从事水资源开发、利用、节约、保护和防治水害等水事活动,应当遵守经批准的规划;因违反规划造成江河和湖泊水域使用功能降低、地下水超采、地面沉降、水体污染的,应当承担治理责任"。"在地下水超采地区,县级以上地方人民政府应当采取措施,严格控制开采地下水。在地下水严重超采地区,经省、自治区、直辖市人民政府批准,可以划定地下水禁止开采或者限制开采区。""国家建立饮用水水源保护区制度。省、自治区、直辖市人民政府应当划定饮用水水源保护区,并采取措施,防止水源枯竭和水体污染,保证城乡居民饮用水安全。"《水法》还规定了农业用水、工业用水、生活用水等建设项目节约用水的内容,其中所规定的取水许可证制度以及水资源有偿使用制度不仅仅是水量控制制度的落实,更是节约用水制度的体现。除了国家级的法律法规外,流域内也有大量的地方性法律法规。

在水土保持方面,我国 2010 年修订、2011 年 3 月 1 日实施的《水土保持法》规定了水土保持的规划制度、预防制度、治理制度以及监测和监管制度等。新修订的水土保持法强调了规划的重要性,一方面强调要制定水土保持规划,另一方面也要求在制定有关基础设施建设、矿产资源开发、城镇建设、公共服务设施建设等方面的规划时,应当重视水土流失问题,并在规划中提出水土流失预防和治理的对策和措施。在预防方面,在水土流失严重、生态脆弱的地区从取土、挖砂、采石等容易造成水土流失的活动以及生产建设项目和种植业等方面规定了一系列禁限措施。在水土流失的治理方面,强调了水土保持重点工程建设的重要性,并对生态修复采取了一系列措施。

在水污染防治方面,我国的《水污染防治法》也规定了水污染防治规划制度、环境影响评价制度、三同时制度、排污许可制度、排污收费制度、水污染事故处置制度、总量控制制度、限期治理制度、环境监测监控制度以及环境信息公开制度等。

上述这些制度和措施对于维护渤海全流域的水量和水质发挥了重要作用。与此同时,从渤海保护的角度看,还需要采取以下措施:

第一,完善水资源配置机制,建立流域水权交易制度。对于黄河流域的农业而言,其生产效益相对低下,按水资源效益论,工业和城市生活用水常通过压缩农业用水实现用水增长,而灌溉节水措施又无明显改进,部分农业和农民的利益必然被牺牲;另一方面,对于黄河上游而言,其人均用水量及万元产值GDP耗水量均高于中下游地区,水资源配置按利益最大化原则向中下游移动,上游需付出较多的节水成本。由于行业和区域本身所决定的利益不均衡,自然会导致农民及上游缺乏节水热情。因此,为广泛地在全流域内推广需求管理,需要明确初始水权,促进和完善水权转换制度。由水资源转移的受益者采取经济补偿方式,补偿农业部门或其他行业、区域由于水资源转移而产生的额外投入或经济损失。同时在宏观政策方面,可通过对农业人口实行节水补贴对中上游省份加大财政转移支付力度等方式,建立整个流域各行业用水的利益协调机制。

第二,在全流域实施排污总量控制制度,制定污染排放削减计划和指标,并将其在全流域进行合理配置。

第三,建立流域生态补偿制度。流域水资源生态补偿主要包括流域水生态破坏补偿和流域水生态建设补偿。实施流域水资源生态补偿能够促使人们充分认识水资源的生态价值,改变水资源是公共物品而无须付费的观念,促使人们由"谁污染谁治理"向"谁受益谁补偿"理念的转变。首先,建立流域上下游之间的生态补偿机制。为了保持水量和水质,河流上游区域承担了更多的责任,需要下游受益方对其给予一定的补偿;其次,在污染的控制方面,通过加强对行政区河流断面水质的监测,对于超标和超量排污区域应当支付一定的金额用于污染治理;第三,完善退耕还林、还草的经济补偿机制,鼓励开展水土保持和生态修复工作。退耕还林是指从保护和改善西部生态环境出发,将易造成水土流失的坡耕地和易造成土地沙化的耕地,有计划、分步骤地停止耕种;本着宜乔则乔、宜灌则灌、宜草则草,乔灌草结合的原则,因地制宜地造林种草,恢复林草植被。国家实行退耕还林资金和粮食补贴制度,按照核定的退耕还林面积,在一定期限内无偿向退耕还林者提供适当的补助粮食、种苗造林费和现金(生活费)补助。黄河流域以及北方地区每亩退耕地每年补助原粮 100 公斤、现金 20 元,还生态林的至少补助 8 年,还经济林的补助 5 年,还草的补助 2 年。每亩退耕地和宜林荒山荒地补助种苗造林费 50 元。退耕还林是我国实施西部开发战略的重要政策之一,其基本政策措施是"退耕还林,封山绿化,以粮代赈,个体承包"。根据现有退耕还林政策标准和已完成的任务测算,退耕还林中央总投入将达 4 337 亿元,其中到去年年底中央已投入 1 918 亿元,总投入相当于 13 条青藏铁路的投资,是我国投资最大、政策性最强、涉及面最广的一项重大生态工程。据统计,1999—2008 年,全国累计实施退耕还林 4.03 亿亩,其中退耕地造林 1.39 亿亩,荒山荒地造林 2.37 亿亩,封山育林 0.27 亿亩。❶

---

❶ 《水变清 农增富:我国退耕还林进入巩固推进新阶段》,http://www.gov.cn/jrzg/2009—11/22/content_1470211.htm,2011 年 5 月访问。

下篇　渤海立法方案选择

第八章 渤海立法之事务调整范围的方案选择

渤海事务法调整方案是从渤海管理事务出发而进行的不同选择。由于渤海管理事务具有多样性,因此在方案选择上也就存在着单一事务管理法方案、多项事务管理法方案以及综合事务管理法方案等不同的选项。本章分别对这些选择方案进行分析和比较,以便我们对各种选择方案的优势与局限性等有一个全面的了解和把握。

第一节 渤海单项事务法方案

所谓单项事务法方案是指针对渤海保护存在的污染、资源开发与管理、自然形态改变以及生态破坏等问题,通过专门立法加以应对。相应地,单项事务法具有四个选择方案,分述如下:

一、污染防治法方案

长期以来,污染问题是困扰渤海的首要问题。《渤海环境保护总体规划(2008—2020)》中指出:"渤海是我国沿海诸多海域中生态环境最为脆弱的海域,由人类活动导致的污染和破坏问题最为突出"。有学者进而对渤海的环境容量进行了量化分析,得出在经济增长前提下,海域污染物环境容量年份极限值不超过 50 年的结论。[1] 而且该结论受到数据计算的假设条件等因素限制,可能还会高估渤海的环境容量或低估环境容量的减小速度。既然污染是渤海海洋环境的主要问题,并且渤海还将面临更大的污染压力,那么要想实现对渤海环境的有效治理,需把立法的注意力首先放在污染防治上。

---

[1] 乔璐璐、刘容子等:《经济增长下的渤海环境容量预测》,载《中国人口·资源与环境》2008 年第 2 期。

实际上,不只是渤海,海洋污染防治一直是我国海洋管理立法的重要内容。在我国现有的海洋环境立法中,有关海洋污染防治的立法体系已经基本建立,该体系以《海洋环境保护法》为核心,包括《防止陆源污染物污染损害海洋环境管理条例》、《海洋石油勘探开发环境保护管理条例》、《海洋倾废管理条例》、《防治船舶污染海域管理条例》、《防治海岸建设项目污染损害海洋环境管理条例》以及部门规章和地方法规、规章等。我国海洋污染防治的制度体系已基本建立起来,例如有关海洋环境管理的法律制度有:排污和倾倒收费制度,重点海域污染物排海总量控制制度和海上重大污染事故应急制度,有关陆源污染防治的法律制度有达标排放制度,排污口管理制度,排污申报制度和特殊污染物禁排制度。防止海岸工程污染海洋环境的规定有:建设海岸工程实行环境影响评价制度和"三同时"制度,对某些海岸工程建设项目的禁止,倾倒许可证制度。关于防治倾废污染的规定有:废弃物分类管理制度,海洋倾倒区制度,倾倒者对不利后果负责的制度。

然而上述现行的海洋污染防治立法在解决渤海污染防治方面存在局限性:一是海洋污染防治立法主要体现为国家法律、行政法规和部门规章,由于其空间效力范围及于我国依法管理的全部海域,这些法律规定是根据不加以区别的海洋共性问题而设定的,对渤海的针对性不强。而如前述,渤海作为我国唯一的内海,相较于其他海域,海水自净能力小,而且入海河流众多,更易受到污染,也就是说渤海的污染防治具有其特殊性,单纯依靠共性的海洋污染防治法很难收到成效。这就要求采取比其他海域更为严格的措施。二是我国现有海洋管理体制采取的是统一监管和多部门监管相结合的模式。具体而言,即国家环保部门对全国海洋环境保护工作实施指导、协调和监督,并具体负责海洋陆源污染防治和海岸工程建设项目对海洋污染损害。国家海洋行政主管部门负责海洋环境的监督管理,连同国家海事行政主管部门、国家渔业行政主管部门以及军队环境保护部门负责海洋工程建设项目、海洋倾倒废弃物和船舶污染等源自海洋的污染。尽管法律将各部门的分工做出了明确规定,但实践中存在着多头管理,"陆海分离"的现象尤为突出,影响了法律的实施效果,以致出现75部法规仍不能有效解决渤海环境污染的现象。❶ 为此,专门针对渤海制定污染防治法的立法诉求

❶ 据统计,目前我国与渤海海洋环境相关的国家和地方级的各类涉及海洋环境保护的法律法规至少有75部。然而这75部法规仍然治不住一个渤海污染问题,参见蔡岩红:《75部法规治不住渤海污染》,载《法制日报》2009年5月20日。

得到了广泛的关注。不仅学界对制定渤海污染防治单行法进行了论证,❶而且在 2008 年的"两会"上民主促进会向中央提出建议,要求尽快制订"渤海环境污染防治条例",加强对海洋污染治理的硬性约束,以更严格的法规和制度控制渤海海域环境污染。❷ 2009 年"两会"期间,全国政协委员、原国家海洋局局长王曙光也呼吁应在五年内出台渤海环境立法,否则渤海走向"死海"为期不远。❸

渤海污染防治立法不能简单沿袭现有的海洋污染防治法模式,需要根据渤海的污染实际,采取针对性的措施。具体而言,渤海污染防治立法需要注意以下几方面的问题:

第一,实行陆海统筹,按照多源污染多源治理的理念,强化对渤海陆源污染的治理。如前述,渤海污染 80% 来自于陆源污染,这就要求在渤海污染防治立法时,强化对陆源污染的治理。从陆源污染的具体情况看,一方面来自于渤海近岸陆域的污染,其中除了工业污水外,农业面源污染以及城镇生活污水排放等占据了重要地位。国家审计署曾在 2008 年 3 月至 9 月间对环渤海地区 2006 至 2007 年水污染防治情况进行了专项审计调查,重点调查了天津、大连、营口、盘锦、锦州、葫芦岛、唐山、秦皇岛、沧州、滨州、东营、潍坊和烟台 13 个市。审计发现,2007 年,上述 13 个市中有 7 个市的城市污水处理率低于全国 60% 的平均水平;与 2005 年相比,2007 年 13 市城镇生活污水中排放的化学需氧量(COD)增长 7%;审计调查的 51 座已运行污水处理厂中,有 18 座处理后的水质和污泥不达标;2007 年,13 市正常生产的 180 户国家重点监控废水排放企业中有 41 户废水超标排放,其中 35 户属于石油化工、造纸和印染等污染物排放大户;2007 年年底,13 市的 34 个经济开发区中,有 15 个开发区未建成污水集中处理设施,2007 全年有 4 000 万吨污水未经处理直接排放,有 358 个建设项目未按要求进行环评,727 个已竣工项目未进行"三同时"验收。❹ 此外,农业面源污染未得到有效控制。农业面源产生的氮、磷污染物等排放入海,一方面污染了海洋环境,

---

❶ 周珂、吕霞:《关于制定渤海环境保护单行法必要性的思考》,载《昆明理工大学学报·社科(法学)版》2007 年第 3 期。

❷ 刘晓星:《环渤海地区生态环境承载力应予改善》,载《中国环境报》2008 年 3 月 19 日。

❸ 王秋蓉:《"不要让渤海变成死海!"——访全国政协委员、国家海洋局原局长王曙光》,载《中国海洋报》2009 年 3 月 6 日。

❹ 国家审计署:《渤海水污染防治审计调查结果》,2009 年 5 月 22 日。http://www.gov.cn/gzdt/2009—05/22/content_1321915.htm,2011 年 10 月 1 日最后访问。

另一方面也为赤潮的发生提供了营养物质条件。渤海的陆源污染物主要是 COD、氨氮、活性磷酸盐以及重金属等。其中,COD 排放量主要来自于工业和城镇生活污水,总磷、总氮主要来自于农业面源污染。因此,需要对渤海近岸陆域的城市生活污染和农业污染强化治理力度。此外,由于渤海陆源污染的 60—70% 污染物来自 13 个沿海市以外更为广大的区域,因此需要引入全流域管理的思想,对渤海入海河流全流域的污染物排放进行规制。

第二,健全和完善渤海污染防治的基本制度。例如应当建立渤海污染物排放总量控制制度。尽管我国《海洋环境保护法》第三条确立了重点海域排污总量控制制度,但时至今日仍然是一纸空文,未见相关配套法规对其作出具体规定。因此,渤海污染防治立法应将建立可行的污染物总量制度作为基本内容之一,具体而言,即是根据渤海的环境容量确定入海河流污染排放物的总量,并在河流全流域范围内予以适当分配,从而达到控制污染的目标。此外,还应建立生态补偿制度,对于超过污染物排放指标向入海河流和渤海中排放污染物的区域应该向按照相关分配指标排放的区域作出补偿。

第三,建立污染防治监管的协调机制和有效的执行机制。由于渤海污染防治涉及诸多行政区域,尤其是实行陆海统筹之后,渤海的污染防治会涉及更多的行政区域和诸多监管部门,如何建立有效的监管和执行机制也是渤海污染防治法需要解决的问题之一。

二、资源管理法方案

渤海资源管理法方案主要是针对渤海资源开发利用与管理中存在的问题而制定的专门资源管理立法,其目的在于确立渤海资源开发利用秩序,保证渤海资源开发利用效率的最大化和可持续性。

我国现有的海洋资源管理法采取的是一种多元立法模式,主要是按照资源种类不同而进行行业管理,体现在立法方面主要有:《海域使用管理法》、《渔业法》、《野生动物保护法》、《海上交通安全法》、《矿产资源法》、《土地管理法》、《森林法》等法律以及《盐业管理条例》,它们分别对海洋的海域资源、渔业资源、野生动物资源、海洋空间资源、矿产资源、盐业资源以及海岸带资源的开发利用进行管理。这种按单一资源开发利用进行的海洋资源管理模式,具体到对渤海海洋资源的开发利用方面,除了作为普遍性立法缺乏针对性之外,还割裂了不同资源开发利用之间的关系,不利于对渤海资源的可持续利用和效率的最大化。因为作为海洋资源的重要特点之一即是多种资源赋存于特定的海域空间,不同资源开发利用的方式之间会出现相互影响、相互冲突的现象。鉴于单一资源开发利用进行管理的立法模式很难对各种资源开发利用之间的冲突问题作出有效的回应,需要对渤海资源的开发利用进行全面统筹。随着环渤海区域经济和社会的发展,开发利用渤海资源无论是广度和强度都较之前大大提高,依托渤海资源发展的海洋经济在区域经济中占据重要地位。据统计,2007 年环渤海经济区海洋生产总值 9 542 亿元,占地区生产总值比重达 16.3%。主要海洋产业中海洋交通运输业、滨海旅游业、海洋渔业、海洋石油天然气、海洋工程建筑业完成增加值 3 756.8 亿元。环渤海地区是我国海洋第二产业比较发达的地区,全国海盐产业的 84.0%,海洋化工业的 69.7%,海洋工程建筑业的 64.1%,海洋油气业的 61.2% 均集中于环渤海地区。❶ 而从渤海海域的使用情况看,据国家海洋局北海分局发布的《2008 年渤海海洋环境公报》显示:自 2002 年《海域使用管理法》实施以来,截至 2008 年末,环渤海三省一市海洋开发用海总面积为 753 671 公顷,其中,渔业用海 652 642 公顷,交通运输用海 41 583 公顷,工矿用海 25 225 公顷,旅游娱乐用海 3 022 公顷,海底工程用海 1 385 公顷,排污倾倒用海 622 公顷,围海造地用海 17 493 公顷,特殊用海 11 229 公顷,其他用海 460 公顷。2008 年,环渤海的各类开发新增用海总面积为 103 258 公顷(包括大连市和烟台市的黄海部分),其中,渔业用海 94 756 公顷,交通运输用海 3 728 公顷,工矿用海 1 014 公顷,旅游娱乐用海 300 公顷,海底工程用海 564 公顷,围海造地用海 2 196 公顷,特殊用海 700 公顷。❷ 如今,渤海正迎来新一轮开发热潮,环渤海三省一市都强化了对渤海及其沿岸的开发利用强度,其中辽宁沿海经济带、河北曹妃甸循环经济示范区、天津滨海新区以及黄河三角洲生态经济区都已纳入国家总体战略规划,山东半岛经济区也已经国务院批准成为全国海洋经济发展试点地区,并有望进一步上升为国家发展战略。透过这些产业规划布局我们不难发现,环渤海区域对渤海资源的需求在不断升温,换一个角度看,这也意味着应加强对渤海资源的开发利用进行全面统筹规范。

---

❶　国家海洋局:《中国海洋统计年鉴(2008)》,海洋出版社 2009 年版,第 3 页。
❷　国家海洋局北海分局:《2008 年渤海海洋环境公报》,第一章。

渤海资源管理法方案在以往行业资源管理的基础上,力求通过制定单一的渤海资源管理法,对渤海资源的开发利用进行全面规范,奠定法律框架。渤海资源管理法方案具体需要解决以下几个方面:

一是规定各种资源开发利用需要遵守的基本原则,包括资源有序开发和综合利用原则、效率原则、有偿使用原则、可持续利用原则等。

二是完善资源开发利用规划制度,其中的关键是协调好渤海功能区划、渤海经济发展规划以及渤海资源开发利用规划之间的关系,并强化规划制度的权威性和稳定性,不得随意变更,并以规划作为指导资源开发利用的基础性文件。

三是对各种资源开发利用活动作出具体性规定,完善相关资源开发利用的制度,如在渔业资源方面,需要进一步建立和完善水产种质资源保护区制度和渔业增殖放流制度等。

三、自然形态保全法方案

如前所述,保全渤海自然形态是渤海资源开发利用和渤海生态系统健康的重要前提和基础,同时自然形态本身还具有重要的美学欣赏和娱乐价值。但是长期以来我国并未对此引起足够的重视,实践中渤海的自然形态受破坏现象严重。目前我国的立法中仅有关于自然形态保全的零星规定,如《海岛法》关于保护海岛自然地形、地貌和海岛岸线的规定❶以及《海洋环境保护法》关于海洋自然历史遗迹和自然景观的保护、对海岛地形、岸滩的保护等规定。❷ 但是这些立法并没有明确提出渤海自然形态保全的概念,更谈不上对其的系统性制度建构。渤海自然形态保全法方案可以实现和完成这样的任务。具体而言,应当包括以下内容:

首先,对于自然形态保全的概念及其主要内容和形式作出规定。具体包括大陆岸线、滨海区域的地形、地貌、海岛岸线和地形地貌以及海底地形地貌等。并将海岛自然形态保全作为从事渤海及其近岸陆域开发利用活动的单位和个人所应遵守的一项基本义务。

其次,明确渤海自然形态保全的目的。至少需要明确几点:保留渤海的自然

❶ 参见《中华人民共和国海岛保护法》第十六条、第二十七条、第二十八条、第三十七条、第三十八条等的规定。

❷ 参见《中华人民共和国海洋环境保护法》第二十条和第二十六条的规定。

风貌,为当代和今后世代认识、研究渤海留下自然"本底";维护渤海的美学价值,从而保障人类从渤海的自然形态中获得美感;维持渤海自然生态环境,保证和维护渤海生态系统健康。

再次,保护具有典型意义的天然海滨、岸滩、海洋自然历史遗迹以及自然风景区、天然湿地的自然形态,禁止人为改变和破坏。

最后,对人类影响和改变渤海自然形态的行为进行严格控制,通过规划、许可等制度的完善强化对相关行为的监管。尤其是严格控制海滨挖沙、围填海活动等破坏大陆岸线和造成海岸侵蚀的活动、破坏滨海湿地的活动、破坏海岛自然形态的海岛开发利用活动等。同时为人类影响和改变渤海自然形态的活动设定基本的行为规范,如在围填海项目方面,应当进行科学论证,并原则上禁止采取截弯取直的做法,防止渤海大陆岸线的平直化等等。

四、生态保护法方案

渤海生态保护法方案是以保护渤海生态系统健康,防止渤海生态环境退化,保护渤海生物多样性为目的。我国现行《海洋环境保护法》第三章对海洋生态保护作出了概括性规定,主要包括对滨海湿地、海岛、海湾、入海河口、重要渔业水域等具有典型性、代表性的海洋生态系统的保护,对珍贵、濒危海洋生物天然集中分布区和具有重要经济价值的海洋生物生存区域的保护,对海洋自然历史遗迹和自然景观的保护等,并对开发利用海洋资源、引进海洋动植物物种、开发海岛及周围海域资源、发展渔业过程中的生态保护以及防止海岸侵蚀等作出了原则性规定。但这些规定一方面过于简单,可操作性不强,同时作为海洋生态保护的一般性规定,不能对渤海所面临的特定生态问题作出回应,缺乏针对性。因此,有必要制定渤海生态保护法,对渤海的生态保护作出全面系统规定。制定渤海生态保护法需要注意以下问题:

一是控制人类活动对渤海生态环境的破坏,防止渤海海洋生态环境退化。重点是防止渤海入海径流量的减少,防止滨海湿地、滩涂的破坏和减少以及渤海污染物的总量控制等。渤海是深受入海河流影响的内海,河流径流量的减少对其生态环境的影响巨大。为此需要确定适当的河流入海径流量,并按照以海定陆的思想,对如何进行河流水利工程的兴建以及水资源的开发利用进行合理配置,并通过一系列制度加以保证。同时在滨海湿地、滩涂的保护方面应该严格禁止和控制对滨海湿地、滩涂、岸线等的破坏和自然形态的人为改变,尤其是强化对挖沙行为和围填海行为的管理力度。污染物的排放不仅影响到渤海近岸海域水质,也是赤潮现象发生的重要因素,因此需要严格实行向渤海排放污染物的总量控制制度等。

二是保护渤海生物多样性,维护渤海生态系统健康和稳定。首先,需要加强对渤海海湾、河口等典型生态系统进行保护。其次,引入全面系统的观点,对渤海生物多样性进行保护,这方面主要包括维护渤海的初级生产力,确定鱼类资源的可捕捞量,在渤海范围内实行渔业捕捞限额制度,防止外来物种的侵入等。

三是强化对渤海生态环境的治理和修复。相较于我国其他海域,渤海生态环境的破坏尤为严重。因此在注重生态保护的同时,需要加大对渤海生态环境的治理和修复力度,并建立渤海生态治理和修复的规划制度、责任制度、基金和保证金制度、治理和修复技术研发制度等比较完善的生态治理与修复的制度体系。

四是将生态保护作为从事渤海开发利用活动的单位和个人的基本义务,为相关活动设定禁止性、限制性和鼓励性规范。

总之,上述四个单项事务法调整方案都是围绕渤海面临的问题而展开,以解决渤海面临的某一特定问题为目的,不涉及渤海管理的其他事务。选择专门单项事务立法方案有一定的优势,这主要体现在三个方面:其一,针对性强。单项事务法方案紧紧围绕渤海某项单一管理事务而展开,具有极强的现实针对性。其二,立法目标明确,调整范围具体。如果一部立法既要考虑渤海污染防治,又要设计渤海资源合理利用的规范,还要安排生态保护和修复等的制度,一方面可能出现顾此失彼,另一方面也会加大在立法调整范围等重大问题上的取舍难度。而如果选择单一事务领域,就可以根据事务需要制定相关制度和措施。其三,可与现行立法进行相对有效的衔接,立法难度较小,简便易行。

当然,选择单项事务法方案也存在明显的劣势。这些方案采取针对特定问题分而治之的思路,而渤海问题实际上是密切联系和相互影响的,因而这种立法模式很难对不同问题之间的相互影响等作出适当的回应。从这个意义上讲,这些单项事务立法可以看作是针对突出的渤海问题而采取的应急性立法方案,属于过渡性立法。因而从整体上考虑,单项事务法方案不宜作为渤海立法的首选。

第二节　渤海多项事务法方案

所谓渤海的多项事务法方案是指针对渤海的两项以上事务进行管理的立法方案。多项事务管理法方案主要是从各项事务之间的相互影响关系出发,并通过对多项事务的组合,寻求事务管理上的整合效应。在本研究中,多项事务法方案是指在渤海所面临的四项事务中选取其中的二项、三项事务或全部四项事务进行管理整合的立法方案。下面分别进行讨论。

一、两项事务管理法方案

两项事务管理法共有六个可选方案(见下表),对于这六个方案我们主要是从两项事务管理所产生的整合效果角度进行分析,从中发现各方案的优点和存在的不足。

表 8-1　两项事务管理法可选方案

可选方案	污染防治	资源管理	自然形态保全	生态保护
1	√	√	×	×
2	√	×	√	×
3	√	×	×	√
4	×	√	√	×
5	×	√	×	√
6	×	×	√	√

方案一:污染防治+资源管理方案。环境和资源是密切相关的两个概念。从一般意义上讲,自然资源作为在一定的经济和技术条件下可以为人类所利用的物质和能量,其同时也作为环境要素而存在。就海洋而言,我们所说的海洋资源,诸如海洋生物资源、海洋矿产资源、海岸带资源、海洋空间资源等都是海洋环境的重要组成部分。对海洋资源的开发和利用,势必会对海洋环境造成影响,其中之一即是对海洋环境的污染。而海洋污染又反过来会影响到资源的开发,比如渤海渔业资源衰退问题,究其原因除了过度捕捞之外,污染也是重要因素。因此,将污染防治与资源管理结合起来,一方面通过渤海污染防治促进资源的开发

利用,尤其是生物资源、海水资源、盐业资源等,另一方面通过加强对资源开发利用的管理,有效减少在此过程中产生的污染。污染防治与资源管理两项事务法方案即是要协调污染防治与资源开发利用的关系,寻求这两者的整合效果。从污染防治的角度看,主要包括海岸带资源开发利用中的污染防治、海洋矿产资源、生物资源开发利用中的污染防治、海岛资源开发利用中的污染防治、海底铺设电缆、海洋运输、港口等对海洋空间资源开发利用过程中的污染防治等。该方案的不足体现在只将污染防治的重点放在了渤海近岸陆域和渤海海域,而对于之外的污染防治关注不够。从资源开发利用的角度看,它造成的环境后果表现为环境的污染和生态环境的破坏两个方面。显然该方案不能对其中之一——生态环境的破坏作出回应。

方案二:污染防治+自然形态保全方案。如前所述,自然形态保全的意义在于维护渤海的自然本底、保护渤海的自然生态环境。尽管对渤海自然形态的保护有利于保护渤海的物理、水文、动力环境,从而使得渤海原本就十分脆弱的环境自净能力不至于因自然形态的改变而进一步减低,但是总的来看,污染防治与自然形态保全的直接关联度不大,因此该方案很难收到将两项事务共同管理所产生的整合效果。

方案三:污染防治+生态保护方案。污染是造成生态破坏的重要原因,此二项管理事务的整合效果主要体现在对渤海生态环境的保护和改善方面。对于渤海的自然生态环境而言,生态保护主要是对典型性、代表性生态系统、海洋自然历史遗迹以及自然景观的保护,这种保护更强调对现状的维护,此外生态保护还包括对已经受到破坏的生态环境的修复,这种修复也是一种事后的治理措施。相比之下,污染防治则更多的是侧重于源头管制,即通过对渤海污染物排放总量的控制,尤其是对入海河流污染物排放量的控制来保证渤海水质,例如通过对COD排放量的控制可以保障渤海近岸水质,而通过对入海总氮、磷等污染物的控制则可以防止渤海的富营养化乃至赤潮现象的发生,对于改善渤海近岸生态环境而言是一种治本性措施。尤其是对入海河流的管理方面,该方案通过将污染防治和生态保护的有机结合,提出了对渤海入海河流进行全流域管理的基本任务,即一方面是进行污染物排放的总量控制,一方面是保证入海径流量,以控制对渤海生态环境的人为破坏。该方案的不足之处是对造成渤海生态环境影响的另一主要因素——资源开发利用没能作出回应。

方案四:资源管理+自然形态保全方案。从一定意义上讲,渤海的自然形态也是渤海自然资源的一种。该方案的整合效果主要体现在对渤海自然资源的合理利用方面。通过对自然形态的保全,可以较好地保存渤海的自然地形地貌,使人类得享渤海所独有的自然魅力,促进渤海旅游发展,并有助于保护渤海生态环境和维护渤海生物多样性,对于促进渤海渔业资源的可持续利用具有重要意义。换个角度看,对渤海自然形态的保全一定程度上构成了对资源开发利用的限制和约束,它要求在对渤海资源开发利用的过程中,尤其在从事海岸工程、滩涂养殖、晒盐等活动以及海岛资源的开发利用时应防止和严格控制对渤海自然形态的人为改变,这有利于协调对渤海不同资源开发利用过程中的矛盾和冲突,保证和促进渤海资源的可持续利用。该方案的不足之处是对资源开发利用过程中的污染问题不能作出有力回应。

方案五:资源管理+生态保护方案。对渤海资源的开发利用既是造成渤海污染的重要因素,也是造成渤海生态环境破坏的重要因素。该方案的整合效果主要体现在渤海的生态保护上。通过对资源开发利用的管理,防止海岸工程、海洋工程、船舶航行等对渤海的污染,同时尤其是通过对海岸带资源开发利用的管理,防止对滨海湿地、岸线、滩涂等造成人为的破坏,有利于改善渤海的生态环境。而从生态保护的角度看,通过对渤海的滨海湿地、海岛、海湾、入海河口、重要渔业水域等具有典型性、代表性的海洋生态系统的保护,对珍稀、濒危海洋生物的天然集中分布区和具有重要经济价值的海洋生物生存区域的保护,以及对有重大科学文化价值的海洋自然历史遗迹和自然景观的保护可以有力促进渤海资源的可持续开发和利用。该方案的不足之处即是对于造成渤海生态破坏的污染问题,尤其是陆源污染问题不能进行很好的规制。

方案六:自然形态保全+生态保护方案。自然形态是渤海生态环境的有机组成部分,因此该方案的整合效果也主要体现在渤海的生态保护方面。相比较而言,自然形态保护侧重于渤海的外在特征和价值,而生态保护更注重渤海的内在生态功能、生态结构和生态过程,二者有机结合可以相得益彰。该方案提供了对渤海从外形到内在生态功能和典型生态系统的比较完备的保护框架。不足之处是对于造成生态环境退化的污染问题没有涉及。

总之,上述六种方案除了污染防治+自然形态保全方案整合效果较弱外,其他五种方案都具有管理上的整合效果,可以更好地实现管理目标。但同时也不难发现,两项事务之间的整合在管理效果上仍存在较大的局限性,该组方案也不是渤海事务管理法的最佳选择。

二、三项事务管理法方案

三项事务管理法即是在渤海四项管理事务中选取其中的三项加以整合,并寻求其取得较之单项事务管理更大的成效。三项事务管理法具体有四种可选方案。分述如下:

表8-2　三项事务法的可选方案

可选方案	污染防治	资源管理	自然形态保全	生态保护
1	√	√	√	×
2	√	√	×	√
3	√	×	√	√
4	×	√	√	√

方案一:污染防治+资源管理+自然形态保全方案。如前所述,由于自然形态可以视为自然资源的一种形式,因此该方案的整合效果主要体现在资源管理和污染防治事务的整合上,即通过污染防治和自然形态的保全促进资源的开发利用,而通过对资源开发利用的管制可以有效防止相关活动对渤海海洋环境的污染和对自然形态的破坏。该方案的不足之处在于,从污染的角度看,在控制陆源污染,尤其是入海河流对渤海的污染方面没有形成整合效果,同时资源开发利用过程中造成的生态环境破坏问题也没有得到全面规制。

方案二:污染防治+资源管理+生态保护方案。按照一般性理解,渤海污染和资源开发过程中造成的生态破坏是渤海生态退化的最主要原因,将污染防治、资源管理和生态保护三项事务整合起来,可以收到良好的管理效果。首先,污染防治可以改善渤海海水水质,尤其是开展近岸环境治理,有利于维护渤海近岸海域生态功能,促进渤海生态环境的保护和资源的开发利用。同时,加强资源开发利用管理可以起到防止污染和海洋生态环境破坏的作用,而生态保护和修复有利于提高渤海的环境承载力,保证资源的可持续利用。不足之处是对渤海自然形态的保全问题关注不够。

方案三:污染防治+自然形态保全+生态保护方案。如前所述,渤海自然形态本身即是渤海生态环境的一部分,自然形态的保全是渤海生态保护从渤海的生态功能、进程和物种保护向渤海外在形态的一种延伸,因此该方案的整合效果主要体现在污染防治和生态保护方面。它一方面注重对渤海污染的防治,从源头减少和控制对渤海生态环境的不良影响,另一方面也对渤海现有的自然状况,从生态功能、过程和物种乃至自然形态都予以必要的保护,从而为渤海保护构建起比较完整的框架,有利于丰富和深化渤海保护的内涵。该方案的不足之处是以渤海保护为主,对于如何进行开发利用渤海资源关注不够。

方案四:资源管理+自然形态保全+生态保护方案。相对于方案三而言,该方案强调的是将渤海的资源开发利用和生态保护以及自然形态的保全整合起来,它主要关注的是资源开发利用与生态保护的协调问题,对于保护渤海生态环境,维持渤海自然形态,并在此基础上促进资源的可持续开发利用具有重要意义。该方案的主要不足之处是对渤海的污染防治问题关注不够。

总之,上述四种三项事务管理法方案各有其特点,从其整合效果上看明显优于两项事务法的选择方案,其中尤其以方案二,即污染防治+资源管理+生态保护方案整合效果为最佳。但这些方案也都存在一定的局限性,并没有完全涵盖渤海管理的全部管理事务。

三、四项事务管理法方案

四项事务管理法方案顾名思义是将渤海四项主要管理事务全面整合起来,尤其是将自然形态保全与污染防治、资源管理和生态保护并列,强化了自然形态保全的重要性,凸显了自然形态保全对资源开发利用和生态保护的作用和功能,相对于两项事务管理法和三项事务管理法方案,该方案无疑更全面,更具合理性。

总之,多项事务管理方案相较于单项事务法方案更加强调不同事务管理组合在一起而产生的整合效果,同时多项事务管理法方案也具备单项事务法方案的立法优势,即立法目的明确,调整范围清晰,在资源管理、污染防治和生态保护方面都有较好的立法基础,立法难度适中。尤其是其中的四项事务管理法方案能够针对渤海面临的主要问题作出全面回应,是可以考虑的渤海事务管理法方案。但它的不足在于,尽管其中各种选择方案都在追求管理上的整合效果,但归根结底它们还都是对多项事务的一种罗列,即使是其中的四项事务管理方案也并没有穷尽渤海事务管理的全部内容。从本质上看,多项事务法方案同单项事务法方案一样,仍然沿袭了传统的以行业管理为基础,按照行业和事项"分而治之"的海洋管理模式,并没有形成新的管理理念和模式。实践证明,上述传统的海洋管理模式在解决区域海洋问题方面存在诸多不足,代之以区域综合性海洋管理模式已经为当今世界各国在进行海洋区域立法中所广泛接受。因此从创新方面,渤海多项事务管理法方案也不是渤海事务管理法的最佳方案。

第三节　渤海综合管理法方案

渤海综合管理法是指将渤海所有的海洋管理事务作为渤海法调整对象的法律规范。相对于前述单项事务管理法方案和多项事务管理法方案而言,该方案并非意味着管理事务的简单叠加,而是以区域海洋管理理论为指导,改变了传统以单一(或多项事务)为管理的海洋行业管理模式,体现了当代海洋管理的重要趋势和特点,具有合理性和先进性。因此在分析该方案之前,首先需要对该方案所体现的区域海洋综合管理理论做一简要分析。

首先,区域海洋综合管理是海洋综合管理。综合管理是在对传统的以行业为基础的海洋管理模式存在的不足进行反思的基础上而提出的一种新型海洋管理理论。后者主要是根据不同的海洋行业分别进行管理,并通过行业海洋立法加以体现。如我国在海洋渔业管理方面制定有《渔业法》,在海洋环境保护方面制定了《海洋环境法》,在海上交通运输方面制定有《海上交通运输法》,在海域使用方面制定有《海域使用管理法》等等,不一而足。这种行业性海洋管理立法以普适性海洋管理为主,而对特定区域海洋的差异性关注不够,针对性不强;而且各种行业性海洋管理立法大都从行业和部门利益出发,对不同行业海洋管理之间的相互影响与制约缺乏统一考虑和整体性协调。例如在管理体制上,以条块分割的管理体制为依托,"条"的管理是指在全国范围自上而下针对特定行业进行的管理;"块"的管理是指按照现行行政区域而形成的地方行政管理体制。而对于渤海等区域海洋管理而言,其管理的地域范围跨越了传统的行政管理界限,这就意味着现行的条块结合的管理体制不能适应区域海洋管理的需要。行业海洋管理的不足体现在实践中即是不能有效解决区域海洋所面临的问题。以渤海为例,我国诸多海洋行业管理立法共同作用的结果并没能消解长期以来渤海所面临的严峻生态环境问题。国家海洋局北海分局发布的《2009年渤海海洋环境公报》显示,渤海仍有四分之一以上的海域环境受到不同程度的污染,生态健康状况也一直未得到有效改善,在渤海六个生态监控区之中,三个监控区生态系统处于亚健康状态,三个监控区生态系统处于不健康状态。出于对行业管理为基础的海洋管理模式的反思与检讨,国际社会开始提出海洋综合管理的理论,即强调对不同行业进行统筹考虑和综合管理,以求获得最佳效果。然而,这种综合管理需要依托于一定的地域空间而展开。按照综合管理的地域空间不同,可以将综合管理分为全局性的海洋管理和区域性的海洋管理。从国家层面看,一是制定海洋综合性管理法,❶对国家管辖范围内的海洋实施全面管理。二是制定特别法,对特定海域实施区域性海洋综合治理。可见,区域海洋立法本质上应当是海洋综合管理法,是海洋综合管理在区域层面的立法体现。

其次,区域海洋综合管理以生态系统管理为基础。生态系统管理,又称基于生态系统的管理、生态系统方法等。《生物多样性公约》缔约方大会将生态系统方法界定为"促进以公平方法对土地、水和生物资源进行养护和可持续利用的综合管理战略"。❷ 具体到海洋领域,对于海洋生态系统管理有两个比较典型的定义,一是联合国海洋和海洋法问题不限成员名额非正式协商进程提出的定义,即"海洋管理的生态系统方法应以管理人类行为为重点,目的是维护并在必要情况下恢复生态系统的健康,使它们能持续提供物资和环境服务;为粮食安全创造社会和经济效益;维持生计,以支持包括《联合国千年宣言》所载目标在内的各项国际发展目标;以及保护海洋生物多样性。"生态系统方法的这种理解得到了联合国大会的肯定。❸ 另一个定义来自美国204名专家学者对生态系统管理方法的共识,即基于生态系统的管理是对包括人类在内的整个生态系统予以考虑的综合性管理方法。它的目标是将生态系统维持在一种健康、多产和可恢复的状态以便其能够提供人类所需要的服务。基于生态系统管理不同于当前通常

---

❶ 如日本2007年4月颁布了《海洋基本法》,明确提出要对海洋开发、利用和保全进行综合性管理,并就海洋资源的开发与利用、海洋环境保全、海上运输、海洋安全、海洋调查、海洋科技研发、海洋产业振兴、海岸带综合管理以及海洋教育等做出了全面规定。

❷ Convention on Biological Diversity, COP Decision V/6 on the Ecosystem Approach, 2000。

❸ 联合国大会关于《海洋和海洋法》的第 A/RES/61/222 号决议,2007年7月,第119段。

针对单一物种、部门活动或问题的管理方法,它考虑的是不同部门的累积性影响。❶

　　基于生态系统管理的区域海洋管理具有以下特点:首先,作为海洋管理单元的"区域"不是依据行政管理区域,而是按照特定海洋生态系统来划定的。起初海洋区域的划分按照所谓"大海洋生态系统"来进行。由于大海洋生态系统的空间范围过大(一般在20万平方公里以上),不宜管理,区域海洋管理因而逐渐转向较小面积的海洋区域。实际上"生态系统"是一个在空间规模上极具灵活性的概念,❷它可以用来指称任一规模的任一功能单元。例如,生态系统可以是一粒土、一个池塘、一片森林、一个生物群落或者是整个生物圈。相应地,在海洋区域的划分上应当根据一定区域生态系统的特性和完整性,考虑海洋管理的实际需要而合理划定。就渤海而言,渤海作为我国唯一的内海,北、西、南三面为陆地所包围,仅东面通过渤海海峡与黄海相通。渤海海水交换能力弱,自净能力差,相对于其他海域,渤海海洋生态十分脆弱,极易受到污染、破坏和损害。渤海这种独特的生态特征决定了有必要将渤海作为一个单独的区域来进行管理。其次,区域海洋管理是人本管理,具体有两层含义:其一,它的对象是人类活动。造成海洋生态系统紊乱的原因包括自然现象和人类行为的干扰两个方面,区域海洋管理的重点不是自然现象,而是人类活动的干扰,即人类活动对海洋生态系统,特别是生态系统的结构、功能和进程的影响。❸ 也就是说,区域海洋管理通过对人类活动的控制,来减少人类对海洋生态的人为扰动,从而达到维护和恢复海洋生态系统健康的目的。其二,它的直接目标是维护海洋生态系统功能与健康,而最终目的是为了实现人类对海洋生态系统的持续利用。需要指出的是,对海洋生态系统的持续利用应当以对海洋生态系统价值的全面分析和评估为基础。联合国千年生态系统评估曾经用"生态系统服务"的概念来指称人类从生态系统中获得的效益,具体包括生态系统对人类可以产生直接影响的供给功能、

---

❶ Scientific Consensus Statement on Marine Ecosystem-Based Management, Prepared by Scientists and Policy Experts to Provide Information about Coasts and Oceans to U. S. Policy-makers, 2005.

❷ 根据《生物多样性公约》的界定,"生态系统"是指植物、动物和微生物群落和它们的无生命环境作为一个生态单位交互作用形成的一个动态复合体。该定义并没有指明生态系统的空间单元或规模。参见 Convention on Biological Diversity, COP Decision V/6 on the Ecosystem Approach, 2000。

❸ Ingrid Nugent, Laura Cantral, Charting a Course toward Ecosystem-based Management in the Gulf of Mexio, Duke Environmental Law & Policy Forum, Spring 2006.

调节功能和文化功能,以及对维持生态系统的其他功能具有重要作用的支持功能。● 以渤海为例,据学者测算,渤海海域生态系统服务功能价值为 81 703 亿元,相当于环渤海三省二市地区生产总值的 1.73 倍。其中,供给功能价值占 4.59%,调节功能价值占 8.45%,文化功能价值占 12.28%,支持功能价值占 74.68%。渤海海域生态系统服务功能以支持功能为主。按照价值构成比较,气候调节、生物控制、废弃物处理、科研文化、初级生产、物种多样性维持等间接使用价值为 68 830.33 亿元,远远大于食品生产、提供基础资源、休闲娱乐等直接使用价值的 12 872.67 亿元。❷ 这就要求我们在对渤海海洋生态系统进行利用的时候,不仅要看到渤海生态系统服务的直接使用价值,更需要高度重视其间接使用价值。实践中,海洋生态系统为人类提供服务的多少取决于海洋生态系统是否健康,功能是否健全。长期以来,人类对渤海的开发利用和环境污染已经给渤海海洋生态系统健康带来严重损害,并影响到渤海海洋生态系统服务功能的正常发挥。因此维护和恢复渤海海洋生态系统健康就成为渤海区域海洋管理的基本任务。第三,与针对单一物种、部门活动或问题的传统海洋管理方法不同,区域海洋管理所考虑的是不同行业部门和问题对海洋生态系统的累积性影响。就渤海区域海洋管理来说,它应当立足于渤海海洋生态系统的完整性,通过综合采取多种措施来实现管理目标,具有鲜明的综合性特点。

按照区域海洋综合管理的理论,渤海综合事务法原则上应当将所有渤海海洋事务纳入其调整范围。而在立法层面上一是要确定渤海综合管理的框架,二是对渤海主要管理事务包括污染防治、资源管理、自然形态保全和生态保护分别作出专门规定。就渤海综合管理的框架而言,在立法中需要注意以下几方面的问题:

首先,需要明确渤海事务综合管理的基本原则。海洋所具有的流动性、三维特性等特点使得海洋综合管理远比陆域管理更为复杂。由于海洋的资源、环境、空间共存于同一自然海域之中,各种海洋环境资源的开发利用活动互相制约,互为条件,对一种海洋生态系统服务功能的开发利用或多或少都会对其他功能的

---

❶ 张永民译,赵士洞校:《生态系统与人类福祉:评估框架》,中国环境科学出版社 2006 年版,第 56~60 页。

❷ 吴姗姗、刘容子、齐连明、梁湘波:《渤海海域生态系统服务功能价值评估》,载《中国人口·资源与环境》2008 年第 2 期。

开发利用带来影响。而正如前面已经指出的,渤海特别法区别于传统行业海洋管理立法之处在于它旨在为推行渤海区域海洋综合管理提供基本法律框架,以便对所有影响渤海海洋生态系统的人类活动进行统筹规划和全面协调。其中的关键之一即是设定原则性规范,为如何在渤海区域实施综合管理,尤其是如何处理不同管理事务之间的矛盾与冲突等提供指导。这些原则性规范至少应当包括生态保护优先原则和风险预防原则、生物资源的可持续利用原则、防止生物多样性减少原则、渤海自然形态保全原则以及各种海洋活动对海洋影响最小化原则等。

其次,需要明确渤海综合管理与传统事务管理之间的联系与差别。从管理的事项看,渤海综合管理涵盖了污染防治、资源可持续利用、生态保护以及自然形态保全等多个事项,并以这些事项管理为基础。但渤海综合管理与传统事务管理所不同的是,它引入区域海洋管理理念,为管理各种渤海海洋事务提供了一个综合性框架,以维护渤海生态系统功能和健康为主线,将各项海洋管理事务有机联系起来,强调将各项海洋管理事务对渤海生态系统的影响进行全面分析和统筹考虑,即不仅要考虑其现在的影响,还要考虑累积性的影响;不仅要考虑各项事务本身的影响,还要考虑各项事务之间的相互关系和叠加效果。

最后,需要确立渤海综合管理机制。渤海特别法以渤海为管理单元,跨越了行政管理边界。我国现行的海洋管理体制无法满足渤海区域海洋管理的需要,可行的方法是建立专门的渤海综合管理机构来强化渤海区域海洋管理的执行力,具体负责制订渤海治理规划,统筹协调、分配各相关行政区域在渤海开发利用方面的利益与渤海保护责任,监督渤海特别法以及相关海洋管理法的实施等。另一方面,渤海区域海洋管理涉及中央政府、地方政府、渤海近岸陆域和入海河流全流域的公众以及非政府组织等诸多利益相关方,管理成效的好坏很大程度上取决于各利益相关方的广泛参与与合作。从这个意义上讲,完善公众参与机制,强化公众对渤海及其管理的知情权制度,健全和理顺公众参与渤海海洋管理决策和具体管理事务的途径,充分发挥公众在渤海海洋治理机制中的作用也是设计渤海区域海洋管理体制所必须认真考虑的。

可见,渤海综合管理法是渤海事务管理法比较理想的选择方案。但是相对单项事务法方案和多项事务法方案,该方案最为复杂,立法难度也最大。无论是引入区域海洋管理理念,构建海洋综合管理的原则和制度框架,还是建立渤海综合管理体制都会遇到不小的挑战。

第九章 渤海立法之空间调整范围的方案选择

　　20世纪80年代初,马世骏等中国生态学家提出了复合生态系统理论,该理论认为人类社会是一个依托于自然生态系统并以人类行为为主导的社会—经济—自然复合生态系统。而社会、经济和自然三个子系统则既是该复合生态系统的要素、又是各自独立完整的系统。基于该理论,我们认为,将渤海作为一个存在于一定范围内的独立完整的系统加以研究不仅是必要的,而且是科学的和必需的。我们可以从三个大小不同的范围来看渤海:第一,渤海海域,也就是以渤海海水覆盖范围为界限的渤海。第二,渤海海域和渤海近岸陆域,也就是渤海海水覆盖的领域和靠近渤海水面的一定范围的陆地区域。这个区域相当于渤海和环渤海海岸带区域。第三,渤海海域和渤海全流域,也就是所有注入渤海的河流的流域覆盖的区域和渤海海域。这三个依次扩大的区域范围成为渤海特别法的适用范围的三种选择方案:方案一,以渤海海域为适用范围;方案二,以渤海海域和渤海近岸陆域为适用范围;方案三,以渤海海域和渤海全流域为适用范围。

第一节　渤海海域方案

　　该方案将渤海管理法的适用范围仅限于渤海海域本身,也就是以渤海海水覆盖范围为界限的渤海,包括辽东半岛西部海域(辽宁省),辽河口临近海域(辽宁、河北省),天津—黄骅海域(河北省、天津市),莱州湾海域、黄河口毗邻海域,庙岛群岛及邻近海域(山东省),渤海中部海域,面积7.7万平方千米。❶ 即渤海海岸线所环围的海面、水体及其下的海底。

　　该方案是适用范围最小的方案。从渤海环境保护的角度看,其特点为保护

---

❶　大连市渤海环境规划以大连、丹东两市海岸线交界线划界,包括部分黄海海域。

措施、规范对象集中,保护效果直观;利于对海域本身进行规划,容易确定总量控制指标;便于对海上航运、海洋石油、港口企业的排放和倾废、溢油漏油等设定限制或禁止性义务性条款及责任,将海上养殖活动的规划、布局及排污倾废纳入法律规范。

在该适用范围内的管辖事务对污染的防治包括来自海洋养殖的污染、来自船舶污染、来自海上石油勘探开发的污染、来自倾倒的污染等。对海洋生态保护包括设立海上自然保护区、海洋特别保护区、渔业保护区、风景名胜区等。对资源的利用包括空间资源的利用、生物资源的利用、矿物资源的利用等。重点内容包括:1. 对行驶于水面的船舶的倾废、油污等的规制;对海上自然保护区、海洋特别保护区、旅游区等重要类型功能区的规范和管理。2. 对围海造田、海水养殖、渔业区等活动进行重点规范,侧重解决海水富营养化、水生生物资源的养护及渤海生物多样性等问题。3. 对渤海海底的保护和利用以石油等资源的开发等活动为重点规制对象。现就渤海海域方案对上述事务的解决方式、效果等从以下方面加以分析:

一、污染治理

依据《中国海洋环境质量公报》2006 年、2007 年、2008 年的统计数据,渤海的污染状况不容乐观。其中辽东湾近岸、渤海湾和莱州湾一直为渤海的严重污染海域。2009 年,国家海洋局北海分局发布了《2008 年渤海海洋环境公报》,《公报》指出渤海中部海域环境良好,近岸海域污染依然较重。

根据对渤海污染物的来源分析,渤海海域和陆域是渤海污染物的两大来源区域。在渤海海域发生的污染中,油类污染所占比例较大,约为 44.75%,运输船舶、渔船类污染所占比例约为 36%,此外还有来自溢油事故所造成的污染,它也是造成渤海海域海上污染的重要原因之一。❶ 此外,养殖业自身污染也是引起渤海海域污染的主要原因之一。

治理渤海污染的关键是从源头上将污染源消除或减少,在污染物总量和污染物浓度、危害方面下工夫。针对上述污染问题,可以分区域有针对性地采取对策。如,针对船舶污染,有效实施船舶油类物质污染物"零排放";针对海上养殖

---

❶ 刘容子、吴姗姗:《环渤海地区海洋资源对经济发展的承载力研究》,科学出版社 2009 年版,第 91 页。

区,编制海域养殖区域规划,制定海上养殖区环境标准,"控制海域养殖密度和面积";针对海上石油平台,防止和控制石油类污染物的产生。此外,"严格管理和控制向海洋倾倒废弃物,禁止向海上倾倒放射性废物和有害物质。"❶

就污染治理而言,该方案的局限性在于:首先,对于大量的来自渤海海域以外的污染,如面源污染、来自环渤海城市的污染就需要制定适用于三省一市或沿海13市并且包括入海河流全流域在内的广大范围的法律,用以应对诸如"注入渤海的污染物中60%—70%的污染物来自13个沿海市以外的区域(即来自河流及其流域)❷等状况。否则,上游的污染不能有效治理,那么下游及河流入海海域的污染治理则无从谈起。因为,渤海海域与入海河流本身自成一体,是一个天然的水系,不会因为人为的划分而割裂开来。作为系统整体的污染源如果不能控制或消除,那么,作为组成部分的渤海海域则难以"洁身自好"。其次,该方案将管辖的范围限定在渤海海域,也不利于环保、农业等陆上管理部门与海洋、渔业等海上管理部门的协调合作、综合治理。

方案一对于污染治理的优势在于便于实施总量控制,特别是在重点海域实施总量控制。海域内的活跃区和滞缓区净化能力差别比较大,应区别对待。因为"前者可以很快地使污染物降解、稀释,并带出海外。但后者,在河流的某些滞缓区,海水流动缓慢,且能形成局部涡流,污染物难以扩散出去。"❸应对海上航运、海洋石油、港口企业的排放和倾废、溢油漏油等设定限制或禁止性义务性条款及责任,将海上养殖活动的规划、布局及排污倾废纳入法律规范。

二、资源保护

渤海的五大优势资源为:渔业、港口、石油、旅游、海盐。矿产资源包括:海底表层沉积物和海底岩层中的矿藏。由于渤海是整个华北沉降堆积的中心,油气田主要分布在辽东湾、渤海湾及渤海中部海域。渤海海上油气区由陆上辽河凹陷、黄华凹陷、济阳凹陷的向海延伸部分与渤中凹陷所组成。渤海海上石油已初具规模,形成了我国第一个海上油田。渤海是一个油气资源十分丰富的沉积盆

---

❶　刘容子、吴姗姗:《环渤海地区海洋资源对经济发展的承载力研究》,科学出版社2009年版,第134页。

❷　渤海环境保护总体规划编制组:《渤海环境保护总体规划(2008—2020年)》,内容摘要。

❸　赵章元、孔令辉:《渤海海域环境现状及保护对策》,载《环境科学研究》2000年第2期。

地,海上油田与陆上的胜利、大港和辽河三大油田一起构成我国第二大产油区。

近年来,随着海洋开发强度的加大,围填海造地遍地开花,裁弯取直的围填造海工程,使得自然海岸线消失迅速,人工岸线比重越来越大。据不完全统计,1949—2004 年,环渤海地区围填海造地面积 3 186 平方千米,占滩涂总面积的6.2%。围填海对渤海的影响涉及多个方面,其中渔业资源的数量、种群受到的影响较大。此外,对岸线及自然形态的改变也会间接地影响到渤海的生态环境。因此,对围填海的规制应是方案一的重要内容。

此外,对于海岛资源的利用,应注意与污染、自然形态、生态等问题的关联。其基础设施的建设和利用、支柱产业的规划和发展以及岛上自然资源的开发和利用与陆地上的相关事项既有联系又有区别,值得进一步研究。

在上述资源的开发和利用中,海陆关系不容忽视。目前渤海海洋石油勘探开发产生的水基泥浆、钻屑、食品类固体废弃物经处理达标后排海,油基泥浆、非食品类固体废弃物全部运回陆地进行处理。因此,将适用范围限定于渤海海域内的方案一的弊端,在此处就暴露了出来。并且,该方案也不能对发生于渤海海域内但根源于渤海海域外的围填海进行有效规制。

三、生态保护

渤海生态环境问题产生的主要原因在于忽视了渤海作为生态系统的存在,割裂了渤海海域和河流流域之间自成一体的连带关系。就法律而言,现有法律法规的适用范围缺乏适应性,法律调整的范围单一,未能将陆海范畴进行一体化考虑。如《环境保护法》的适用范围为陆地,《水污染防治法》的适用范围为流域。这就使渤海与周边陆地、下游海域与上游流域间的良性互动与关联缺乏法律上的保障。因此,该方案将适用范围限定于渤海海域不利于渤海生态环境的恢复。

四、自然形态保全

对于渤海几种主要自然形态——海岸、滨海湿地、海岛、海底的保全,适用渤海海域方案可以说是利弊参半。从有利的一面看,海岛、海底自然形态完全涵盖于渤海海域这一区域内,因而该方案对于海岛、海底自然形态的保护似乎会很有成效。因为对于海岛和海底自然形态,该方案似乎可以根据其自然形态被破坏的原因对症下药、有针对性地予以保护。如对于海岛开发、特别是无居民海岛开发的无序现象,对于随意在海岛上开采石料、破坏植被的活动,对于炸岛、炸礁、炸山取石等活动通过制定规划等方式进行规范。弊端在于,对上述现象和行为进行管理和规范的除了海洋部门外,不可避免地要涉及其他陆上管理部门。那么,部门间权力、利益的冲突及协调将又是一个难题。除非设立一个高于各地方行政部门的机构或由更高一级行政机关统一管理。同时,海岸、滨海湿地这两种自然形态被排除于渤海海域范围之外,因此适用该方案对于海岸、滨海湿地的保护可能鞭长莫及。具体原因将在本章第二节第四部分,即方案二的"自然形态保全"部分加以分析。

五、综合评价

渤海海域方案将渤海海域环境的保护范围局限于渤海海域本身,主要是与污染、资源、生态、交通、军事、海上工程等有关的事务,而陆域的人类生产生活等活动则不作为该方案的直接调整对象,管理的事务相对简单:1. 入海河流入海断面的河水质量、面源污染的程度、各种排污口的污染物排放。2. 工程主体位于海岸线向海一侧的新建、改建、扩建工程。具体包括:围填海、海上堤坝工程;人工岛、海上和海底物资储藏设施、跨海桥梁、海底隧道工程;海底管道、海底电(光)缆工程;海洋矿产资源勘探开发及其附属工程;海上潮汐电站、波浪电站、温差电站等海洋能源开发利用工程;大型海水养殖场、人工鱼礁工程;盐田、海水淡化等海水综合利用工程;海上娱乐及运动、景观开发工程。3. 港口水域和航行于渤海的船舶。4. 在渤海上的捕鱼活动以及对生物资源的养护活动。5. 在渤海从事的海洋倾废活动。6. 渤海内的各种保护区。生态系统的构成要素也相对简单,主要涉及海水、海洋生物、海底、排污口的污染物、河流入海口的淡水及其生物等,因此在表面看起来综合管理似乎更简便易行。

但该方案的局限性也十分明显:1. 无法控制绝大部分的入海污染物。根据《渤海环境保护总体规划(2008—2020)》显示,从进入渤海的污染物来源看,海上污染源基本得到了控制,60—70%的污染物来自13个沿海市以外的区域,即来自河流,来自流域,其中化学耗氧量的排放主要来自工业和生活污水,总磷、总氮主要来自于农业的面源污染,也就是来自沿海陆域。污染物入海排放总量未得到有效控制,部分入海河流污染严重,失去使用功能。2. 无法控制高潮线以上的活动。包括各种工农业活动,滨海旅游活动等。3. 无法控制渤海入海水量的减少。入海河流水量的减少主要是由于流域开发建设速度加快,用水量急剧增加,加上降水普遍减少等自然原因,使部分河流断流,入海水量下降。4. 无法控制入海河口的生境的恶化。入海河口往往是海洋生物的重要产卵场,对于渤海生物资源的养护起着非常重要的作用。5. 不能对渤海岸线、滨海湿地等自然形态实施有效的保全。

所以,将对渤海海域环境的保护范围局限于渤海海域本身,结果只能是被动地接受来自于陆域、流域的各类污染及不良影响,是末端治理,易于造成"海洋部门不上岸,环保部门不下海,管排污的不管治理,管治理的不管排污"的弊端,行业和部门的划分使渤海与陆域的密切联系被人为切断。

第二节　渤海海域及近岸陆域方案

该方案的适用范围包括渤海海域和渤海近岸陆域,也就是渤海海水覆盖的领域和靠近渤海水面的一定范围的陆地区域。这个区域相当于渤海和环渤海海岸带区域,确切地说是指渤海海域以及环渤海三省一市或沿海 13 市。具体范围:1. 渤海海域:根据全国海洋功能区划,规划海域范围包括辽东半岛西部海域(辽宁省)、辽河口临近海域(辽宁、河北省),天津—黄骅海域(河北省、天津市),莱州湾海域、黄河口毗邻海域、庙岛群岛及邻近海域(山东省),渤海中部海域,面积 7.7 万平方千米。2. 近海陆域:近海陆域范围包括辽宁、河北、山东、天津三省一市辖区内的 13 个沿海城市,即辽宁省的大连市、营口市、盘锦市、锦州市、葫芦岛市;河北省的唐山市、秦皇岛市、沧州市;山东省的滨州市、东营市、潍坊市、烟台市(莱阳和海阳两县市除外)和天津市。

在方案二中,对污染的防治包括:来自陆源的点源和面源的污染;来自海洋养殖的污染;来自船舶的污染;来自海上石油勘探开发的污染;来自倾倒的污染。对生态的保护包括:设立沿海和海上自然保护区、海洋特别保护区、渔业保护区、风景名胜区,包括沿海防护林的建设,沿海农田的施药、施肥的控制;沿海工业的布局,城市排污管网的建设等。对资源的利用包括:沿岸城乡的建设对资源的消耗,海洋空间资源的利用、生物资源的利用、矿物资源的利用。现就渤海海域及近岸陆域方案对上述事务的解决方式、效果等从以下方面加以分析:

一、污染治理

渤海陆源污染物来源的区域主要有两方面,除了注入渤海的河流流域所带来的污染外,来自环渤海沿海13市的污染排放,主要是通过排污口排放的工业废水、生活污水和农业污水等是另一个重要的污染源。天津、河北、山东和辽宁等地沿海城镇工业废水和生活污水直接入海。百川归大海,大量的陆源污水和污染物随水流进入渤海。据统计,近年来进入渤海的年污水量达28亿吨,占全国排污水量的32%。其中天津市入海污水量有10—11亿吨,北京有3亿吨。各类污染物质70多万吨,占全国入海污染物质总量的47.7%,使渤海成为一个人工纳污池和天然垃圾场。❶ 在渤海海域范围内,其具体区域可以进一步划分为五部分:渤海湾、辽河湾、莱州湾、渤海中部、渤海海峡。其中渤海湾、辽河湾、莱州湾一直是渤海的严重污染区域,污染物主要有无机氮、无机磷、石油类和耗氧有机物,此外还有重金属。

针对目前渤海的污染治理问题,建立并实施排污总量控制制度和排污许可证制度是切实可行的。按照河海统筹、陆海兼顾的原则,在调查研究的基础上,测算各海域环境容量,据此确定各海域污染物允许排入量和陆源污染物排海削减量。制订各海域允许排污量的优化分配方案,控制和削减非点源污染物排放总量。❷ 关于明确的总量控制制度,有学者进一步指出,"在确定渤海环境容量和摸清入海污染物排放总量底数的基础上,以法律的形式保障渤海实施污染物总量控制制度。例如,入海污染物总量分配应区分直排口和入海河流。直排口分配至汇流区域内的重要污染源和污水处理厂排放口。入海河流分配至各入河排污口,并上溯到各入河排污口的汇流区域,对汇流区域内的主要污染源和污水处理厂排放口分配总量控制指标。"❸这种新的总量控制机制能够比较科学地对注入渤海河流流域的污染物排放进行总量控制。"先在渤海近岸海域总量控制工作的基础上开始,然后逐级上推各级的水质目标,逐级计算各河段的控制总量,逐渐构成入海河流全流域的综合管理体系,即对渤海海域的主要入海流域,应一个一个地制定流域环境管理规划,最后制定出渤海区域环境综合管理

---

❶ 周波等:《渤海污染现状与治理对策研究》,载《中国环境管理干部学院学报》2006年第4期。
❷ 郝艳萍等:《渤海治理现状与对策》,载《海洋开发与管理》2005年第3期。
❸ 张海文、刘岩等:《渤海区域环境管理立法研究》,海洋出版社2009年版,第167页。

体系。"❶

这样看来,排除了流域范围的本方案对于渤海污染问题的解决将是很有限的,不能从根源上进行治理和解决。

二、资源保护

方案二与方案一所确定的适用范围的一个主要不同是将海岸带划入该法的适用范围。海岸带是陆地与海洋的交接、过渡地带,是水圈、岩石圈、大气圈和生物圈的交界处,是陆地生态系统和海洋生态系统的接触带。海岸带涉及的区域应包括近海陆交界的水域和陆域,包括白盔岛屿、珊瑚礁、河流、三角洲、海岸平原、湿地海滩与沙丘、红树林、潟湖及其他地理单元。海岸带实际上是指海岸线向海陆两侧扩展一定距离的带状区域,兼有海、陆两种生态特征,不仅具有自然属性,而且具有社会属性。

海岸带的地理位置有着不可替代的重要性。海岸带是自然界水圈、岩石圈、大气圈和生物圈相互作用最频繁、最活跃之处,兼有海、陆两种不同属性的环境特征。同时,海岸带拥有丰富的自然资源,例如土地资源、水产资源、海水化学资源、石油和天然气资源、海洋资源等,这些资源已得到不同程度的开发利用。近年来,大陆架、深海、洋底蕴藏的资源已经成为各沿海国家竞相开发的目标,海岸带则成为开发这些资源的前沿阵地。海岸带包括了河流入海口、自然保护区、海岸防护林、海岸防护堤、海洋公园、海洋工程等功能区,又是人类生活、生产的重要场所,是政治、经济、军事上的重要地带,是人口、物质、财富的集中区域,是人流、物质流、能流、资金流和信息流最活跃的地带。随着社会的不断发展,海岸带也逐渐成为当今世界经济、社会、文化和科学的荟萃之地。海岸带作为一个自然资源和社会经济的复合区,无论从地理还是社会意义上看,都具有巨大的环境价值和经济效益,对于一个沿海国家的未来发展具有举足轻重的作用。❷

渤海海岸带区域近海油气田分布的大致情况如下:

辽宁——包括油气区和固体矿产区。主要功能区有盘锦辽东湾顶部辽河滩海油气区、葫芦岛辽东湾北部与中部油气区、锦州大凌河下游油气区;

---

❶ 张海文、刘岩等:《渤海区域环境管理立法研究》,海洋出版社 2009 年版,第 167 页。
❷ 孟伟:《海岸带生境退化诊断技术——渤海典型海岸带》,科学出版社 2009 年版,第 1 页。

河北——包括油气区 1 个二级类,9 个功能区,区划面积 218 849.6 公顷。重点功能区 4 个,包括秦皇岛 32—6 油田开采区、南堡 35—2 油田勘采区、冀东油田滩海勘采区、大港油田滩海勘采区;

天津——油气区包括新港区块、马东东含油区块、白东区块、歧东区块、张东开发区块;

山东——黄河三角洲滩涂和浅海海域是我国海洋石油、天然气开采基地。从潍北至套尔河有油田 45 个,油气田 14 个,储油面积为 1 200 平方千米,天然气田面积 80 平方千米。此外,龙口、蓬莱市近海也已探明油气田。

由于目前渤海海洋石油勘探开发产生的水基泥浆、钻屑、食品类固体废弃物经处理达标后排海,油基泥浆、非食品类固体废弃物全部运回陆地进行处理。在这一过程中所产生的资源综合利用的问题值得进一步加以研究。

近些年来,环渤海各省市的岸线资源也有所变化,岸线资源的变化反映的是填海造田、围海养殖以及港口、化工等产业给渤海造成的环境压力。因此,有必要对岸线资源的变化做动态的跟踪调查,以便确定填海造田、围海养殖以及港口、化工等产业对渤海的影响程度,并对其进行合理规制。

除了上述油气资源、岸线资源,对海岸带资源的保护还包括规范采挖沙石的行为,旅游景点、游乐设施的建立和批准,控制和防止海岸的侵蚀、挤占及地下水的过量开采,控制和防治海水倒灌和沿海地下水污染,❶发展滩涂养殖时,要预留一部分滩涂让其自然发展,保持物种多样性;对有重要生态功能的海岸带严禁开发等。

三、生态保护

该方案对渤海生态系统问题的解决是基于将渤海及周边陆域进行海陆一体化思考的结果。主要原因在于作为半封闭海的渤海,与外界的水体交换周期长,自净能力弱,环境容量非常有限。因此,来自渤海周边陆域的人为因素,如工业生产、日常生活等影响极易使渤海的生态环境遭到破坏。渤海是一个跨行政区域的、具有独特自然地理特征的区域性海洋单元,要真正扭转渤海污染的现状,

❶ 周波、温建平、张岩岩:《渤海污染现状与治理对策研究》,载《中国环境管理干部学院学报》2006 年第 4 期。

不仅需要所有涉海部门的努力,而且需要建立一套行之有效的区域性河海统筹管理机制。

目前,渤海海洋生态环境四大问题并存,而且有迹象表明各类问题规模已从局部地区扩展为区域性、流域性影响,每类问题内部都存在不同类型转型,使问题更加复杂化。面对新的问题,渤海环境的改善需要实施系统工程。渤海环境问题系长期累积形成,其治理和恢复也需要长期不懈的努力。渤海问题的解决涉及规范利益冲突与利益调整,需要高效、综合的方法和手段,需要启动跨区域、跨流域、跨部门的战略行动计划,必须有一个政策系统予以全面支撑和正确引导。这就客观上要求渤海管理必须采用系统思维,以生态系统为基础,以海定陆,河海统筹、海陆一体化规划,综合考虑资源、环境和生态各要素,实现单要素管理向区域管理的模式转换,建立适应新时期、新问题的渤海区域环境体系,创新管理体制机制。❶

四、自然形态保全

该方案在适用范围上能够将渤海的全部自然形态完全覆盖。对于造成渤海自然形态破坏的主要原因基本能够给予解决。但也有弊端存在。

对于海岛和海底自然形态,本方案既能在海域内由有权进行海上管理的部门通过规划等手段予以保全,也可以由陆上管理部门用类似的方法予以保全。这是有利的一面。但弊端在于,部门间权力、利益的冲突及协调的难题依然存在。

对于岸线自然形态的保全,由于岸线自然形态的破坏主要是由于城市的发展、围垦、筑坝、苇塘养虾、环海公路、围海造陆等海岸带的不合理开发活动所造成,而这些活动主要发生于环渤海区域,发生于本方案所设定的适用范围内,可以采取限制围填海、禁止和限制开采海岸沙丘等措施,因此本方案对于岸线自然形态的保护将是很有效的,这也是本方案较方案一的渤海海域适用范围的优势所在。

五、综合评价

该方案有利于对渤海自然形态的保全,有利于面源污染和沿岸生态环境的

---

❶ 张海文、刘岩等:《渤海区域环境管理立法研究》,海洋出版社 2009 年版,第 68 页。

控制,弥补"海洋部门不上岸,环保部门不下海,管排污的不管治理,管治理的不管排污"的弊端。但仍然无法控制来自 13 个沿海城市以外的污染和入海水量。

第三节　渤海海域及全流域方案

该方案所确定的渤海管理法的适用范围包括渤海海域和渤海全流域,也就是所有注入渤海的河流的流域覆盖区域和渤海海域。是在方案二所确定的范围基础上再加入渤海主要河流的流域。确切地说包括渤海海域、环渤海三省一市或沿海 13 市以及注入渤海的全部河流的流域。具体范围为:1. 渤海海域:根据全国海洋功能区划,海域范围包括辽东半岛西部海域(辽宁省)、辽河口临近海域(辽宁、河北省),天津—黄骅海域(河北省、天津市),莱州湾海域、黄河口毗邻海域、庙岛群岛及邻近海域(山东省),渤海中部海域,面积 7.7 万平方千米。2. 近海海域:范围包括辽宁、河北、山东天津三省一市辖区内的 13 个沿海城市,即辽宁省的大连市、营口市、盘锦市、锦州市、葫芦岛市;河北省的唐山市、秦皇岛市、沧州市;山东省的滨州市、东营市、潍坊市、烟台市(莱阳和海阳两县市除外)和天津市。3. 入渤海主要河流的相关流域,该区域包括 100 多条注入渤海的内陆河流,包括:辽河流域的辽河水系、浑太河水系、大凌河、五里河、六股河、复州河、英那河、大沙河、大清河、碧流河等(英那河、大沙河、大清河、大洋河、碧流河汇入黄海);海河流域的滦河、小青龙河、汤河、饮马河、石河、戴河、洋河、沙河、陡河、潮白新河、蓟运河、永定新河、独流减河、青静黄排水渠、大沽排污河、子牙新河、漳卫新河、北排水河、沧浪河、捷地减河、宣惠河、马颊河、徒骇河、德惠新河、秦口河、潮河;黄河下游干流;淮河流域的北胶莱河、大沽夹河、弥河、潍河、小清河。另外还包括部分沿海排涝入海河道和直排入海河的排污口。❶

在该方案中,对污染的防治包括来自陆源的点源和面源的污染、来自海洋养殖的污染、来自船舶的污染、来自海上石油勘探开发的污染、来自倾倒的污染。不但要直接控制入海排污口和河流入海断面的污染物浓度,还要从源头控制污染物的排放;对入海河流的入海水量进行调节。对海洋生态保护包括沿海和海上自然保护区、海洋特别保护区、渔业保护区、风景名胜区,还包括沿海防护林的

---

❶　渤海环境保护总体规划编制组:《渤海环境保护总体规划(2008—2020 年)》,第二章第一节。

建设,沿海农田的施药、施肥的控制,沿海工业的布局,城市排污管网的建设等。对资源的利用包括:沿岸城乡的建设对资源的消耗、海洋空间资源的利用、生物资源的利用、矿物资源的利用。

在地域和空间范围内,渤海海域和陆域被人为分割,环渤海各省市之间在行政区划上各自独立,使渤海分属于三省一市。这种行政管理体制的分割、利益主体的多元与环境整体性矛盾,引发和派生了海洋利用中的一系列问题,往往导致利益分享的非此即彼和开发中的各自为政。在各级政府间,国家、省和地方政府各有不同的利益追求,并经常发生冲突;在多领域科学手段的运用上,由于技术手段的缺乏和落后所造成的信息不畅、监测不力现象依然存在。比如,我国大陆的沿岸及其向外的12海里以内的海域分别被划入沿海县(区、市)级行政区划范围,被分为200多个行政单元,由各县(区、市)分别负责日常管理。这种人为的地域性分割存在着一定的负面效应,既在一定程度上分散了海洋环境保护管理权,同时又模糊了海洋环境污染的责任。例如,有些县(区、市)之间的相邻海域,通常被设为各自的排污区。❶

关于渤海管理中出现的这种问题原因,有学者从生态环境的经济动因与制度安排出发,认为区域制度约束弱化和区域微观经济运行主体在利益引诱下向社会转移成本的非正当经济行为是构成渤海污染危机的主要原因。❷ 另外,从海陆关系看,法律法规协调性不够,缺乏包括海域、流域在内的渤海区域环境综合管理法规的统筹考虑,从而使海洋管理与流域管理、地方行政管理不能很好地衔接,海洋与流域分而治之,资源与环境管理不能很有效地统一综合,相关规划、标准、数据等不能对接,甚至存在冲突,相关基础设施重复建设。只注重了资源、生态或污染治理等多项目标中的其一,没有对渤海的多项事务和更大的范围进行综合管理。而经济、社会、环境效益的统一应该是渤海可持续利用和开发的唯一目标,因此,针对渤海的生态、资源、环境保护所进行的综合管理势在必行,并且这种综合管理要以自然存在的、完整的渤海生态系统为管理对象。

在渤海的管理中,"综合管理"意味着:地域和空间范围的一体;各管理职能的整合;不同级别政府间的协同一致;多领域科学手段的综合运用。然而,在渤

---

❶ 张海文、刘岩等:《渤海区域环境管理立法研究》,海洋出版社2009年版,第33页。
❷ 保建云:《生态环境保护的经济动因与制度安排——渤海污染治理典型案例分析》,载《生态经济》2000年第3期。

海目前的管理体制中,存在着海洋环境整体性与现存体制分割的矛盾,条块分割、地方保护主义、职能部门利益冲突的问题比较突出:一方面,其职能分属于海监、渔政、环保、港务、盐务等十余家资源与环境部门,管理部门过于庞杂。另一方面在机构设置和职能定位上存在着缺陷:机构职能单一,某一单项资源管理只局限于所属的范围和以效益最大化为目的,忽略资源与环境的内在联系;机构内部缺乏协调性,存在着职能模糊、政出多门、各行其是和相互推诿的现象。❶ 现就渤海海域及全流域方案对上述事务的解决方式、效果等从以下方面加以分析:

一、污染治理

注入渤海的河流中上游区域其污染排放是渤海重要的污染源之一,这些河流主要有辽河、海(滦)河、黄河三大水系,涵盖黄河、小清河、海河、大辽河、滦河等 40 多条常年注入渤海的河流。❷ 有学者指出,注入渤海的河流上游流域地区污染物排放量约为下游沿海 13 市排放总量的 3.5 倍。❸ 正如前文已经提到的,根据《渤海环境保护总体规划(2008—2020)》的调查显示,渤海污染物主要来自陆域,且注入渤海的污染物的 60—70% 来自 13 个沿海市以外的区域,即来自河流及其流域,其中化学耗氧量的排放主要来自工业和生活污水,总磷、总氮主要来自于农业的面源污染,也就是来自沿海陆域。

可见,注入渤海的入海河流污染严重,成为渤海污染的主要来源。如果这些河流流域内的污染得不到治理,那么渤海入海污染物排放总量就难以得到有效控制。因此,要彻底解决渤海污染问题还需要从源头和流域污染的控制着手。

二、资源保护

随着科技的发展和应用,陆域生产和生活对海洋资源的依赖关系越来越强烈,这促进了海洋资源优势科学合理地向陆域转移和延伸,其结果必然是海陆资源利用和保护的统筹一体化。因为陆域经济活动要以海洋资源为基础和依托:渤海沿岸的渔业、港口、养殖、造船、盐业、旅游等行业直接以海洋资源为基础,并且部分产业大有向海域延伸的趋势,比如旅游业、养殖业、渔业等,而钢铁、冶炼、

---

❶ 李毅:《渤海环境治理途径探索》,载《海洋开发与管理》2006 年第 5 期。

❷ 魏修华等:《黄渤海海域污染状况及对生态的影响》,载《黄渤海海洋》1993 年第 3 期。

❸ 舒俭民:《渤海陆源污染控制行动与成效》,载《环境保护》2006 年第 20 期。

汽车、化工、运输等也无不间接与海洋中的石油矿产资源及海上空间资源密切相关，是在陆域对海洋资源的再利用和再加工。可以说，渤海资源的开发和利用对渤海陆域社会经济的影响是全方位的。正因为有渤海丰富的自然资源为基础，环渤海区域经济发展成果喜人。然而，令人担忧的是，在这些发展成果的背后，陆域经济活动给渤海资源的开发利用所造成的压力也是巨大的。近年来，辽宁省提出"五点一线"战略、河北省提出"新增长极"、山东省提出"海上山东"和天津提出的"天津滨海新区"的发展口号，都体现了环渤海各省市对各自海洋资源优势的充分利用和对更大的经济发展空间的期盼，但随之而来的则是围填海面积、资源的需求量、工业污染物排放量的大幅增加。因此，渤海资源的保护不能仅仅停留在海上，除了海陆一体化的思考和规划，我们别无选择。

在方案二中，旅游资源、石油资源、岸线资源、海岛资源基本可以妥善解决，但是注入渤海的河流的水资源利用和保护问题则必须在方案三中才能得以有效解决。解决注入渤海河流的水资源利用和保护问题关键在于协调河流上下游间水资源利用的矛盾，解决这一矛盾的有效手段就是建立生态补偿机制。具体做法可以为：在各河流下游相关地区建立"受益付费，损害赔偿"的机制，即下游受益地区以资金补偿、就业安置等方式"购买"上游地区提供的"环境产品"，还可以探讨上下游地区水权交易制度。相反，上游地区减排不到位，产生的污染影响下游地区时，应当给予赔偿，而不仅是作为污染事故进行处理。❶

三、生态保护

目前，渤海生态系统面临的主要威胁之一是生态用水匮乏，入海的淡水量迅速减少，水质变差，导致渤海主要生境发生了变异，直接影响了渤海生态系统的正常演替。❷

"向上溯源，辽河流域、海河流域、黄河流域等跨越多个省市，由于沿岸流域的开发强度不断增大，淡水用水量不断加大，入海河流流量逐年减少，水质变差，这对渤海生态环境造成了巨大影响，成为影响渤海生态环境的全局性问题。一是由于渤海海洋生态用水量明显减少，整个渤海盐度明显升高，河口区域更为突

---

❶ 张海文、刘岩等：《渤海区域环境管理立法研究》，海洋出版社 2009 年版，第 192 页。
❷ 刘容子、吴姗姗：《环渤海地区海洋资源对经济发展的承载力研究》，科学出版社 2009 年版，第 124 页。

出,致使渤海多数产卵场退化或消失。二是渤海海域遭受二次污染,60%以上的入海河流污染物来源于环渤海 13 市以外地区。三是海上入侵、土地盐渍化现象严重。"❶

表 9-1　2006 年渤海三大流域土壤侵蚀量❷

流域名称	计算面积（万平方千米）	多年平均		2005 年		2006 年	
		径流量（亿立方米）	侵蚀总量（亿吨）	径流量（亿立方米）	侵蚀总量（亿吨）	径流量（亿立方米）	侵蚀总量（亿吨）
黄河	49.15	364.70	16.00	230.80	4.00	233.40	2.94
海河	18.20	16.90	2.01	4.85	0.02	4.62	0.10
辽河	22.00	35.02	1.53	33.80	0.77	11.50	0.22

　　上述状况成为解决渤海生态系统面临的难点。渤海自身的特点决定了解决渤海生态系统退化问题的长期性和艰巨性。渤海是典型的半封闭海,海域生态区系统及物种分布与大洋生态系统相对隔离,外部洄游性生物资源补偿量少。一方面,渤海与大洋进行水体交换的时间周期长;另一方面,渤海的生境依赖于河口和浅水海湾,陆地各种活动对渤海生境的影响非常大。因此,渤海生境一旦遭到破坏,则很难在短时间内修复。

　　渤海生态环境问题产生的主要原因在于忽视了渤海作为生态系统的存在,因此,解决上述问题的方法,同样应从渤海及入海河流流域的范围内进行一体化的思考中寻找答案。以黄河入海淡水减少、质量变差问题的解决为例:黄河水利委员会主张"合理配置、高效利用有限的水资源",并且认为"这需要通过提高流域统一调度能力和大力节水来实现。"因此,黄委会提出的解决断流的办法之一就是"强化全河统一管理和统一调度"。❸ 为解决黄河中上游的水土保持问题,有学者提出建立环境补偿机制,具体包括财政倾斜机制、经济补偿机制和生态补偿机制三种:"一是财政倾斜机制。政府应增加黄河上游地区基础建设的资金量,适当加大对上游地区环境保护的财政投入;二是经济补偿机制。在核定断面

---

❶　张海文、刘岩等:《渤海区域环境管理立法研究》,海洋出版社 2009 年版,第 98 页。

❷　水利部:《2006 年中国水土保持公报》,第一章。

❸　胡鞍钢、王亚华:《如何看待黄河断流与流域水治理——黄河水利委员会调研报告》,载《管理世界》2002 年第 6 期。

污染排放量时,充分考虑到上下游经济利益的关系,可根据下游自身'医治'污染所耗费的经费作为对上游的经济补偿标准,与上游达成协议,通过上游的努力控制污染排放量;三是生态补偿机制。下游地区可以通过对上游地区生态环境保护和污染治理进行投资,建立各种类型的自然保护区和水源涵养区,建立生态补偿机制。"❶同样,注入渤海的辽河、海河等其他河流也需要这种统一调度、整体规划,最后方能使注入渤海的淡水量和水质保持在合理的范围内。有学者提出了流域管理的污染物总量控制、各区域层层分解的办法,并强调要将污染物总量控制作为一条重要的管理制度加以确定。其具体的执行程序为:首先,制定流域的排污总量控制计划;其次,将污染治理任务和总量控制指标分解到有关市、县;再次,由环境保护行政主管部门与同级行政主管部门根据排污总量控制计划,确定各排污单位排污总量的控制指标,超过排污指标的要采取措施削减,没有排污指标的水域不能再上新的建设项目。❷

关于以流域为单元进行污染防治的做法,国外有很多成功的先例和经验。如美国国会 1933 年通过的《田纳西河流域管理局法》,依该法成立了田纳西河流域管理局(简称 TVA)。英国在对全国的水资源集中管理下,由 10 个水管理局分管其辖区内的地表水、地下水等一切与水有关的事务。法国于 1966 年将国土划分为六大流域,并相应地设立了以流域委员会和水管局为主的六大流域管理机构,该机构独立于全国的行政区划。日本的流域管理以流域为单元,其法律体系以《河川法》为核心。可见,流域的统一管理在世界范围内是大势所趋。

四、自然形态保全

本方案对于渤海自然形态的保全所起的作用是间接的、次要的。正如本章前两节所论述的那样,渤海自然形态的破坏主要是由于环渤海区域城市的发展、围垦、筑坝、苇塘养虾、环海公路、围海造陆等海岸带的不合理开发活动造成的,也包括对于海岛的无序开发和海底工程所产生的影响,而来自流域的影响对渤海自然形态所产生的破坏是很小的,至少是不明显的。因此,在方案二即渤海海域及近岸陆域的范围内即可达到对渤海自然形态的保护相对来讲效果比较好,

---

❶ 雷玉桃:《流域水资源管理制度研究》,华中农业大学博士学位论文 2004 年,第 185 页。
❷ 熊晶:《国际河流管理和内河流域管理比较研究》,载《长江流域资源与环境》2005 年第 2 期。

方案三即渤海海域及全流域的范围显得过大、过于宽泛。

五、综合评价

综合而言,方案三最大限度地遵循了陆海统筹海陆一体的整体性原则,将流域的污染防治纳入渤海环境保护的格局之中,使每一流域成为渤海环境保护大系统中的一个子系统或单元,符合河流与海洋之间的连带关系和自然属性。方案三采取的对渤海环境污染进行综合整治的集中统一的管理模式,也与该自然属性相匹配。

尽管辽东湾、渤海湾和莱州湾三湾的污染量占整个渤海污染总量的绝对多数,但渤海污染的根源在于陆域,陆源污染特别是河流上游流域的污染是造成渤海污染的主要原因,必须从根本上控制来自于陆域的污染,渤海的污染问题才能得到根治。因此,注入渤海的河流流域不仅应纳入渤海特别法的适用范围,而且应成为渤海污染治理的重点。而方案三是符合这一要求的,其他两个方案则不能胜任。三个方案的优劣是显而易见的:渤海海域方案所确定的法律空间效力的具体范围为自然地理状态上独立的渤海海域,即渤海海岸线所环围的海面、水体及其下的海底。该方案将渤海管理法的适用范围仅限于渤海海域本身,是适用范围最小的方案。虽然该方案有利于发挥渤海作为典型的半封闭海湾的特点,集中有限的人力、财力和物力对海域内的污染问题进行整治,便于直接针对海上航运、海洋石油、港口企业的排放和倾废、溢油漏油等事务设定限制或禁止性规定。但是因为渤海海域方案将法律效力范围限定于海上,因此它无法控制绝大部分的入海污染物,无法阻止和控制来自于环渤海三省一市的陆域排污口及入海河流等的污染,结果只能是被动地接受来自于陆域、流域的各类污染物,属于末端治理,因此,从长远看,其污染治理效果并不乐观。

渤海近岸陆域方案在控制陆源污染物上似乎比渤海海域方案更有优势。由于所有海洋活动都要以海岸带陆地为依托,因此,解决渤海海上的问题不能脱离陆地,必须立足于陆地。就这一点来看,与渤海海域方案相比,渤海近岸陆域方案似乎在一定程度上解决了控制陆源污染的问题,但并不能使之得到彻底根治。由于注入渤海的内陆河流有100多条,而内陆的很多污染物是经由地表径流汇入河流最后注入渤海的,也就是说,经由渤海近岸陆域注入渤海的污染物并不是全部产生于近岸陆域,而是有相当部分产生于沿海陆域腹地的生产生活活动并经由内陆河流输送到近岸陆域最终注入渤海的,因此,对于渤海污染治理范围的界定和考虑就不能排除沿海陆域以外的内陆河流流域。而方案三恰恰符合这一要求。就污染治理而言,方案三可分解为渤海海域污染治理、环渤海近岸陆域污染治理和注入渤海的黄河、海河、辽河等流域污染的治理。其中,流域污染是大量渤海污染物的源头,而环渤海近岸陆域的污染是致使渤海海域污染加重的因素,再加上渤海海域内船舶、海上工程等的污染,最后导致了渤海严重污染的局面。虽然渤海最后的污染局面是由三部分共同作用的结果,但就比例而言,流域的污染所占的比重最大,因此,也成为根治渤海污染问题的重心所在。当然,在方案三中还存在流域管理与环渤海行政区划的管理相重叠的问题,这要求在确定综合管理体制时必须要理顺关系。

相比较而言,方案三能够真正最大限度地做到污染的源头治理。渤海的污染物、污染源主要在于内陆及沿岸,陆域日益加速的开发建设,对水的需求量急剧增加,这是河流入海水量下降、渤海海水咸度增加、水生生物生存环境发生改变、渤海生物多样性减少的重要原因之一。正如本书前面所分析的那样,国内外水资源保护的实践已经证明:以行政区域为主体,以各部门职能交叉为经络的"多龙管水"无法扼制流域水资源迅速恶化的势头。因为全流域没有统一规划和统一管理,就必然在流域水资源管理上形成条块分割、各自为政的局面。目前对陆域的水污染防治适用的是《水污染防治法》,而我国的《水污染防治法》确立的是区域管理体制,这种体制虽然分工明确,但易于助长地方保护主义。陆域污染的治理不力又会直接影响到渤海的海洋环境。这种管理体制与以自然状态存在的自成一体的渤海是不相衔接的。区域间利益的冲突与重叠往往与渤海环境保护的目标背道而驰。将流域、海域、陆域一体纳入渤海环境保护法的效力范围,有利于构建海陆一体监测、监视、预警和应急系统,同时可提高各类信息的准确性、畅通性和系统性。在统筹流域、海域、区域关系基础上,能够完善渤海海域、流域、区域的功能定位。

其次,在资源保护方面,从资源开发角度看,海陆一体化的方案有利于海陆资源的整合和有效利用及保护。"海陆一体化"开发也是国际上开发利用海洋资源、发展海洋经济的一种成功经验。

就资源的保护和利用而言,方案一显然是不可行的。而在方案二和方案三中,后者优于前者。"影响渤海环境的人类活动范围广泛。造成渤海环境恶化的人类活动并非只分布在渤海或者狭窄的渤海海岸带区域,远在入渤海河流流域上游地区的人类活动也是影响渤海环境的因素。渤海包括有黄河、海河和辽河在内的40多条入海河流,流域面积非常广。宁夏、内蒙古、山西、陕西、河南等内陆省区大量取用黄河水、减少了入渤海淡水量,这些省区排放入河流的污染物也最终流入渤海。"❶以渔业资源为例,黄河等入海河流径流的大幅度减少,就是制约渤海渔业资源可持续发展的主要原因之一。❷

第三,在生态保护方面,渤海的生态问题中,渤海入海径流减少,低盐区面积严重萎缩,生物栖息环境受到破坏这一问题尤为突出。由于渤海入海河流众多,使得渤海深受入海河流的影响。而随着水利资源的开发利用以及拦河筑坝等水利工程的建设,使得渤海入海河流径流大幅度减少,对于整个渤海海区海水的温度、盐度等物理环境的平衡均产生明显的破坏作用。针对此种情况,总量控制、战略环评、生态补偿等可以作为解决渤海问题的主要手段。在三种方案中,只有在方案三所确定的区域内,这些手段才能够顺利实施并收到更好的效果。因为就方案二而言,如果环渤海"三省一市"周边的区域不能积极采取措施加强对渤海的资源及生态的保护,那么即使"三省一市"实现零排放,通过入海河流流域和大气进入渤海的主要污染物总量也仍然会超过60%,这必将影响到环渤海"三省一市"的治理积极性。因此,以流域为基础扩大管理和治理范围与区域才是渤海特别法在适用范围上的最佳选择,也就是方案三所确定的范围。

第四,在自然形态保全方面,正如本书在"渤海的自然形态保护"一章中所提到的那样,渤海的自然形态除了受自然条件的影响外,人类对渤海的开发利用活动也破坏了渤海原有的海洋自然环境条件,进而也会使渤海自然形态发生巨大改变,如围海造田、沿岸挖砂、不合理的海岸工程和海洋工程等是造成渤海自然形态改变的主要原因。围海造田和发展养虾业使沿海自然滩涂湿地总面积缩减了一半,使滩涂湿地的自然景观遭到了严重破坏,重要经济鱼、虾、蟹、贝类生息、繁衍场所消失,许多珍稀濒危野生动植物绝迹,而且大大降低了滩涂湿地调节气候、储水分洪、抵御风暴潮及护岸保田等能力。❸海滩挖砂等活动也对大陆自然海岸,尤其是海岸沙丘带来很大破坏。而近岸采沙对于砂质海岸的侵蚀最

---

❶　张海文、刘岩等:《渤海区域环境管理立法研究》,海洋出版社2009年版,第33页。

❷　王保栋:《垂死的渤海,并非都是污染惹的祸》,载《海洋开发与管理》2007年第5期。

❸　王志远、蒋铁民主编:《渤黄海区域海洋管理》,海洋出版社2003年版,第130页。

为明显。由于人工采沙破坏了海滩波浪动力与泥沙供应间的动态平衡，形成海岸泥沙亏损，海洋动力必然要再从岸滩系统中获取沙源补充，以形成新的动态平衡，即导致上部海滩遭受冲刷破坏，地面形态上表现为岸线的后退或海岸线下侧滩面侵蚀。❶ 因此，要保全渤海自然形态，应主要采取以下措施：1. 加强对围填海等活动的限制，保护大陆自然海岸。2. 防止海岸侵蚀。3. 保全渤海典型自然岸线、自然湿地和海岛。从渤海自然形态的改变及保全措施来看，三种方案的优劣如下：渤海海域方案对自然形态的保全更直接，但不能触及根本。环渤海海域方案从短期看能有效地防止岸线缩短、海岸侵蚀等问题。全流域方案能从整体上解决渤海的污染、资源、生态等问题，因此也能从源头上遏止海岸侵蚀、围海造田等对渤海自然形态造成改变的行为。

渤海海域和近岸陆域方案能够将海陆进行一体化的统筹思考，但依然人为割裂了环渤海近岸与发源于内陆地区、流经环渤海近岸河流上游流域的联系，忽视了注入渤海的污染物中 60%—70% 的污染物来自 13 个沿海市以外的区域，即来自河流及其流域这一事实❷，因而不能解决来自于黄河、海河、辽河等 40 多条注入渤海的河流上游的污染、流量减少甚至断流所产生的渤海资源枯竭和生境恶化等问题，不能够从根本上解决渤海污染、资源减少和生境恶化和退化的问题。但对渤海自然形态的保全将是最佳方案。

总之，渤海海域和渤海近岸陆域及全流域方案遵循了将渤海作为生态系统进行管理的原则，从源头上解决了渤海海域污染、资源减少、生境恶化和退化的问题，真正实现了海陆一体化，能够克服传统的渤海管理中由于渤海被行政区划分割、被各行政部门分割所产生的利益冲突、各自为政等体制问题，因此应为渤海特别法适用范围的最佳选择方案。

---

❶ 盛静芬、朱大奎：《海岸侵蚀和海岸线管理的初步研究》，载《海洋通报》2002 年第 4 期。
❷ 渤海环境保护总体规划编制组：《渤海环境保护总体规划（2008—2020 年）》，内容摘要。

结　语

渤海管理法的特别性在于其并非传统海洋管理立法的简单延伸和具体化，更多的是一种管理模式的创新。这种创新性体现在立法的调整范围方面，一是管理事务的整合，即采取综合管理的方式，二是对传统陆海分离模式的打破，即采取陆海一体的立法模式。实际上将事务管理法的三种方案和空间管理法的三种方案进行不同的组合，都会有一定的新意。如可以采取单一的污染防治法方案，如果这样的话，需要引入渤海近岸陆域和入海河流全流域管理的思路，即实行陆海统筹管理。另一方面，从空间的角度看，可以采取传统海陆分离的模式，但在管理事务上却可以通过实施综合性管理收到较之传统管理更有效的结果。不过，根据上述第八章和第九章的分析，在诸多可选择的方案中，采取综合事务管理法和入海河流全流域管理是比较理想的方案，将二者结合起来即是基于渤海入海河流全流域的渤海海洋综合管理法方案最为适当。为了增强对该方案的认识，需要明确以下几个问题：

首先，渤海入海河流全流域的管理并不是所有入海河流全流域的事务都需要纳入渤海特别法的调整范围，这既困难也无必要。因为渤海特别法以解决渤海面临的主要问题，保护渤海为主旨，因此，从解决渤海问题出发，将渤海事务与渤海空间有机结合起来，根据不同的管理事务来确定各自的空间管理边界，根据不同的空间范围来确定相应的管理事务。按照这样的思路，可以将渤海特别法的调整范围做如下概括：一是对于渤海海域范围内的各种海洋活动，无论是污染排放行为，还是资源开发利用行为都应该纳入渤海特别法的调整范围。二是渤海近岸陆域的各种涉海行为也均应受到规制。在污染防治方面，不仅要注意入海河流的污染问题，还要注意对农业等面源污染的防治。在资源开发利用方面尤其要强化对海岸带资源开发利用的管理，规范各种用海行为，以保全渤海自然形态，维护渤海生态环境。三是由于渤海入海河流的径流量以及河流污染都会对渤海生态产生重要影响,因此应当在渤海入海河流全流域范围内开展节水治污活动。

其次,明确渤海特别法的事务管理与传统事务管理之间的联系与差别。渤海特别法所管理的事务涵盖了污染防治、资源可持续利用、生态保护以及自然形态保全等多个方面,与传统行业海洋管理事务多有交叉。对此应区分不同情况做出不同规定,其中对于已有法律规定且具有普遍性的事务,如海上交通运输等,只需将其列为影响渤海生态系统健康状况的考虑因素之一即可,没有必要再详细规定。而对于相关事务管理中法律没有明确规定或已有规定但不能满足渤海生态系统管理需要的,应当在渤海特别法中予以重点规定。以污染防治事务为例,在区域海洋管理框架下,渤海的污染防治不同于传统陆海分离、河海分离的污染防治模式,为了减少污染,维护渤海生态系统健康,需要对陆海的污染排放行为进行统筹安排,根据渤海生态系统的承载力和实际健康状况,确定入海污染总量或污染削减总量,并以此为基础将污染物排放或削减总量分配到各入海河流,实行污染物排放的总量控制。尽管之前我国在《水污染防治法》中也规定了污染物排放的总量控制原则,但是这种原则主要是从河流流域的角度进行考虑的,没有考虑到海洋污染问题。因此,渤海特别法需要按照以海定陆的思路重新对渤海污染防治事务做出规定。此外,还应根据渤海海洋管理的需要,探讨引入新的事务管理制度的可行性,例如在渤海生态保护方面可考虑确立渤海生态补偿制度等。

最后,渤海特别法的调整方案最大的特点在于它打破了传统的海洋管理中的"条块"管理体制,重点关注的是如何建立适应渤海综合管理需要的管理体制,它以渤海为管理单元,跨越了行政管理边界,改变了我国现行海洋管理体制无法满足渤海区域海洋管理需要的状况。在具体的管理手段方面,渤海特别法以建立专门的渤海综合管理机构来强化渤海区域海洋管理的执行力,该机构具体负责制订渤海治理规划、统筹协调、分配各相关行政区域在渤海开发利用方面的利益与渤海保护责任,监督渤海特别法以及相关海洋管理法的实施等。另一方面,渤海区域海洋管理涉及中央政府、地方政府、渤海近岸陆域和入海河流全流域的公众以及非政府组织等诸多利益相关方,渤海管理成效的好坏很大程度上取决于各利益相关方的广泛参与与合作。从这个意义上讲,完善公众参与机制,强化公众对渤海及其管理的知情权制度,健全和理顺公众参与渤海海洋管理决策和具体管理事务的途径,充分发挥公众在渤海海洋治理机制中的作用也是设计渤海区域海洋管理体制所必须认真考虑的。

主要参考文献

著作类:

1. 陈吉余:《中国海岸带地貌》,海洋出版社 1996 年版。

2. 冯士筰、李凤岐:《海洋科学导论》,高等教育出版社 1999 年版。

3. 金显仕、赵宪勇、孟田湘:《黄渤海生物资源与栖息环境》,科学出版社 2005 年版。

4. 河北省地方志编纂委员会:《河北省志(第 49 卷)旅游志》,河北人民出版社 1994 年版。

5. 河北省海岛资源编委会著:《河北省海岛资源(上卷)》,海洋出版社 1995 年版。

6. 何广顺等:《基于区域经济发展的渤海环境立法研究》,海洋出版社 2009 年版。

7. 韩增林,王利著:《奔腾到海大辽河——辽河与辽河流域》,辽海出版社 2000 年版。

8. 黄河水利委员会黄河志总编辑室编:《黄河流域综述》,河南人民出版社 1998 年版。

9. 黄海军、李凡等著:《黄河三角洲与渤海、黄海陆海相互作用研究》,科学出版社 2005 年版。

10. 刘容子、吴珊珊:《环渤海地区海洋资源对经济发展的承载力研究》,科学出版社 2009 年版。

11. 辽宁省海洋局编著:《辽宁省海岛资源综合调查研究报告》,海洋出版社 1996 年版。

12.《辽宁城市统计年鉴(2003)》,辽宁人民出版社 2003 年版。

13. 孟伟:《海岸带生境退化诊断技术——渤海典型海岸带》,科学出版社 2009 年版。

14. 任宪韶、户作亮、曹寅白主编:《海河流域水利手册》,中国水利水电出版社 2008 年版。

15. 孙湘平编著:《中国近海区域海洋》,海洋出版社 2006 年版。

16. 孙湘平等编著:《中国沿岸海洋水文气象概况》,科学出版社 1981 年版。

17. 山东省科学技术委员会主编:《山东海岛研究》,山东科学技术出版社 1995 年版。

18. 田家怡、吕学军、闫永利等著:《黄河三角洲生态环境灾害与减灾对策》,化学工业出版社 2008 年版。

19. 王志远、蒋铁民主编:《渤黄海区域海洋管理》,海洋出版社 2003 年版。

20. 中国科学院海洋研究所海洋地质研究室编著:《渤海地质》,科学出版社 1985 年版。

21. 中国海洋年鉴编纂委员会：《中国海洋年鉴（2007）》，海洋出版社 2007 年版。

22. 张耀光、胡宜鸣著：《辽宁海岛资源开发与产业布局》，辽宁师范大学出版社 1997 年版。

23. 周立群、谢思全：《环渤海区域经济发展报告》，社会科学文献出版社 2008 年版。

24. 张永民译，赵上洞校：《生态系统与人类福祉：评估框架》，中国环境科学出版社 2006 年版。

25. 张海文、刘岩等：《渤海区域环境管理立法研究》，海洋出版社 2009 年版。

论文类：

1. 保建云：《生态环境保护的经济动因与制度安排——渤海污染治理典型案例分析》，载《生态经济》2000 年第 3 期。

2. 白瑞娟、李田、张丽云：《海岛旅游开发模式与保护研究——以唐山市乐亭县菩提岛为例》，载《河北农业科学》2009 年第 5 期。

3. 毕洪生、孙松等：《渤海浮游动物群落生态特点 Ⅰ. 种类组成与群落结构》，载《生态学报》2000 年第 5 期。

4. 毕洪生、孙松等：《渤海浮游动物群落生态特点 Ⅲ. 部分浮游动物数量分布和季节变动》，载《生态学报》2001 年第 4 期。

5. 蔡锋、苏贤泽等：《全球气候变化背景下我国海岸侵蚀问题及防范对策》，载《自然科学进展》2008 年第 10 期。

6. 程济生、郭学武：《渤海底栖生物的种类、数量分布及其动态变化》，载《海洋水产研究》1998 年第 1 期。

7. 曹惠提、郭艳、张会敏：《黄河流域水资源需求管理初探》，载《南水北调与水利科技》2007 年第 2 期。

8. 丁德文：《渤海可持续利用问题与对策》，载《世界科技研究与发展》1998 年第 4 期。

9. 董厚德、全奎国、邵成、陈中林：《辽河河口湿地自然保护区植物群落生态的研究》，载《应用生态学报》1995 年第 6 卷第 2 期。

10. 邓景耀：《渤海渔业资源增殖与管理的生态学基础》，载《海洋水产研究》1988 年第 9 期。

11. 费尊乐、毛兴华等：《渤海生产力研究 Ⅱ. 初级生产力及潜在渔获量的估算》，载《海洋学报》1988 年第 4 期。

12. 傅金龙、沈锋：《海洋功能区划与主体功能区划的关系探讨》，载《海洋开发与管理》2008 年第 8 期。

13. 房恩军等：《渤海应走向全面禁渔的几点思考》，载《中国水产》2009 年第 9 期。

14. 郭全、王修林等:《渤海海区 COD 分布及对海水富营养化贡献分析》,载《海洋科学》2005 年第 9 期。

15. 甘卫星、朱光婷:《城市化的环境危机及其对策》,载《环境保护》2010 年 11 期。

16. 郭菊娥、邢公奇、何建武:《黄河流域水资源空间利用结构的实证分析》,载《管理科学学报》2005 年第 6 期。

17. 高建文:《国内外河口管理对海河流域河口开发治理的启示》,载《海河水利》2008 年第 5 期。

18. 郝艳萍:《渤海治理的对策与建议》,载《中国海洋报》2005 年 9 月 13 日。

19. 郝艳萍等:《渤海渔业资源可持续利用对策探讨》,载《海洋科学》2001 年第 25 卷第 1 期。

20. 郝艳萍等:《渤海治理现状与对策》,载《海洋开发与管理》2005 年第 3 期。

21. 黄昌硕、徐澎波:《我国海水资源的利用模式与发展趋势》,载《中国资源综合利用》2008 年第 5 期。

22. 黄小希、陈菲:《中国立法强化海岛环境保护》,载《资源与人居环境》2010 年第 2 期。

23. 黄新颖、刘慧:《东营市产业集群发展对策研究》,载《才智》2008 年第 13 期。

24. 胡鞍钢,王亚华:《如何看待黄河断流与流域水治理——黄河水利委员会调研报告》,载《管理世界》2002 年第 6 期。

25. 蒋廉洁:《黄河流域水污染分析与水环境保护措施》,载《水资源保护》2006 年第 1 期。

26. 季子修:《中国海岸侵蚀特点及侵蚀加剧原因分析》,载《自然灾害学报》1996 年第 2 期。

27. 金翔龙:《二十一世纪海洋开发利用与海洋经济发展的展望》,载《科学中国人》2006 年第 11 期。

28. 姜文来:《中国 21 世纪水资源安全对策研究》,载《水科学进展》2000 年第 1 期。

29. 江和文、曹士民、迟春艳:《辽东湾湿地保护和可持续利用的思考》,载《安徽农业科学》2006 年第 24 期。

30. 金显仕:《渤海主要渔业生物资源变动的研究》,载《中国水产科学》2001 年第 4 期。

31. 李海清:《特别法与渤海环境管理》,中国海洋大学博士学位论文 2006 年。

32. 李桂香:《关于渤海海洋能的开发和利用》,载《海洋通报》1985 年第 1 期。

33. 刘晶:《大连市近岸渤海海域水质现状与趋势评价》,载《环境科学研究》2001 年第 6 期。

34. 刘成、王兆印等:《环渤海湾诸河口水质现状的分析》,载《环境污染与防治》2003 年第 4 期。

35. 李淑文:《环渤海污染问题的原因和对策》,载《经济研究导刊》2007 年第 3 期。

36. 刘红玉、吕宪国、刘振乾:《环渤海三角洲湿地资源研究》,载《自然资源学报》2001 年第 2 期。

37. 刘兰、鲍洪彤:《我国海洋矿产资源可持续利用探析》,载《沿海企业与科技》2000 年第 5 期。

38. 刘晓燕:《关于黄河河口问题的思考》,载《人民黄河》2003 年第 25 期。

39. 李宝梁:《环渤海地区发展中的湿地保护与生态治理》,载《天津行政学院学报》2007 年第 3 期。

40. 冷悦山、孙书贤等:《海岛生态环境的脆弱性分析与调控对策》,载《海岸工程》2008 年第 2 期。

41. 吕宾:《填海造地,福兮? 祸兮?》,载《中国土地》2010 年第 4 期。

42. 刘涛:《环渤海地区海陆客货滚装无缝运输系统研究》,大连海事大学 2008 年博士论文。

43. 刘录三等:《辽东湾北部海域大型底栖动物研究:Ⅰ. 种类组成与数量分布》,载《环境科学研究》2008 年第 6 期。

44. 刘录三等:《辽东湾北部海域大型底栖动物研究:Ⅱ. 生物多样性与群落结构》,载《环境科学研究》2009 年第 2 期。

45. 李广楼等:《莱州湾浮游植物的生态特征》,载《中国水产科学》2006 年第 2 期。

46. 李明哲:《农田化肥施用污染现状与对策》,载《河北农业科学》2009 年第 5 期。

47. 刘忠、隋晓晨:《中国区域化肥利用特征分析》,载《资源科学》2008 年第 6 期。

48. 李磊光:《辽河流域(辽宁段)水土流失现状及治理对策分析》,载《水土保持科技情报》2003 年第 1 期。

49. 李欣、赵凤遥、李晓春:《黄河流域 1998—2007 年供用水状况分析》,载《河南水利与南水北调》2009 年第 9 期。

50. 李波、赵宏兴、辛云峰:《合理开发利用水资源实现辽河流域水资源可持续发展》,载《农业与技术》2005 年第 6 期。

51. 刘庆年、刘俊展、刘京涛、孟向东:《黄河三角洲外来物种入侵有害生物的初步研究》,载《山东农业大学学报(自然科学版)》2006 年第 4 期。

52. 吕瑞华、夏滨等:《渤海水域初级生产力 10 年间的变化》,载《黄渤海海洋》1999 年第 3 期。

53. 李毅:《渤海环境治理途径探索》,载《海洋开发与管理》2006 年第 5 期。

54. 雷玉桃:《流域水资源管理制度研究》,华中农业大学博士学位论文 2004 年。

55. 马品懿等:《环渤海区域环境法制建设的思考》,载《环境保护》2006 年第 8 期。

56. 毛慧慧、李木山、董琳:《论海河流域水利发展与经济社会协调发展》,载《海河水利》

2011 年第 1 期。

57. 牛玉山:《关于综合治理渤海修复渔业资源的探讨》,载《现代渔业信息》2006 年第 1 期。

58. 乔璐璐、刘容子、鲍献文:《经济增长下的渤海环境容量预测》,载《中国人口·环境与资源》2008 年第 2 期。

59. 齐丽丽:《辽宁海岛资源及可持续利用》,载《海洋地质动态》2003 年第 10 期。

60. 宋伦、周遵春等:《辽东湾浮游植物多样性及与海洋环境因子的关系》,载《海洋环境科学》2007 年第 4 期。

61. 盛静芬、朱大奎:《海岸侵蚀和海岸线管理的初步研究》,载《海洋通报》2002 年第 4 期。

62. 孙立汉、杜丽娟、李东明、高士平、杜静:《滦河口湿地环境因子变化对黑嘴鸥繁殖影响研究》,载《河北省科学院学报》2005 年第 2 期。

63. 邵成、陈中林、董厚德:《辽河河口湿地芦苇的生长及生物量研究》,载《辽宁大学学报(自然科学版)》1995 年第 22 卷第 1 期。

64. 宋素青、黄淼:《河北省海洋经济持续发展面临的环境问题与对策》,载《海洋开发与管理》2007 年第 5 期。

65. 舒俭民:《渤海陆源污染控制行动与成效》,载《环境保护》2006 年第 10 期。

66. 石雅君、崔晓建:《2003 年上半年渤海湾海水水环境质量初步分析》,载《海洋信息》2004 年第 3 期。

67. 孙启宏、韩明霞等:《辽河流域重点行业产污强度及节水减排清洁生产潜力》,载《环境科学研究》2010 年第 7 期。

68. 孙威、杨驰宇、张斌:《吉林省辽河流域水污染现状及对策》,载《吉林师范大学学报(自然科学版)》2003 年第 3 期。

69. 孙涛、杨志峰、刘静玲:《海河流域典型河口生态环境需水量》,载《生态学报》2004 年第 12 期。

70. 舒俭民:《渤海陆源污染控制行动与成效》,载《环境保护》2006 年第 20 期。

71. 唐伟等:《我国海岛生态系统管理对策初步研究》,载《海洋开发与管理》2010 年第 3 期。

72. 滕祖文:《渤海环境保护的问题与对策》,载《海洋开发与管理》2005 年第 4 期。

73. 王娜、王诗成:《胶莱两湾沿岸湿地现状及保护策略》,载《齐鲁渔业》2008 年第 1 期。

74. 王永生:《海洋矿产开发:现状、问题与可持续发展》,载《国土资源》2007 年第 10 期。

75. 王娜、王诗成:《胶莱两湾沿岸湿地现状及保护策略》,载《齐鲁渔业》2008 年第 25 卷第 1 期。

76. 王文海、吴桑云:《山东省海岸侵蚀灾害研究》,载《自然灾害学报》1993 年第 4 期。

77. 王俊:《渤海近岸浮游植物种类组成及其数量变动的研究》,载《海洋水产研究》2003 年第 4 期。

78. 王保栋:《新世纪渤海污染新特点》,载《海洋开发与管理》2007 年第 3 期。

79. 王保栋:《垂死的渤海:并非都是污染惹的祸》,载《海洋开发与管理》2007 年第 5 期。

80. 王西琴、张远、刘昌明:《辽河流域生态需水估算》,载《地理研究》2007 年第 1 期。

81. 王西琴、张艳会:《辽宁省辽河流域污染现状与对策》,载《环境保护科学》2007 年第 3 期。

82. 王新功、魏学平等:《黄河河口生态保护目标及其生态需水研究》,载《水利科技与经济》2009 年第 9 期。

83. 武雪萍、蔡典雄、梅旭荣、沈跃、谢晓红、张建君、赵全胜:《黄河流域农业水资源与水环境问题及技术对策》,载《生态环境》2007 年第 1 期。

84. 吴姗姗、刘容子、齐连明、梁湘波:《渤海海域生态系统服务功能价值评估》,载《中国人口·资源与环境》2008 年第 2 期。

85. 魏修华等:《黄渤海海域污染状况及对生态的影响》,载《黄渤海海洋》1993 年第 3 期。

86. 薛春汀:《中国海岸侵蚀治理和海岸保护》,载《海洋地质动态》2002 年第 2 期。

87. 徐宗军、张绪良、张朝晖:《山东半岛和黄河三角洲的海岸侵蚀与防治对策》,载《科技导报》2010 年第 10 期。

88. 许学工:《黄河三角洲的环境资源系统结构》,载《自然资源学报》1995 年第 10 期。

89. 夏本臣、刘艳、孙爽、张镜波:《东辽河流域农业产业结构优化及对策》,载《东北水利水电》2009 年第 11 期。

90. 熊晶:《国际河流管理和内河流域管理比较研究》,载《长江流域资源与环境》2005 年第 2 期。

91. 徐卫丽、贾晓霞等:《辽河流域水资源状况分析》,载《山西科技》2010 年第 5 期。

92. 衣华鹏:《山东省长岛县海岛资源可持续利用对策研究》,载《海洋科学》2004 年第 6 期。

93. 殷佩海等:《渤海海域船舶及相关作业污染损害的防治》,载《交通环保》2000 年第 5 期。

94. 严伟祥:《加强海岸侵蚀监控促进海域使用合理开发》,载《海洋开发与管理》2008 年第 10 期。

95. 于祥、田家怡、李建庆、孙景宽:《黄河三角洲外来入侵物种米草的分布面积与扩展速度》,载《海洋环境科学》2009 年第 6 期。

96. 尹发能、梁新贤:《浅论海河流域的生态恢复》,载《人民长江》2007 年第 2 期。

97. 周波、温建平:《渤海污染现状与治理对策研究》,载《中国环境管理干部学院学报》2006 年第 4 期。

98. 周珂、吕霞:《关于制定渤海环境保护单行法必要性的思考》,载《昆明理工大学学报》2007 年第 3 期。

99. 张雨山、黄西平、孙强:《开发海水资源综合利用技术促进环渤海地区经济发展》,载《海洋开发与管理》2008 年第 1 期。

100. 左书华、李九发等:《河口三角洲海岸侵蚀及防护措施浅析———以黄河三角洲及长江三角洲为例》,载《中国地质灾害与防治学报》2006 年第 4 期。

101. 张绪良、谷东起、陈东景、隋玉柱:《莱州湾南岸滨海湿地维管束植物的区系特征及保护》,载《生态环境》2008 年第 1 期。

102. 赵建民、李靖、黄良、王志刚:《水土保持对黄河流域生态承载力的影响》,载《中国水土保持科学》2006 年第 6 期。

103. 周珂、吕霞:《关于制定渤海环境保护单行法必要性的思考》,载《昆明理工大学学报·社科(法学)版》2007 年第 3 期。

104. 朱梅、吴敬学:《海河流域种植业非点源污染特征分析》,载《农业环境与发展》2010 年第 2 期。

105. 赵章元、孔令辉:《渤海海域环境现状及保护对策》,载《环境科学研究》2000 年第 2 期。

106. 周波等:《渤海污染现状与治理对策研究》,载《中国环境管理干部学院学报》2006 年第 4 期。

107. 周波、温建平、张岩岩:《渤海污染现状与治理对策研究》,载《中国环境管理干部学院学报》2006 年第 4 期。

后　记

　　本书是中国海洋大学徐祥民教授主持的"渤海区域立法研究"课题的研究成果之一。

　　"渤海区域立法研究"是由国家海洋局持续支持的研究课题。在徐祥民教授主持下设计实施以下研究项目。它们是：

　　(1)渤海管理法调整范围的立法方案选择；

　　(2)渤海管理法的体制问题研究；

　　(3)渤海管理现行法律研究；

　　(4)区域海管理中的一般法与特别法；

　　(5)渤海管理立法的指导思想和立法原则探讨；

　　(6)建立渤海管理委员会的构想；

　　(7)渤海管理法的基本制度设计；

　　(8)渤海管理法的运作；

　　(9)渤海管理立法文献研究。

　　本书是这一总体研究规划中的第一个研究项目的成果。

　　本项目的研究方案是在徐祥民教授的主持下，在中国海洋大学、国家海洋局规划与政策法规司、南开大学、山西大学、浙江工商大学、天津财经大学、广州商学院、青岛科技大学等单位的专家学者参加下经反复商量形成的。研究和撰稿主要由徐祥民、马英杰、申进忠、张红杰、凌欣等完成。统稿工作在凌欣的辅助下主要由申进忠完成。

　　定稿会由徐祥民主持，参加人员有：马英杰、申进忠、时军、张红杰、于铭、凌欣、王昌森、张飞飞、宋福敏、李曼梓、丁霞霞。

　　各章撰稿分工如下：

　　第一章　凌欣(天津财经大学)；第二章　凌欣；第三章　申进忠(南开大

学);第四章　申进忠;第五章　马英杰(中国海洋大学)、申进忠;第六章　马英杰、申进忠;第七章　马英杰、申进忠;第八章　申进忠、凌欣;第九章　张红杰(中国海洋大学)。

作　者

2011 年 10 月 7 日

责任编辑:张 立
装帧设计:周涛勇
责任校对:余 倩

图书在版编目(CIP)数据

渤海管理法调整范围的立法方案选择/徐祥民 申进忠 等著.
—北京:人民出版社,2012.10
ISBN 978－7－01－011271－8

Ⅰ.①渤… Ⅱ.①徐… Ⅲ.①渤海-环境管理-立法-研究 Ⅳ.①D922.664

中国版本图书馆 CIP 数据核字(2012)第 233069 号

渤海管理法调整范围的立法方案选择
BOHAI GUANLIFA TIAOZHENG FANWEI DE LIFA FANGAN XUANZE

徐祥民 申进忠 等著

人民出版社 出版发行
(100706 北京市东城区隆福寺街 99 号)

北京中科印刷有限公司印刷 新华书店经销

2012 年 10 月第 1 版 2012 年 10 月北京第 1 次印刷
开本:710 毫米×1000 毫米 1/16 印张:15.5
字数:260 千字 印数:0,001－3,000 册

ISBN 978－7－01－011271－8 定价:39.00 元

邮购地址 100706 北京市东城区隆福寺街 99 号
人民东方图书销售中心 电话 (010)65250042 65289539